Die neuen Klassiker

Donna's Favoriten – über 300 Rezepte

AT Verlag

the new classics

Die Originalausgabe dieses Buches ist unter dem Titel »the new classics« bei HarperCollins Publishers, Sydney, Australien erschienen.

Gestaltung Chi Lam
Redaktion: Melanie Hansche
Rezepte und Styling: Donna Hay, Steve Pearce, Justine Poole, Jane Collings, Siobhan Boyle, Kirsten Jenkins, Hannah Meppem, Peta Dent, Dolores Braga Menéndez, Jessica Brook
Dioese Ausgabe ist eine von HarperCollins Publishers, Sydney, Australien, genehmigte Lizenzausgabe.
Aus dem Englischen übersetzt von Kirsten Sonntag
Umschlagbild: William Meppem

2. Auflage, 2014

AT Verlag, Aarau und München
Druck und Bindearbeiten: Offizin Andersen Nexö, Leipzig
Printed in Germany
ISBN 978-3-03800-825-5
www.at-verlag.ch

Coverfoto: William Meppem

Diese Zusammenstellung von Rezepten aus dem *donna hay magazine*
soll Ihnen als ultimative Sammlung der Klassiker in unserem typischen Stil dienen.
Diese Rezeptsammlung bietet Ihnen eine abwechslungsreiche Auswahl
an guten alten Lieblingsgerichten und modernen Neuinterpretationen, trendigen
Aromenkombinationen und saisonalen Spezialitäten. Ich hoffe, dass damit
Ihr Repertoire von Lieblingsgerichten um viele neue Kreationen bereichert wird.

Donna

Ball

INHALT

Mit einem Sternchen* markierte Zutaten finden Sie im Glossar

Ein Sonntagsbraten für die ganze Familie, eine pikante Quiche, ein einfacher süßer Auflauf … diese Gerichte und viele mehr sind zu echten Klassikern geworden – dank ihrer Geschmackskombinationen, ihrer kinderleichten Zubereitung oder ganz einfach, weil sie wahres »Seelenfutter« sind. Frischen Sie Ihre Lieblingsgerichte mit modernen Aromen auf und erweitern Sie Ihr Rezeptrepertoire um neue Aromen und Facetten!

PIKANT

EIER + KÄSE

Mit Eiern im Kühlschrank haben Sie im Nu eine Mahlzeit auf dem Tisch. Sie lassen sich in schnelle Quiches, herzhafte Frittata und luftige Omeletts verwandeln. Hier stellen wir ihnen einen idealen Begleiter zur Seite: Käse.

einfacher hausgemachter ricotta

zucchiniblüten mit ricottafüllung

einfacher hausgemachter ricotta

750 ml Milch
250 ml Crème double*
½ TL Meersalzflocken
2 EL Zitronensaft

Ein Sieb mit Musselintuch auslegen und auf eine große Schüssel setzen. Milch, Crème double und Salz in einem großen Topf mit dickem Boden bei hoher Temperatur unter ständigem Rühren aufkochen. Den Zitronensaft einrühren und bei schwacher Hitze 2 Minuten köcheln lassen. Vom Herd nehmen und 5 Minuten stehen lassen. Dann die Milchmischung in das vorbereitete Sieb geben, bei Raumtemperatur 1 Stunde abtropfen lassen. Die Molke wegschütten und den Ricotta luftdicht verschlossen bis zu 5 Tage im Kühlschrank aufbewahren. ERGIBT ETWA 200 G.
Hinweis: Molke ist die Flüssigkeit, die nach dem Gerinnen der Milch übrigbleibt.

ricotta mit parmesankruste und marinierten oliven

Olivenöl zum Bestreichen
80 g fein geriebener Parmesan
400 g frischer Ricotta (siehe Rezept oben)
70 g geriebener Ricotta salata*
Brot zum Servieren
Für die marinierten Oliven
550 g gemischte Oliven
250 ml Olivenöl
6 Knoblauchzehen, geschält
8 Lorbeerblätter
1 milde rote Chili*, längs halbiert
Schale von 1 Zitrone, mit dem Gemüseschäler abgezogen

Den Backofen auf 180 Grad vorheizen. Aus Backpapier 2 Quadrate von 30 x 30 cm zuschneiden. Eines davon auf ein Backblech legen, mit Öl bestreichen und mit 40 g des Parmesans bestreuen. Beide Ricottasorten vermengen und die Mischung auf das Backpapier geben. Mit dem restlichen Parmesan bestreuen. Das zweite Papierquadrat daraufsetzen und die Kanten zusammenfalten, sodass ein Päckchen entsteht. 25–30 Minuten goldbraun backen.

Inzwischen die Oliven mit Öl, Knoblauch, Lorbeerblättern, Chili und Zitronenschale in einer Auflaufform 15–20 Minuten im Ofen schmoren. Den überbackenen Ricotta heiß mit den Oliven und dem Brot servieren. ERGIBT 4 PORTIONEN.

zucchiniblüten mit ricottafüllung

1 EL fein abgeriebene Zitronenschale
130 g frischer Ricotta (siehe Rezept links)
1 Bund Basilikum, gehackt
40 g fein geriebener Pecorino*
½ TL getrocknete Chiliflocken
20 Zucchiniblüten, mit kleinen Zucchini dran
150 g Maisstärke
75 g Mehl, mehr zum Bestäuben
¼ TL Backpulver
430 ml Eiswasser
Pflanzenöl zum Frittieren
kleine Basilikumblätter zum Servieren
Für das Zitronensalz
1 EL Meersalzflocken
1 EL fein abgeriebene Zitronenschale

Für das Zitronensalz die Zitronenschale und das Salz in einer kleinen Schüssel mit den Fingerspitzen verreiben und beiseitestellen.

Zitronenschale, Ricotta, Basilikum, Pecorino und Chiliflocken vermengen. In jede Zucchiniblüte behutsam 1 TL der Mischung geben und die Blütenblätter zusammendrehen.

Maisstärke, Mehl, Backpulver und Wasser mit einem Buttermesser gerade eben vermischen (der Teig soll noch etwas klumpig sein). 10 Minuten stehen lassen. In einen großen Topf 1 cm hoch Pflanzenöl geben und stark erhitzen. Die Zucchiniblüten mit Mehl bestäuben und in den Teig tauchen. Portionsweise im heißen Fett 2–3 Minuten goldbraun frittieren. Die Blüten auf Küchenpapier abtropfen lassen. Mit Basilikum garniert servieren; dazu das Zitronensalz reichen. ERGIBT 4 PORTIONEN.

ricotta mit parmesankruste und marinierten oliven

SO GELINGT soufflé-omelett

2

3

grundrezept soufflé-omelett

3 Eier, getrennt
3 EL Rahm*
Meersalz und schwarzer Pfeffer aus der Mühle
Butter zum Braten
3 EL fein geriebener Parmesan
3 EL fein geriebener Cheddar oder Gruyère
fein geriebener Parmesan zum Servieren

SCHRITT 1 Eigelbe, Rahm, Salz und Pfeffer verrühren. Die Eiweiße in einer sauberen Schüssel zu Eischnee mit weichen Spitzen aufschlagen und unter die Eigelbmasse heben.
SCHRITT 2 In einer beschichteten Pfanne (18 cm Durchmesser) bei mittlerer Hitze etwas Butter schmelzen. Den Teig hineingeben und 2–3 Minuten backen.
SCHRITT 3 Das Omelett mit etwas Parmesan und Käse bestreuen und weitere 2–3 Minuten backen, bis sich die Unterseite goldbraun färbt. Mit einem Pfannenwender das Omelett zur Hälfte zusammenklappen und mit Parmesan bestreut sofort servieren. Dazu nach Belieben Brot und Rucolasalat reichen. ERGIBT 1 PORTION.

REZEPT-NOTIZ
Durch das Unterheben des Eischnees unter die Eigelbmasse wird das Omelett locker und luftig und geht auf wie ein Soufflé.

grundrezept soufflé-omelett

zucchinischnitten

drei-käse-soufflé

drei-käse-soufflé

geschmolzene Butter zum Bestreichen
2 EL fein geriebener Parmesan zum Ausstreuen
30 g Butter
35 g Mehl
160 ml Milch
4 Eier, getrennt
1 Eiweiß, zusätzlich
100 g frischer Ricotta (siehe Seite 14)
60 g geriebener Gruyère
40 g geriebener Parmesan
½ TL englisches Senfpulver
Meersalz und schwarzer Pfeffer aus der Mühle
geriebener Parmesan und geröstetes Brot zum Servieren

Den Backofen auf 200 Grad vorheizen. Zwei Souffléformen von je ½ l Inhalt mit flüssiger Butter fetten und mit den 2 EL Parmesan ausstreuen. Bis zur Weiterverwendung kalt stellen.

Die Butter in einem Topf bei schwacher Hitze schmelzen. Das Mehl einrühren und 1 Minute andünsten. Nach und nach die Milch dazugießen und unter Rühren 2 Minuten aufkochen lassen, bis eine dicke, glatte Masse entsteht. Vom Herd nehmen. Eigelbe, Ricotta, Gruyère, Parmesan, Senfpulver, Salz und Pfeffer einrühren.

Die Eiweiße und das zusätzliche Eiweiß zu steifem Eischnee aufschlagen. ⅓ des Eischnees mit einem Metalllöffel unter die Käsemasse heben. Dann behutsam den restlichen Eischnee unterheben. Die Masse in die vorbereiteten Formen füllen, diese auf ein Backblech stellen und im heißen Ofen 15–20 Minuten backen, bis die Soufflés schön aufgehen. Mit Parmesan bestreut servieren, dazu Brot reichen. ERGIBT 4 PORTIONEN.

Tipp: Das Soufflé sollte in der Mitte noch leicht wackeln, wenn man es aus dem Ofen nimmt.

PROBIEREN SIE ES MIT…
Pecorino
Ziegenkäse
Blauschimmelkäse

zucchinischnitten

1 EL Olivenöl
1 Zwiebel, fein gehackt
2 Knoblauchzehen, gepresst
4 Scheiben Speck, gehackt
450 g Zucchini, gerieben
200 g Feta, zerbröselt
200 g Ricotta
40 g fein geriebener Parmesan
1 Bund Schnittlauch, fein geschnitten
Meersalz und schwarzer Pfeffer aus der Mühle
6 Eier
150 g Mehl, gesiebt
½ TL Backpulver

Den Backofen auf 180 Grad vorheizen. Das Öl in einer großen beschichteten Pfanne bei hoher Temperatur erhitzen. Darin Zwiebel, Knoblauch und Speck 5 Minuten goldbraun andünsten. Dann die Mischung mit Zucchini, Feta, Ricotta, Parmesan, Schnittlauch, Salz und Pfeffer vermengen. Eier, Mehl und Backpulver verrühren und mit der Zucchinimasse vermischen. Die Masse in eine dünn gefettete, mit Backpapier ausgelegte Form (20×30 cm) füllen und glatt streichen. Im heißen Ofen 40–50 Minuten goldbraun backen. In Stücke schneiden und servieren. ERGIBT 8–10 PORTIONEN.

Tipp: Schichten Sie die Zucchinischnitten zum Aufbewahren in einen luftdicht verschließbaren Behälter (zwischen die Lagen Backpapier geben); im Tiefkühler halten sie sich drei Monate.

kürbis-chorizo-grünkohl-frittata

1 kg Kabocha-Kürbis (grüner Hokkaido), geschält, zerkleinert
4 frische Chorizo*, geschält und zerkleinert
1 EL Olivenöl
Meersalz und schwarzer Pfeffer aus der Mühle
100 g Grünkohl, Stiele entfernt, zerzupft
150 g weicher Ziegenkäse, zerbröselt
100 g fertig gekauftes Zwiebel-Relish
8 Eier
250 ml Rahm*

Den Backofen auf 220 Grad vorheizen. Kürbis und Chorizo in eine flache Auflaufform (30 cm Durchmesser) geben, mit Olivenöl beträufeln, salzen und pfeffern. Etwa 15 Minuten im heißen Ofen schmoren, bis die Kürbisstücke leicht bräunen und weich werden. Herausnehmen und die Ofentemperatur auf 200 Grad reduzieren. Grünkohl, Ziegenkäse und Zwiebel-Relish in die Form geben und alles vermischen. Eier und Rahm verrühren, salzen und pfeffern. Die Mischung über das Gemüse geben und alles 30–40 Minuten backen, bis die Frittata sich goldbraun färbt. ERGIBT 4–6 PORTIONEN.

kürbis-chorizo-grünkohl-frittata

SO GELINGT quiche

1 2
3 4

grundrezept quiche

300 g Mehl
1 TL Meersalzflocken
150 g kalte Butter, gewürfelt
1 Ei, leicht verklopft
1 EL kalte Milch
Für den Belag
1 EL Olivenöl
1 große Zwiebel, in Spalten geschnitten
200 g Speck, in feine Scheiben geschnitten
1 EL Thymianblätter
3 Eier
80 ml Rahm*
60 ml Milch
25 g fein geriebener Gruyère
Meersalz und schwarzer Pfeffer aus der Mühle

SCHRITT 1 Mehl, Salz und Butter in der Küchenmaschine 1 Minute zu einem feinen Krümelteig verarbeiten. Ei und Milch dazugeben und alles zu einem glatten Teig verarbeiten. Diesen zu einer flachen Scheibe formen, in Frischhaltefolie wickeln und 30 Minuten kalt stellen. Dann den Teig zwischen zwei Lagen Backpapier 4 mm dünn ausrollen. Eine gefettete Tarteform mit Heheboden (22 cm Durchmesser) mit dem Teig auslegen und 30 Minuten kalt stellen.
SCHRITT 2 Den Backofen auf 200 Grad vorheizen. Überstehende Teigkanten abschneiden und den Boden mit einer Gabel einstechen. Den Teig mit Backpapier belegen und darauf Blindbackgewichte* oder Hülsenfrüchte verteilen. 15 Minuten im heißen Ofen backen, Backpapier und Gewichte entfernen und weitere 10-15 Minuten hellbraun backen. Herausnehmen und beiseitestellen.
SCHRITT 3 Die Ofentemperatur auf 180 Grad reduzieren. Für den Belag das Öl in einer großen beschichteten Pfanne stark erhitzen. Darin Zwiebel und Speck unter gelegentlichem Rühren 8–10 Minuten goldbraun andünsten. Vom Herd nehmen, den Thymian einrühren und beiseitestellen. Eier, Rahm, Milch, Käse, Salz und Pfeffer verrühren. Die Zwiebelmischung auf dem Teigboden verteilen und mit der Eiermilch übergießen. Im heißen Ofen 25–30 Minuten goldbraun backen. Vor dem Servieren 10 Minuten ruhen lassen.
ERGIBT 4 PORTIONEN.

REZEPT-NOTIZ
Dank des Durchkühlens im Kühlschrank zieht sich der Teig beim Backen nicht zusammen. Den Teig immer gut in Frischhaltefolie verpackt kalt stellen, damit er nicht austrocknet.

quiche

chorizo-schmorpaprika-quiche

1 Portion Mürbeteig (siehe Grundrezept Seite 22)
1 TL Olivenöl
1 getrocknete Chorizo*, in dünne Scheiben geschnitten
3 Eier
80 ml Rahm*
60 ml Milch
40 g fein geriebener Manchego*
Meersalz und schwarzer Pfeffer aus der Mühle
80 g fertig gekaufte Schmorpaprika, abgetropft, in Streifen geschnitten
110 g fertig gekauftes Zwiebel-Relish
junge Spinatblätter und gehobelter Manchego* zum Servieren

Den Backofen auf 200 Grad vorheizen. Nach Schritt 1 und 2 des Grundrezepts (Seite 22) den Teigboden herstellen und backen.

Die Ofentemperatur auf 180 Grad reduzieren. Das Öl in einer großen beschichteten Pfanne bei mittlerer Temperatur erhitzen. Darin die Chorizoscheiben von jeder Seite 1–2 Minuten goldbraun anbraten, auf Küchenpapier abtropfen lassen. Eier, Rahm, Milch, Käse, Salz und Pfeffer verrühren. Chorizo, Paprikastreifen und Zwiebel-Relish auf dem Teigboden verteilen und mit der Eiermilch übergießen. Im heißen Ofen 25–30 Minuten goldbraun backen. Herausnehmen und 10 Minuten ruhen lassen. Mit Spinat und Manchego servieren. ERGIBT 4 PORTIONEN.

chili-krabben-zitronen-quiches

1 Portion Mürbeteig (siehe Grundrezept Seite 22)
3 Eier
80 ml Rahm*
60 ml Milch
1 TL fein abgeriebene Zitronenschale
Meersalz und schwarzer Pfeffer aus der Mühle
350 g gekochtes Krebsfleisch, auf Küchenpapier abgetropft
½ TL getrocknete Chiliflocken
junge Kräuter, nach Belieben

Den Backofen auf 200 Grad vorheizen. Nach Schritt 1 und 2 des Grundrezepts (Seite 22) den Teig herstellen, 3 mm dünn ausrollen und damit 6 dünn gefettete Tarteletteformen mit herausnehmbarem Boden (8 cm Durchmesser) auslegen. 15 Minuten blindbacken, dann Backpapier und Gewichte entfernen und weitere 5–10 Minuten hellbraun backen, beiseitestellen.

Die Ofentemperatur auf 180 Grad reduzieren. Eier, Rahm, Milch, Zitronenschale, Salz und Pfeffer verrühren. Krebsfleisch und Chiliflocken auf die Teigböden verteilen und mit der Eiermilch übergießen. Im vorgeheizten Ofen 20–25 Minuten goldbraun backen. Herausnehmen und 5 Minuten ruhen lassen. Mit Kräutern garniert servieren. ERGIBT 4 PORTIONEN.

Hinweis: Das ausgelöste Krebsfleisch (auch als »Crab meat« bezeichnet) ist in Dosen erhältlich.

spinat-ricotta-quiche

1 Portion Mürbeteig (siehe Grundrezept Seite 22)
3 Eier
80 ml Rahm*
60 ml Milch
40 g fein geriebener Parmesan, mehr zum Servieren
Meersalz und schwarzer Pfeffer aus der Mühle
250 g tiefgekühlter Blattspinat, aufgetaut und auf Küchenpapier abgetropft
100 g Ricotta

Den Backofen auf 200 Grad vorheizen. Nach Schritt 1 und 2 des Grundrezepts (Seite 22) den Teig herstellen und eine dünn gefettete Tarteform mit Hebeboden (ca. 12 × 34 cm) mit dem Teig auslegen. Wie beschrieben backen.

Die Ofentemperatur auf 180 Grad reduzieren. Eier, Rahm, Milch, Käse, Salz und Pfeffer verrühren. Spinat und Ricotta gleichmäßig auf dem Teigboden verteilen und mit der Eiermilch übergießen. Im heißen Ofen 25–30 Minuten goldbraun backen. Herausnehmen und 10 Minuten ruhen lassen. Mit Parmesan bestreut servieren. ERGIBT 4 PORTIONEN.

tomaten-ziegenkäse-quiches

1 Portion Mürbeteig (siehe Grundrezept Seite 22)
3 Eier
80 ml Rahm*
60 ml Milch
15 g fein geriebener Parmesan
Meersalz und schwarzer Pfeffer aus der Mühle
150 g weicher Ziegenkäse
180 g Kirschtomaten
1 TL Olivenöl zum Bestreichen
2 EL Oreganoblätter
Brunnenkresse zum Servieren

Den Backofen auf 200 Grad vorheizen. Nach Schritt 1 und 2 des Grundrezepts (Seite 22) den Teig herstellen und 2 dünn gefettete Tarteformen mit Hebeboden (12 cm Durchmesser) mit dem Teig auslegen. Wie beschrieben backen.

Die Ofentemperatur auf 180 Grad reduzieren. Eier, Rahm, Milch, Käse, Salz und Pfeffer verrühren. Die Eiermilch und den Ziegenkäse auf den Teigböden verteilen. Die Tomaten mit Öl bestreichen, salzen und pfeffern. Zusammen mit dem Oregano auf die Füllung geben und im heißen Ofen 25 Minuten backen. Lose mit Alufolie abdecken und weitere 10–15 Minuten goldbraun backen. Herausnehmen und 10 Minuten ruhen lassen. Mit Brunnenkresse garniert servieren.
ERGIBT 4 PORTIONEN.

kartoffel-ziegenkäse-frittata

taleggio-quiche mit pilzen und kürbis

kräuter-mozzarella-pilze mit knoblauchtoast

kartoffel-ziegenkäse-frittata

250 g festkochende Kartoffeln, geschält, zerkleinert
1 frische Chorizo*, in dünne Scheiben geschnitten
1 EL Olivenöl
4 Eier
180 ml Rahm*
100 g Ziegenquark*
100 g fertig gekauftes Zwiebel-Relish

Den Backofen auf 200 Grad vorheizen. Kartoffeln, Chorizoscheiben und Öl in einer Auflaufform (1½ l Inhalt) vermischen und im heißen Ofen 30 Minuten schmoren. Eier und Rahm verrühren und über die Kartoffelmischung gießen. Kleckse vom Ziegen-Quark und das Zwiebel-Relish darauf verteilen. Im heißen Ofen 15–20 Minuten backen, bis die Eimasse stockt und sich die Frittata goldbraun färbt. ERGIBT 2 PORTIONEN.

kräuter-mozzarella-pilze mit knoblauchtoast

8 dünne Scheiben Baguette
Olivenöl zum Bestreichen
Meersalz und schwarzer Pfeffer aus der Mühle
1 Knoblauchzehe, halbiert, zum Einreiben
40 g Butter
400 g Matsutake-Pilze*, halbiert
2 Zweige Rosmarin
1 Bund Salbei
250 g frischer Büffel-Mozzarella*, zerzupft

Eine Grillpfanne stark erhitzen oder den Holzkohlegrill anheizen. Das Brot mit Öl bestreichen, salzen und pfeffern und in der Pfanne oder auf den Grill 2–3 Minuten goldbraun rösten. Mit Knoblauch einreiben.

Die Butter in einer großen beschichteten Pfanne erhitzen. Darin die Pilze mit Rosmarin, Salbei, Salz und Pfeffer 5 Minuten goldbraun anbraten. Den Mozzarella darauf verteilen und die Pfanne für 2–3 Minuten unter den vorgeheizten Backofengrill schieben. Mit Knoblauchtoast servieren. ERGIBT 4 PORTIONEN.

Tipp: Der Büffel-Mozzarella schmilzt zu einer köstlichen leicht goldenen Masse. Tunken Sie das Brot in den flüssigen Käse. Wenn Sie keine Grillpfanne besitzen, toasten Sie das Brot und reiben es mit Knoblauch ein.

taleggio-quiche mit pilzen und kürbis

600 g Butternut-Kürbis, in feine Scheiben geschnitten
Olivenöl zum Beträufeln
6 braune Riesen-Champignons
150 g Pancetta*, fein geschnitten
200 g Taleggio*, entrindet und in Scheiben geschnitten
6 Eier
Meersalz und schwarzer Pfeffer aus der Mühle
fein geriebener Parmesan zum Servieren
Für den Parmesan-Mürbeteig
300 g Mehl
80 g fein geriebener Parmesan
150 g kalte Butter, in Würfeln
1 TL Meersalzflocken
1 Ei
1 EL kalte Milch
1 Eiweiß

Den Backofen auf 200 Grad vorheizen. Die Kürbisscheiben auf ein Backblech legen und mit Öl beträufeln. Pilze und Pancetta auf einem separaten Blech mit Öl beträufeln. 20 Minuten weich schmoren, beiseitestellen.

Die Ofentemperatur auf 180 Grad reduzieren. Für den Parmesan-Mürbeteig Mehl, Parmesan, Butter und Salz in der Küchenmaschine 1–2 Minuten zu einem feinen Krümelteig verarbeiten. Ei und Milch zugeben und alles 2 Minuten zu einem glatten Teig verarbeiten. Diesen in Frischhaltefolie gewickelt 30 Minuten kalt stellen. Dann den Teig zwischen zwei Lagen Backpapier zu einem Kreis von 30 cm Durchmesser ausrollen. Eine dünn gefettete Tarteform mit Hebeboden (22 cm Durchmesser) mit dem Teig auslegen und den Boden mit einer Gabel einstechen. Den Teig mit Backpapier belegen und darauf Blindbackgewichte* oder Hülsenfrüchte verteilen. Im heißen Ofen 15 Minuten backen, dann das Backpapier und die Gewichte entfernen. Den Boden mit Eiweiß bestreichen und weitere 10 Minuten goldbraun backen. Herausnehmen und auskühlen lassen.

Die Ofentemperatur auf 160 Grad reduzieren. Kürbis, Pilze, Taleggio und Pancetta auf dem Teigboden verteilen. Eier, Salz und Pfeffer verrühren und auf den Teigboden geben. Die Form dicht mit Alufolie abdecken und im heißen Ofen 1½ Stunden gar backen. Mit Parmesan bestreut servieren. ERGIBT 6–8 PORTIONEN.

schmorknoblauch-kartoffel-soufflés mit salsa verde

spinat-ricotta-klößchen mit tomaten-salsa

schmorknoblauch-kartoffel-soufflés mit salsa verde

2 Knollen Knoblauch
1 EL Olivenöl
300 g Steinsalz
1 mehlige Kartoffel à 250 g, sauber geschrubbt
geschmolzene Butter zum Bestreichen
2 EL fein geriebener Pecorino*
30 g Butter
35 g Mehl
160 ml Milch
4 Eier, getrennt
80 g fein geriebener Pecorino*, mehr zum Servieren
1 TL scharfer englischer Senf
Meersalz und schwarzer Pfeffer aus der Mühle
1 Eiweiß, zusätzlich
Für die Salsa verde
2 Bund Minze
2 Bund glattblättrige Petersilie
1 Bund Schnittlauch
2 Knoblauchzehen, gepresst
2 EL Weißweinessig
2 EL Olivenöl

Den Backofen auf 180 Grad vorheizen. Die Knoblauchknollen mit Olivenöl beträufeln und in Alufolie packen. Das Steinsalz auf ein Backblech geben, Knoblauch und Kartoffel daraufsetzen. Im heißen Ofen 1 Stunde schmoren, bis beides weich ist, leicht auskühlen lassen. Die Kartoffel halbieren und das Fleisch auskratzen. Knoblauch häuten und mit dem Kartoffelfleisch zu einem Brei vermengen.

Die Ofentemperatur auf 200 Grad erhöhen. Vier Auflaufformen (je 430 ml Inhalt) mit der geschmolzenen Butter fetten und mit den 2 EL Pecorino ausstreuen. Bis zur Weiterverwendung kalt stellen.

Die 30 g Butter in einem Topf bei mittlerer Hitze schmelzen. Das Mehl einrühren und 1 Minute andünsten. Nach und nach unter Rühren die Milch dazugießen und 2 Minuten aufkochen, bis eine dicke, glatte Masse entsteht. Das Kartoffel-Knoblauch-Püree zusammen mit den Eigelben, 80 g Pecorino, dem Senf, Salz und Pfeffer einrühren.

Die Eiweiße und das zusätzliche Eiweiß mit dem Handmixer zu steifem Eischnee aufschlagen und diesen mit einem Metalllöffel unter das Kartoffelpüree heben. Die Masse in die vorbereiteten Formen geben, diese auf ein Backblech stellen und im heißen Ofen 15–18 Minuten backen, bis die Soufflés schön aufgehen.

Inzwischen für die Salsa verde Minze, Petersilie, Schnittlauch, Knoblauch, Essig, Öl, Salz und Pfeffer im Blitzhacker zu einer groben Masse zerkleinern. Die Soufflés mit Salsa verde beträufelt und mit Pecorino bestreut sofort servieren. ERGIBT 4 PORTIONEN.

drei-käse-grießnocken mit gremolata

1½ l Milch
320 g Weichweizengrieß*
6 Eigelb
200 g Taleggio*, entrindet und zerkleinert
Meersalz und schwarzer Pfeffer aus der Mühle
8 Zweige Majoran
100 g geriebener Mozzarella
80 g geriebener Parmesan
Für die Gremolata
1½ Bund glattblättrige Petersilie, gehackt
1 EL gehackte Majoranblätter
60 ml Olivenöl
1 EL Zitronensaft
1 EL grob abgeriebene Zitronenschale
1 Knoblauchzehe, gepresst

Für die Gremolata Petersilie, Majoran, Öl, Zitronensaft und -schale sowie Knoblauch vermengen und beiseitestellen.

Die Milch in einem großen Topf bei mittlerer Hitze aufkochen und nach und nach den Grieß einrühren. Unter Rühren mit einem Holzlöffel 2–3 Minuten gar kochen. Vom Herd nehmen, die Eigelbe und den Taleggio einrühren, salzen und pfeffern. Die Masse in eine dünn gefettete Form (20×30 cm) füllen und 2–3 Stunden kalt stellen, bis sie fest ist. Dann in 12 Rechtecke (ca. 4×10 cm) schneiden und diese auf ein dünn gefettetes Backblech setzen. Mit Majoran belegen und mit Parmesan sowie Mozzarella bestreuen. Unter dem vorgeheizten Backofengrill 2–3 Minuten bräunen, bis der Käse schmilzt und sich bräunt. Mit Gremolata beträufelt servieren. ERGIBT 10–12 PORTIONEN.

drei-käse-grießnocken mit gremolata

quiche mit karamellisiertem fenchel, grünkohl und ziegenquark

spinat-ricotta-klößchen mit tomaten-salsa

200 g junge Spinatblätter, blanchiert, abgetropft, gehackt
200 g frischer Ricotta (siehe Seite 14)
50 g fein geriebener Parmesan, mehr zum Servieren
50 g Mehl, mehr zum Bestäuben
2 Eier
1 Bund Schnittlauch, gehackt
1 Knoblauchzehe, gepresst
40 g Butter
Für die Tomaten-Salsa
300 g verschiedenfarbige Kirschtomaten, halbiert
12 Sardellenfilets*, gehackt
1 Bund Minze
1 Knoblauchzehe, gehackt
2 EL Olivenöl
1 EL Weißweinessig
Meersalz und schwarzer Pfeffer aus der Mühle

Für die Tomatensalsa Kirschtomaten, Sardellen, Minze, Knoblauch, Öl, Essig, Salz und Pfeffer vermengen, beiseitestellen.

Spinat, Ricotta, Parmesan, Mehl, Eier, Schnittlauch, Knoblauch, Salz und Pfeffer zu einem klebrigen Teig verarbeiten. Esslöffelgroße Portionen des Teigs zu Kugeln formen und diese in Mehl wenden. Die Klößchen portionsweise in einem großen, mit kochendem Wasser gefüllten Topf 3–4 Minuten garen, bis sie an die Oberfläche steigen. Mit einem Schaumlöffel herausheben und beiseitestellen.

Die Butter bei hoher Hitze in einer beschichteten Pfanne schmelzen. Darin die Klößchen von jeder Seite etwa 2 Minuten anbräunen. Mit der Tomaten-Salsa und Parmesan servieren.

ERGIBT 4 PORTIONEN.

quiche mit karamellisiertem fenchel, grünkohl und ziegenquark

125 ml Sherryessig*
90 g brauner Zucker
Meersalz und schwarzer Pfeffer aus der Mühle
500 g kleine, zarte Fenchelknollen, geputzt, halbiert
2 Eier
250 ml Rahm*
1 TL Dijonsenf
2 Platten fertig gekaufter Blätterteig, aufgetaut
30 g Grünkohlblätter, blanchiert, gehackt
90 g Ziegenquark*, mehr zum Servieren

Den Backofen auf 220 Grad vorheizen. Essig, Zucker, Salz und Pfeffer in eine kleine, hochwandige Form geben. Die halbierten Fenchelknollen mit der Schnittseite nach unten daraufsetzen und im heißen Ofen 35–40 Minuten schmoren, bis sie weich und klebrig sind. Die Ofentemperatur auf 180 Grad reduzieren. Eier, Rahm, Senf, Salz und Pfeffer verrühren. Den Teig zurechtschneiden und eine dünn gefettete Form mit Hebeboden (ca. 34 × 12 cm) damit auslegen; in der Mitte soll der Teig leicht überlappen. Darauf den Grünkohl und den karamellisierten Fenchel mit der Schnittseite nach oben verteilen. Mit dem Eierrahm übergießen und Kleckse von Ziegenquark darauf verteilen. 40 Minuten goldbraun backen. Nach Belieben mit zusätzlichem Ziegenquark servieren.

ERGIBT 4 PORTIONEN.

PROBIEREN SIE ES MIT …
Mangold
Mascarpone
getrockneten Chiliflocken

PASTA, ASIA-NUDELN + REIS

Samtweiche Pasta, seidenglatte Asia-Nudeln und luftiglockerer Reis sind in den folgenden Rezepten mehr als einfach nur Nebendarsteller. Die unkomplizierten, vielseitigen Gerichte empfehlen sich ebenso fürs schnelle Abendessen unter der Woche wie für das entspannte Mahl am Wochenende.

geschmorte lammkeulen-pasta mit pesto

käse-makkaroni mit chilikruste

geschmorte lammkeulen-pasta mit pesto

2 EL Olivenöl
1,2 kg Lammkeule
1 Zwiebel, gehackt
3 Knoblauchzehen, gepresst
250 ml trockener Weißwein
800 g Kirschtomaten
4 Zweige Thymian
250 ml Wasser
375 g getrocknete Lasagneblätter (siehe Tipp)
125 g frischer Büffel-Mozzarella*, zerzupft
Für das Pesto
120 g Basilikumblätter
125 ml Olivenöl
25 g fein geriebener Parmesan
Meersalz und schwarzer Pfeffer aus der Mühle

Für das Pesto alle Zutaten in der Küchenmaschine grob pürieren, beiseitestellen.

Das Öl in einem großen, dickwandigen Schmortopf stark erhitzen. Darin das Lamm von jeder Seite 1–2 Minuten scharf anbraten, herausnehmen und ruhen lassen. Dann im selben Topf Zwiebel und Knoblauch 1–2 Minuten andünsten. Wein, Tomaten, Thymian und Wasser hinzufügen und verrühren. Das Lamm zurück in den Topf geben und aufkochen. Anschließend bei reduzierter Hitze zugedeckt etwa 2 Stunden köcheln lassen, bis sich Fleisch wie von selbst vom Knochen löst. Das Lamm herausnehmen, das Fleisch mit einer Gabel klein rupfen und die Knochen wegwerfen. Das Fleisch zurück in die Sauce geben.

Die Lasagneblätter in grobe Stücke brechen und in einem mit kochendem Salzwasser gefüllten, großen Topf 8–10 Minuten bissfest garen. Abgießen und zurück in den Topf geben. Die Lammfleischsauce dazugeben und unterheben. Mit dem zerzupften Mozzarella sowie dem Pesto garniert servieren. ERGIBT 4–6 PORTIONEN.

Tipp: Lasagneteigblätter werden frisch und getrocknet angeboten und normalerweise für das gleichnamige Gericht verwendet. Man kann sie aber auch in grobe Stücke brechen und mit dicker, stückiger Sauce servieren.

käse-makkaroni mit chilikruste

400 g Makkaroni
185 ml Rahm*
310 ml Milch
180 g geriebener Cheddar
40 g fein geriebener Parmesan
40 g frische Semmelbrösel
½ TL getrocknete Chiliflocken
1 Knoblauchzehe, gepresst
50 g Butter, geschmolzen

Den Backofen auf 200 Grad vorheizen. Die Pasta in einem großen, mit kochendem Salzwasser gefüllten Topf bissfest garen. Abgießen und zurück in den Topf geben.

Rahm, Milch, Cheddar und Parmesan hinzufügen, unter die Nudeln heben und alles unter Rühren bei schwacher Temperatur 3–4 Minuten erhitzen. Die Mischung in eine Auflaufform füllen.

Semmelbrösel, Chiliflocken, Knoblauch und Butter gründlich vermengen und die Mischung über die Nudeln verteilen. Im heißen Ofen 6–8 Minuten überbacken, bis sich eine goldbraune, knusprige Kruste bildet. ERGIBT 4–6 PORTIONEN.

pasta mit chorizo, linsen und ziegenkäse

400 g Conchiglie (kleine muschelförmige Nudeln)
2 EL Olivenöl, mehr zum Beträufeln
2 getrocknete Chorizo*, in dünne Scheiben geschnitten
200 g braune Champignons, in Scheiben geschnitten
3 Knoblauchzehen, in Scheiben geschnitten
185 g trockener Sherry
1 Dose Linsen à 400 g, abgespült und abgetropft
Meersalz und schwarzer Pfeffer aus der Mühle
125 g Ziegenquark*

Die Pasta in Salzwasser bissfest garen. Abgießen und warm halten.

Das Öl in einer großen beschichteten Pfanne bei hoher Temperatur erhitzen und darin die Chorizoscheiben, die Pilze und den Knoblauch 1–2 Minuten anbräunen. Sherry und Linsen dazugeben und 2 Minuten einkochen lassen. Dann die Nudeln hinzufügen, salzen, pfeffern und 1 Minute aufkochen. Mit dem Ziegenquark garniert und mit Öl beträufelt servieren. ERGIBT 4–6 PORTIONEN.

pasta mit chorizo, linsen und ziegenkäse

linguine mit meeresfrüchten in der papierhülle

pasta mit schmortomaten und ricotta

sommerliche bolognese

linguine mit meeresfrüchten in der papierhülle

400 g Linguine
16 rohe Garnelen, geschält, mit Schwänzen
600 g Miesmuscheln
125 ml trockener Weißwein
120 g Butter, gewürfelt
4 Knoblauchzehen, in Scheiben geschnitten
Meersalz und schwarzer Pfeffer aus der Mühle
1 EL Zitronensaft
Olivenöl zum Beträufeln
1 Bund glattblättrige Petersilie, grob gehackt
Zitronenspalten und Krustenbrot zum Servieren

Den Backofen auf 180 Grad vorheizen. Die Linguine in kochendem Salzwasser bissfest garen. Abgießen und beiseitestellen. 4 Quadrate Backpapier von je 40×40 cm zuschneiden und damit vier Schüsselchen (je 750 ml Inhalt) auslegen. Die Nudeln in die Schüsseln verteilen, mit den Garnelen und Miesmuscheln belegen, mit dem Wein übergießen, die Butterstückchen daraufsetzen und mit Knoblauch, Salz und Pfeffer würzen. Nun die Papierquadrate an den Ecken zusammenfassen und mit jeweils einem Stück Küchenschnur zubinden. Im heißen Ofen 35–40 Minuten schmoren, bis die Garnelen gar sind und sich die Miesmuscheln geöffnet haben. Mit Zitronensaft beträufelt und mit Petersilie garniert servieren. Dazu Zitronenspalten und Brot reichen. ERGIBT 4 PORTIONEN.

pasta mit schmortomaten und ricotta

400 g Conchiglioni (große Muschelnudeln)
500 g Ricotta
40 g fein geriebener Parmesan
100 g geriebener Mozzarella
1 Ei
2 Dosen Pizzatomaten à 400 g
250 g Kirschtomaten, halbiert
2 Knoblauchzehen, in Scheiben geschnitten
250 ml Hühnerbrühe
1 TL feiner Zucker
Meersalz und schwarzer Pfeffer aus der Mühle

Den Backofen auf 200 Grad vorheizen. Die Nudeln in kochendem Salzwasser bissfest garen. Abgießen, kalt abspülen und beiseitestellen.

Ricotta, Parmesan, Mozzarella und Ei gut verrühren und beiseitestellen. Pizzatomaten, Kirschtomaten, Knoblauch, Brühe, Zucker, Salz und Pfeffer in einer großen Auflaufform vermengen. Die Nudeln mit der Ricottamischung füllen und in die Auflaufform setzen. Im heißen Ofen etwa 20 Minuten überbacken, bis die Füllung goldbraun ist. ERGIBT 4–6 PORTIONEN.

sommerliche bolognese

400 g Spaghetti
60 ml Olivenöl
500 g Rinderhackfleisch
3 Knoblauchzehen, gepresst
2 EL Thymianblätter
2 EL getrocknete Chiliflocken
Meersalz und schwarzer Pfeffer aus der Mühle
2 TL feiner Zucker
2 EL Tomatenmark
125 ml trockener Weißwein
1 EL fein abgeriebene Zitronenschale
2 EL Zitronensaft
2 EL Rotweinessig
400 g verschiedenfarbige Kirschtomaten, halbiert
90 g ligurische Oliven*
junge Kräuter und fein geriebener Parmesan zum Servieren

Die Spaghetti in kochendem Salzwasser bissfest garen, abgießen und warm halten. 1 EL des Öls in einer großen beschichteten Pfanne bei hoher Temperatur erhitzen und darin Hackfleisch, Knoblauch, Thymian und Chili 6–8 Minuten anbraten; dabei das Hackfleisch mit einem Holzlöffel auflockern. Salz, Pfeffer, Zucker und Tomatenmark einrühren und 4–5 Minuten köcheln lassen. Dann den Weißwein beifügen und unter gelegentlichem Rühren weitere 3–4 Minuten einkochen lassen. Das restliche Öl, Zitronenschale und -saft sowie den Essig unter die Nudeln mischen. Dann die Bolognesesauce, die halbierten Kirschtomaten und die Oliven unterheben. Mit Basilikumblättern und Parmesan bestreut servieren. ERGIBT 4–6 PORTIONEN.

SO GELINGT pasta

1 2
3 4

grundrezept pasta

400 g Mehl (Type 00), mehr zum Arbeiten
4 Eier
Butter, fein geriebener Pecorino oder Parmesan und schwarzer Pfeffer aus der Mühle zum Servieren

SCHRITT 1 Das Mehl in eine Schüssel geben und in der Mitte eine Mulde formen. Die Eier hineingeben und mit einer Gabel leicht verrühren; dabei mehr und mehr Mehl einarbeiten, bis es ganz mit den Eiern vermengt ist. Den Teig auf einer dünn bemehlten Fläche 3–4 Minuten geschmeidig kneten. In Frischhaltefolie eingewickelt 30 Minuten ruhen lassen.
SCHRITT 2 Den Teig in vier gleich große Portionen von je etwa 150 g teilen. Die Nudelmaschine auf Stufe 1 einstellen und die vier Teigportionen durchdrehen. Diesen Vorgang 5–6 Mal wiederholen; dabei die Teigplatten jedesmal zusammenfalten. Falls nötig etwas mehr Mehl dazugeben.
SCHRITT 3 Die Nudelmaschine auf Stufe 2 einstellen und eine der Teigportionen einmal durchdrehen. Dann auf allen weiteren Stufen, bis zur dünnsten Teigstärke, durchdrehen. Die Teigplatte auf ein mit Backpapier belegtes Blech legen. Mit den anderen Teigportionen ebenso verfahren.
SCHRITT 4 Für geschnittene Nudeln den entsprechenden Einsatz in die Nudelmaschine einsetzen und die vorbereiteten Teigplatten durchdrehen. Die Nudeln auf mit Backpapier belegte und mit Mehl bestäubte Bleche verteilen oder 30–60 Minuten über einen Holzlöffel hängen (so kleben sie nicht zusammen). Anschließend die Pasta in einem mit kochendem Salzwasser gefüllten großen Topf bissfest garen. Abgießen, zurück in den Topf geben, Butter und Pecorino oder Parmesan unterheben und mit schwarzem Pfeffer abschmecken. Sofort servieren. ERGIBT 4 PORTIONEN.

REZEPT-NOTIZ
Wenn Sie größere Mengen herstellen, rechnen Sie immer auf 100 g Mehl ein Ei, egal ob Sie nur eine oder 14 Portionen Pasta zubereiten – so gelingt sie perfekt.

pasta

pasta mit
langsam geschmortem rinderragout

pasta mit langsam geschmortem rinderragout

1 kg Rinderbrust, in 4 Teile zerlegt
Mehl zum Bestäuben
60 ml Olivenöl
1 Zwiebel, in dicke Scheiben geschnitten
3 Knoblauchzehen, geschält
250 ml Rotwein
300 ml Rinderbrühe
250 ml Wasser
1 Dose Kirschtomaten à 400 g
4 Lorbeerblätter
2 EL Tomatenmark
1 EL feiner Zucker
400 g Caserecci oder Rigatoni
Meersalz und schwarzer Pfeffer aus der Mühle
1 Bund Basilikum
fein geriebener Parmesan zum Servieren

Den Ofen auf 180 Grad vorheizen. Das Rindfleisch im Mehl wenden, überschüssiges Mehl abschütteln. 2 EL Öl in einem Schmortopf mit dickem Boden stark erhitzen und das Rindfleisch darin von jeder Seite 2–3 Minuten anbräunen. Herausnehmen und beiseitestellen.

Bei reduzierter Hitze das restliche Öl in den Topf geben und darin Zwiebel und Knoblauch 6–8 Minuten andünsten. Den Wein hinzufügen, den Bratensatz vom Topfboden lösen und die Flüssigkeit 2–3 Minuten auf die Hälfte einkochen lassen. Brühe und Wasser, Tomaten, Lorbeerblätter, Tomatenmark und Zucker einrühren. Das Rindfleisch zurück in den Topf geben und mit einem gut schließenden Deckel zugedeckt im heißen Ofen 2 Stunden schmoren. Dann den Deckel abnehmen und weitere 30 Minuten schmoren. Das Fleisch aus dem Topf nehmen und mit zwei Gabeln zerzupfen, dabei das Fett entfernen. Das Fleisch zurück in die Sauce geben und beiseitestellen.

Die Nudeln in kochendem Salzwasser bissfest garen, abgießen und in den Schmortopf zur Sauce geben. Salzen, pfeffern und mischen. Mit Basilikumblättern und Parmesan bestreut servieren. ERGIBT 4–6 PORTIONEN.

kürbis-muskat-gnocchi mit salami-oregano-butter

60 g Butter
60 g pikante Salami, fein gehackt
12 Zweige Oregano
1 EL grob geriebene Zitronenschale
1 EL Zitronensaft
Für die Kürbis-Muskat-Gnocchi
500 g mehlige Kartoffeln
500 g Butternut-Kürbis
Steinsalz zum Backen
40 g fein geriebener Pecorino*
100 g Mehl, gesiebt
Meersalz und schwarzer Pfeffer aus der Mühle
½ TL fein geriebene Muskatnuss
2 Eigelb

Für die Gnocchi den Ofen auf 180 Grad vorheizen. Kartoffeln und Kürbis auf ein mit Steinsalz bedecktes Backblech legen und im heißen Ofen 1 Stunde weich und knusprig garen. Leicht auskühlen lassen. Kartoffeln und Kürbis halbieren, das Fleisch herauskratzen und zu einer weichen Masse stampfen. Pecorino, Mehl, Salz, Pfeffer und Muskatnuss untermischen. Dann die Eigelbe einrühren, bis die Masse zusammenhält. Diese auf einer dünn bemehlten Fläche zu einem geschmeidigen Teig verkneten und zu einer 6 cm dicken Rolle formen. Diese in 1½ cm dicke Scheiben schneiden und auf ein leicht bemehltes Blech legen. Die Gnocchi portionsweise in einem großen, mit kochendem Salzwasser gefüllten Topf 3–4 Minuten garen, bis sie an die Oberfläche steigen, das Wasser darf nun nicht mehr kochen. Mit einem Schaumlöffel herausheben.

Die Butter in einer großen beschichteten Pfanne bei mittlerer Hitze schmelzen. Darin Salami und Oregano 2–3 Minuten knusprig anbraten. Die Gnocchi hinzufügen und weitere 4–5 Minuten goldbraun braten. Zitronenschale und -saft, Salz und Pfeffer dazugeben und behutsam unterrühren. ERGIBT 4 PORTIONEN.
Tipp: Der Kürbis macht den Gnocchiteig weicher und feuchter als gewöhnlich; nötigenfalls beim Kneten noch etwas Mehl dazugeben.

kürbis-muskat-gnocchi mit salami-oregano-butter

steinpilz-gnocchi mit pilz-rahmsauce

steinpilz-gnocchi mit pilz-rahmsauce

3 EL Olivenöl
15 g Salbeiblätter
3 Knoblauchzehen, in feine Scheiben geschnitten
300 g gemischte Pilze, ganz, halbiert oder in Scheiben
250 ml Rahm*
Für die Steinpilz-Gnocchi
1 kg mehlige Kartoffeln
Steinsalz zum Backen
25 g getrocknete Steinpilze*
40 g fein geriebener Parmesan
100 g Mehl, gesiebt
Meersalz und schwarzer Pfeffer aus der Mühle
2 Eigelb

Für die Gnocchi den Ofen auf 180 Grad vorheizen. Die Kartoffeln auf ein mit Steinsalz bedecktes Backblech legen und im heißen Ofen 1 Stunde weich und knusprig garen. Leicht auskühlen lassen. Kartoffeln halbieren, das Fleisch herauskratzen und in einer Schüssel zu einer weichen Masse stampfen. Die Steinpilze mit 500 ml kochendem Wasser übergießen und 5 Minuten ziehen lassen. Gut abtropfen lassen, dabei 60 ml des Pilzsuds aufbewahren. Die Pilze fein hacken und zusammen mit dem Parmesan, dem Mehl, Salz und Pfeffer in die Kartoffelmasse einrühren. Dann die Eigelbe einrühren, bis die Masse zusammenhält. Auf einer dünn bemehlten Fläche zu einem geschmeidigen Teig kneten und diesen in zwei gleich große Portionen teilen. Jede Portion zu einer gut 60 cm langen, dünnen Rolle formen. Diese in 2 cm dicke Scheiben schneiden und diese auf ein leicht bemehltes Blech legen.

2 EL Öl bei mittlerer Temperatur in einer großen Pfanne erhitzen. Darin den Salbei 1–2 Minuten knusprig braten, herausnehmen und auf Küchenpapier abtropfen lassen. Das restliche Öl in die Pfanne geben und darin den Knoblauch und die größeren Pilze unter gelegentlichem Rühren 5–6 Minuten anbraten, die zarteren Pilze beigeben, salzen, pfeffern und weitere 3–4 Minuten dünsten. Den Rahm und den aufbewahrten Pilzsud einrühren. Aufkochen und 3–4 Minuten einkochen lassen.

Die Gnocchi portionsweise in einen großen, mit kochendem Salzwasser gefüllten Topf geben. Die Temperatur reduzieren, die Gnocchi im nicht mehr kochendem Wasser 3–4 Minuten garen, bis sie an die Oberfläche steigen. Mit einem Schaumlöffel herausheben und in die Sauce geben, behutsam unterheben und mit den frittierten Salbeiblättern garniert servieren. ERGIBT 4 PORTIONEN.

cannelloni mit weißen bohnen, oliven und basilikum

450 g Ricotta
80 g fein geriebener Parmesan, mehr zum Servieren
40 g entsteinte schwarze Oliven, gehackt
1 Bund Basilikum, Blätter gehackt, mehr zum Servieren
1 Dose à 400 g weiße Cannellini-Bohnen, abgespült, abgetropft
Meersalz und schwarzer Pfeffer aus der Mühle
375 ml passierte Tomaten
125 ml Hühnerbrühe
12 frische Lasagneblätter
200 g geriebener Mozzarella

Den Ofen auf 180 Grad vorheizen. Ricotta, Parmesan, Oliven, Basilikum, Bohnen, Salz und Pfeffer gründlich vermengen. In einer separaten Schüssel passierte Tomaten, Brühe, Salz und Pfeffer vermischen. Die Hälfte dieser Mischung in vier Portionen-Auflaufformen (ca. 12 cm Durchmesser) verteilen, beiseitestellen.

Je ein Zwölftel der Ricottamischung an die schmale Enden der Lasagneblätter setzen und diese zusammenrollen. Die Cannelloni in die beiden Formen verteilen, mit der restlichen Tomatensauce übergießen, mit dem geriebenen Mozzarella bestreuen und mit Alufolie bedeckt im heißen Ofen 20 Minuten backen. Dann die Folie entfernen und weitere 10 Minuten backen, bis die Pasta gar ist. Mit Parmesan und Basilikumblättern bestreut servieren. ERGIBT 4 PORTIONEN.

PROBIEREN SIE ES MIT…
Spinat und Ricotta
Kürbis und Ricotta
Rinderhackfleisch und Tomaten

cannelloni mit weißen bohnen, oliven und basilikum

SO GELINGT polenta

1 2
3 4

grundrezept polentabrei

500 ml Hühnerbrühe
375 ml Milch
170 g Instant-Polenta
30 g Butter, gewürfelt
20 g fein geriebener Parmesan
Meersalz und schwarzer Pfeffer aus der Mühle

SCHRITT 1 Brühe und Milch in einem großen Topf bei mittlerer Hitze zum Kochen bringen.
SCHRITT 2 Nach und nach die Instant-Polenta einrühren (siehe Rezept-Notiz).
SCHRITT 3 Unter Rühren 2–3 Minuten aufkochen lassen, bis die Masse eindickt.
SCHRITT 4 Den Topf vom Herd nehmen, Butter und Parmesan einrühren, salzen und pfeffern. ERGIBT 4 PORTIONEN.

REZEPT-NOTIZ
Es ist wichtig, den Polentagrieß nach und nach unter ständigem Rühren in die Flüssigkeit zu geben, denn so klumpt die Polenta nicht und wird schön geschmeidig. Reichen Sie Polenta zu geschmorten Fleischgerichten wie Ossobuco oder Lammkeule.

polenta

gegrillte polenta mit pilzen und ricotta

1 Portion Polentabrei (siehe Grundrezept Seite 54)
4 Riesen-Champignons
Olivenöl zum Bestreichen
100 g Ricotta und fertig gekauftes oder selbstgemachtes Pesto zum Servieren

Polenta nach dem Grundrezept zubereiten; dabei die Milch durch 375 ml zusätzliche Hühnerbrühe ersetzen (insgesamt also 875 ml Hühnerbrühe). Die Polenta in eine dünn gefettete, mit Backpapier ausgelegte Form (20×30 cm) füllen und glatt streichen. Die Form 30 Minuten kalt stellen, bis die Masse fest ist.

Die Polenta in 4 Stücke schneiden. Eine Grillpfanne stark erhitzen oder den Grill anheizen. Polenta und Pilze mit Öl bestreichen. Zuerst die Pilze 10 Minuten garen, von der Kochstelle nehmen. Dann die Polenta von jeder Seite 5–6 Minuten goldbraun braten oder grillen. Die Pilze und den Ricotta auf die Polenta setzen und mit Pesto beträufelt servieren. ERGIBT 4 PORTIONEN.

polenta-pfanne mit chorizo, oliven und feta

1 Portion Polentabrei (siehe Grundrezept Seite 54)
2 EL gehackte Basilikumblätter
1 getrocknete Chorizo*, in Scheiben geschnitten
20 g entsteinte grüne Oliven, in Scheiben geschnitten
50 g Feta, zerbröselt
2 Mini-Mozzarellakugeln*, grob zerzupft
150 g Kirschtomaten

Polenta nach dem Grundrezept zubereiten. Das Basilikum unterheben und die Masse in eine Pfanne mit ofenfestem Griff (20 cm Durchmesser) füllen. Darauf Chorizoscheiben, Oliven, Feta, Mozzarella und Kirschtomaten verteilen und unter dem vorgeheizten Backofengrill 8 Minuten garen, bis sich die Polenta goldbraun färbt und der Käse geschmolzen ist. ERGIBT 4 PORTIONEN.

polenta-chips mit kräutern

1 Portion Polentabrei (siehe Grundrezept Seite 54)
1 EL gehackte Rosmarinnadeln
1 EL Oreganoblätter
1 EL Thymianblätter
Olivenöl zum Bestreichen
fertig gekauftes Aïoli oder Mayonnaise zum Servieren

Die Polenta nach dem Grundrezept zubereiten, dabei jedoch die Milch durch 375 ml zusätzliche Hühnerbrühe ersetzen (insgesamt 875 ml Hühnerbrühe). Die Kräuter einrühren. Die Masse auf einem dünn gefetteten Backblech etwa 1 cm dick verstreichen (siehe Tipp). 30 Minuten kalt stellen, bis die Masse fest ist.

Den Backofen auf 220 Grad vorheizen. Die Polenta in 2 cm breite, 10 cm lange Streifen schneiden und diese auf ein dünn gefettetes Blech setzen. Im heißen Ofen 20–25 Minuten knusprig und goldbraun backen. Mit Aïoli oder Mayonnaise servieren. ERGIBT 4 PORTIONEN.

Tipp: Beim Abkühlen wird die Polenta fest. Weicher Polentabrei muss sofort serviert werden. Bei diesem Rezept ist es wichtig, die Polenta heiß auf dem Blech zu verstreichen; ausgekühlt ist sie nicht mehr streichfähig.

mais-polenta mit knusperhühnchen

4 Hühnerbrustfilet mit Haut (wenn erhältlich mit Flügelansatz)
Olivenöl zum Beträufeln
5 Zweige Salbei
1 Portion Polentabrei (siehe Grundrezept Seite 54)
30 g Cheddar
30 g Crème double
1 EL gehackte Salbeiblätter
gedämpfte grüne Bohnen zum Servieren

Den Ofen auf 220 Grad vorheizen. Die Hühnerbrustfilets auf ein Backblech legen, mit Olivenöl beträufeln und mit den Salbeizweigen belegen. Im heißen Ofen 20–25 Minuten goldbraun garen.

Inzwischen die Polenta nach dem Grundrezept zubereiten, dabei jedoch den Parmesan durch Cheddar ersetzen und zuletzt die Crème double und den gehackten Salbei einrühren. Die Polenta auf Teller verteilen, darauf die knusprigen Hühnerbrustfilets anrichten und dazu gedämpfte grüne Bohnen reichen. ERGIBT 4 PORTIONEN.

spaghetti mit fenchel-hackbällchen

risotto mit glasiertem speck

spaghetti mit fenchel-hackbällchen

2 EL Olivenöl
1 l hausgemachte Tomatensauce (siehe Grundrezept Seite 167) oder fertig gekaufte passierte Tomaten
600 g Spaghetti
fein geriebener Parmesan zum Servieren
Für die Hackbällchen
70 g frische Semmelbrösel
60 ml Milch
2 TL Meersalzflocken
2 TL Fenchelsamen
1 TL getrocknete Chiliflocken
500 g Schweinehackfleisch
500 g Kalbshack
1 EL fein abgeriebene Zitronenschale
1 Eigelb
40 g fein geriebener Parmesan
2 EL gehackter Thymian
2 Knoblauchzehen, gepresst
schwarzer Pfeffer aus der Mühle

Für die Hackbällchen Semmelbrösel und Milch in einer großen Schüssel 5 Minuten durchziehen lassen. Salz, Fenchelsamen und Chiliflocken im Mörser zerstoßen. Die Salzmischung zusammen mit den beiden Hackfleischsorten, Zitronenschale, Eigelb, Parmesan, Thymian, Knoblauch und Pfeffer zu der Semmelbröselmasse geben und 2–3 Minuten gründlich vermengen. Esslöffelgroße Teigportionen zu Kugeln rollen. Das Öl in einer großen beschichteten Pfanne stark erhitzen und darin portionsweise die Hackbällchen 5–6 Minuten goldbraun braten. Herausnehmen und warm halten. Die Tomatensauce in die Pfanne geben und aufkochen. Dann bei reduzierter Hitze 5 Minuten köcheln lassen.

Inzwischen die Nudeln in kochendem Salzwasser bissfest garen. Abgießen und in eine große Schüssel geben. Die Hackbällchen in die Tomatensauce geben und zusammen mit den Spaghetti servieren. Dazu Parmesan reichen. ERGIBT 4–6 PORTIONEN.

risotto mit glasiertem speck

6 Scheiben Frühstücksspeck
125 ml Ahornsirup
1½ l Hühnerbrühe
60 g Butter
1 Zwiebel, fein gehackt
400 g Arborioreis*
125 ml trockener Sherry
40 g fein geriebener Parmesan
Meersalz und schwarzer Pfeffer aus der Mühle
40 g gehobelter Pecorino*

Den Ofen auf 160 Grad vorheizen. Den Speck gut im Ahornsirup wenden, auf einem mit Backpapier belegten Blech 8–10 Minuten goldbraun und knusprig braten. Beiseitestellen und warm halten.

Die Brühe in einem Topf erhitzen und die Butter bei mittlerer Hitze in einem großen Topf schmelzen. Darin die Zwiebel 5 Minuten andünsten. Reis und Sherry einrühren und 1–2 Minuten garen, bis die Flüssigkeit aufgesaugt ist. Nach und nach (jeweils 250 ml) die heiße Brühe zum Reis geben und diesen in 25–30 Minuten bissfest garen. Vom Herd nehmen, den Parmesan einrühren, salzen und pfeffern. Das Risotto auf Teller verteilen und darauf den Speck sowie den gehobelten Pecorino anrichten. ERGIBT 4 PORTIONEN.

erbsen-minz-risotto

90 g Minzeblätter, grob gehackt
1 TL Meersalzflocken
1 EL Olivenöl
75 g Butter, gewürfelt
1 Zwiebel, fein gehackt
2 Knoblauchzehen, gepresst
80 ml trockener Weißwein
400 g Arborioreis*
1½ l heiße Hühnerbrühe
40 g fein geriebener Parmesan
240 g frische oder tiefgekühlte Erbsen, aufgetaut
200 g Knackerbsen in der Schote, blanchiert, halbiert
Crème fraîche und Zuckerschotenranken zum Servieren

Minze und Salz im Mörser zu einer groben Paste zerstoßen. Öl einrühren und beiseitestellen. 25 g der Butter bei mittlerer Hitze schmelzen. Darin unter gelegentlichem Rühren Zwiebel und Knoblauch 4–5 Minuten andünsten. Den Wein dazugießen und 2 Minuten mitdünsten. Den Reis hinzufügen und 1–2 Minuten andünsten. Dann unter ständigem Rühren die Brühe in Portionen von 250 ml dazugießen; sobald die Flüssigkeit aufgesaugt ist, die nächste Portion hinzufügen. Nach 20–25 Minuten ist der Reis bissfest gegart. Vom Herd nehmen und die restlichen Zutaten einrühren. Mit Crème fraîche und dem Zuckerschotengrün garniert servieren. ERGIBT 4 PORTIONEN.

erbsen-minz-risotto

SO GELINGT **paella**

1 2
3 4

grundrezept paella

½ EL Olivenöl
1 getrocknete Chorizo*, in Scheiben geschnitten
3 Hühnchenfilet aus dem Schenkel, grob zerkleinert
300 g Arborioreis*
60 ml Sherryessig*
625 ml Hühnerbrühe
300 g Miesmuscheln, gesäubert
350 g rohe Garnelen, ungeschält
40 g tiefgekühlte Erbsen, aufgetaut
glattblättrige Petersilie zum Servieren
Für die Tomatensauce
6 Knoblauchzehen, geschält
1 Zwiebel, grob gehackt
200 g gegrillte Paprika, fertig gekauft
10 Fäden Safran
1 EL Thymianblätter
2 TL süßes Paprikapulver*
2 TL geräuchertes Paprikapulver*
1 Dose Pizzatomaten à 400 g
Meersalz und schwarzer Pfeffer aus der Mühle

SCHRITT 1 Für die Tomatensauce Knoblauch, Zwiebel, Paprika, Safran, Thymian, beide Paprikapulver, Tomaten, Salz und Pfeffer in der Küchenmaschine glatt pürieren, beiseitestellen.
SCHRITT 2 Das Öl in einer großen (Paella-)Pfanne oder einem großen Schmortopf stark erhitzen. Darin die Chorizoscheiben 1–2 Minuten anbräunen. Das Hühnerfleisch weitere 2–3 Minuten mitbraten.
SCHRITT 3 Den Reis in die Pfanne geben und 1 Minute unter Rühren andünsten. Den Essig beigeben und 1 Minute mitgaren, bis er aufgesaugt ist. Brühe und Tomatensauce einrühren und aufkochen.
SCHRITT 4 Muscheln und Garnelen in den Reis drücken und die Hitze auf niedrige Stufe reduzieren. 15 Minuten, ohne umzurühren, garen lassen. Dann die Hitze auf mittlere Stufe erhöhen und 4 Minuten köcheln lassen. Die Pfanne vom Herd nehmen, die Erbsen darauf verteilen und fest mit Alufolie verschlossen 15–18 Minuten ruhen lassen, bis die Flüssigkeit aufgesaugt ist. Mit Petersilie bestreuen.
ERGIBT 4 PORTIONEN.

REZEPT-NOTIZ
Es ist wichtig, die Paella mit Alufolie bedeckt ruhen zu lassen, damit die Flüssigkeit vollständig vom Reis aufgesaugt wird. So bildet die Paella auf der Ober- und der Unterseite eine köstliche Kruste.

grundrezept paella

paella mit meeresfrüchten

½ EL Olivenöl
500 g Lachsfilet, ohne Haut, in Stücke zerkleinert
2 getrocknete Chorizos*, in Scheiben geschnitten
300 g Arborioreis*
60 ml Sherryessig*, 2 EL mehr zum Servieren
625 ml Hühnerbrühe
1 Portion Tomatensauce (siehe Grundrezept Seite 62)
500 g Venusmuscheln
8 Miesmuscheln, gesäubert
½ Bund Koriander, gehackt
60 ml Olivenöl

Das Öl in einer großen beschichteten Pfanne oder im Wok stark erhitzen und darin den Lachs 3–4 Minuten anbräunen. Aus der Pfanne nehmen und beiseitestellen. Dann die Chorizoscheiben in der Pfanne 2–3 Minuten anbräunen, den Reis dazugeben und unter Rühren 1 Minute andünsten. Den Essig beigeben und 1 Minute weiterdünsten. Brühe und Tomatensauce einrühren und aufkochen. Den Lachs zurück in die Pfanne geben und die Hitze auf niedrige Stufe reduzieren. 15 Minuten, ohne umzurühren, garen lassen. Dann die Hitze auf mittlere Stufe erhöhen und 4 Minuten köcheln lassen. Die Pfanne vom Herd nehmen und die Paella nun fest mit Alufolie verschlossen 15–18 Minuten ruhen lassen, bis die Flüssigkeit aufgesaugt ist. Öl und Essig unter den gehackten Koriander mischen und mit der Paella servieren. ERGIBT 4 PORTIONEN.

paella mit schweinebauch, calamari und tomaten

900 g Schweinebauch ohne Haut, grob zerkleinert
100 g Tintenfischtuben, in Ringe geschnitten
300 g Arborioreis*
60 ml Sherryessig*
625 ml Hühnerbrühe
1 Portion Tomatensauce (siehe Grundrezept Seite 62)
200 g verschiedenfarbige Tomaten, halbiert
80 g junge Spinatblätter

Eine große beschichtete (Paella-)Pfanne stark erhitzen und darin den Schweinebauch 5 Minuten anbräunen. Die Tintenfischringe hinzufügen und weitere 2–3 Minuten mitbraten. Den Reis dazugeben und unter Rühren 1 Minute andünsten. Den Essig beigeben und 1 Minute mitschmoren, bis er aufgesaugt ist. Brühe und Tomatensauce einrühren und aufkochen. Den Lachs zurück in die Pfanne geben und die Hitze auf niedrige Stufe reduzieren. 15 Minuten, ohne umzurühren, garen lassen. Dann die Hitze auf mittlere Stufe erhöhen und 4 Minuten köcheln lassen. Die Pfanne vom Herd nehmen, die Tomaten dazugeben und die Paella fest mit Alufolie verschlossen 15–18 Minuten ruhen lassen, bis die Flüssigkeit aufgesaugt ist. Mit den Spinatblättern garniert servieren. ERGIBT 4 PORTIONEN.

kichererbsen-artischocken-paella

1 EL Olivenöl
300 g Arborioreis*
1 TL getrocknete Chiliflocken
1 Dose Kichererbsen (400 g), abgespült, abgetropft
60 ml Sherryessig*
625 ml Hühnerbrühe
1 Portion Tomatensauce (siehe Grundrezept Seite 62)
300 g fertig gekaufte marinierte Artischockenherzen, halbiert
1 EL grob abgeriebene Zitronenschale
20 g Minzeblätter

Das Öl in einer großen (Paella-)Pfanne stark erhitzen. Darin Reis, Chiliflocken und Kichererbsen unter Rühren 1 Minute andünsten. Den Essig beigeben und 1 Minute mitschmoren, bis er aufgesaugt ist. Brühe und Tomatensauce einrühren und aufkochen. Die Hitze auf niedrige Stufe reduzieren und den Reis 15 Minuten ohne umzurühren garen lassen. Dann die Pfanne vom Herd nehmen, die Artischocken auf dem Reis verteilen und die Paella fest mit Alufolie verschlossen 15–18 Minuten ruhen lassen, bis die ganze Flüssigkeit aufgesaugt ist. Mit der Zitronenschale und den Minzeblättern garniert servieren. ERGIBT 4 PORTIONEN.

paella mit garnelen, grünem spargel und chorizo

½ EL Olivenöl
2 getrocknete Chorizos*, in Scheiben geschnitten
300 g Arborioreis*
60 ml Sherryessig*
625 ml Hühnerbrühe
1 Portion Tomatensauce (siehe Grundrezept Seite 62)
500 g rohe Garnelen, ungeschält
350 g grüner Spargel, geputzt, fein geschnitten (siehe Tipp)
20 g Dillgrün

Das Öl in einer großen (Paella-)Pfanne stark erhitzen und darin die Chorizoscheiben 2–3 Minuten anbräunen. Den Reis dazugeben und unter Rühren 1 Minute andünsten. Den Essig beigeben und 1 Minute mitschmoren, bis er aufgesaugt ist. Brühe und Tomatensauce einrühren und aufkochen. Die Garnelen in den Reis drücken die Hitze auf niedrige Stufe reduzieren. 15 Minuten, ohne umzurühren, garen lassen. Dann die Hitze auf mittlere Stufe erhöhen und 4 Minuten köcheln lassen. Die Pfanne vom Herd nehmen, den Spargel dazugeben und die Paella fest mit Alufolie verschlossen 15–18 Minuten ruhen lassen, bis die Flüssigkeit aufgesaugt ist. Mit Dill garniert servieren. ERGIBT 4 PORTIONEN.
Tipp: Den Spargel längs mit einem Gemüseschäler in hauchdünne Streifen schneiden.

laab von huhn und schwein

lachs mit sesamkruste und daikon-pickles

lachsnudeln mit chilisalz

laab von huhn und schwein

3 Karotten, in dünne, lange Streifen geschnitten (siehe Tipp)
2 EL Meersalzflocken
250 ml heller Essig
50 g feiner Zucker
250 g Vermicelli-Reisnudeln
500 g Hackfleisch vom Huhn
500 g Hackfleisch vom Schwein
2 EL Chili-Marmelade*
1 EL Sambal Oelek*
60 ml Austernsauce
60 ml chinesischer Reiswein*
2 milde rote Chilis*, gehackt
3 Knoblauchzehen, gepresst
5 cm frischer Ingwer (25 g), geschält und gerieben
1 TL Sesamöl
125 ml Hühnerbrühe
Koriandergrün, Frühlingszwiebeln, rote Zwiebel und Minigurke, fein geschnitten, zum Servieren

Karotten und Salz in einer Schüssel vermengen und 10 Minuten durchziehen lassen. Dann die Karotten mit kaltem Wasser abspülen, abtropfen lassen und erneut kalt abspülen. Essig und Zucker in einem kleinen Topf bei schwacher Hitze erwärmen und den Zucker unter Rühren auflösen. Aufkochen und 5 Minuten köcheln lassen. Leicht auskühlen lassen, dann den Sirup über die Karotten geben. 10 Minuten kalt stellen.

Die Reisnudeln in einer Schüssel mit kaltem Wasser übergießen und 15 Minuten einweichen lassen. Abgießen und beiseitestellen.

Hühner- und Schweinehackfleisch, Chili-Marmelade, Sambal Oelek, Austernsauce, Reiswein, Chili, Knoblauch, Ingwer und Sesamöl vermengen. Eine große beschichtete Pfanne stark erhitzen und darin die Fleischmasse 6–8 Minuten braten; dabei mit einem Holzlöffel alle Klumpen auflösen. Die Nudeln und die Brühe hinzufügen und unter Rühren 1–2 Minuten weiterkochen. Das Laab mit Koriandergrün, roter Zwiebel, Gurke und Karotte servieren.
ERGIBT 6 PORTIONEN.
Tipp: Schneiden Sie die Karotten mit einem Gemüsehobel mit Julienne-Aufsatz oder mit dem Spiralschneider in dünne Streifen.

lachs mit sesamkruste und daikon-pickles

500 g Daikon-Rettich*, geschält, in dünne Scheiben geschnitten
1 EL Meersalzflocken
60 ml Reisessig*
50 g weißer Zucker
je 1 EL helle und schwarze Sesamkörner
4 Lachsfilets à 150 g, mit Haut
320 g Sobanudeln*
60 ml Kecap manis*
3 Frühlingszwiebeln, fein geschnitten
60 ml Ingwer-Pickles*

Den Rettich in einer nicht-metallischen Schüssel mit Salz bestreuen und 30 Minuten durchziehen lassen. Dann gründlich abspülen. Essig und Zucker in einem kleinen Topf bei starker Hitze aufkochen, leicht abkühlen lassen und über den Rettich geben. Beiseitestellen. Die Sesamkörner auf einem Blech vermischen. Den Lachs mit der Hautseite nach unten in die Sesammischung drücken.

Eine große beschichtete Pfanne bei mittlerer Temperatur erhitzen und darin den Lachs mit der Hautseite nach unten 3 Minuten braten. Wenden und weitere 2 Minuten oder nach Belieben braten.

Die Nudeln in kochendem Wasser 4–5 Minuten garen, abgießen und zusammen mit dem Kecap manis zurück in den Topf geben; gründlich unterheben. Den Lachs auf den Nudeln anrichten und mit Frühlingszwiebeln, Rettich und Ingwer-Pickles garniert servieren.
ERGIBT 4 PORTIONEN.

lachsnudeln mit chilisalz

60 ml Kecap manis*
2 Knoblauchzehen, gepresst
3 cm frischer Ingwer, geschält, fein gerieben
125 ml Wasser
1 EL getrocknete Chiliflocken
1 EL Meersalzflocken
4 Lachsfilets à 180 g, ohne Haut
1 EL Pflanzenöl
200 g braune Champignons, halbiert
200 g getrocknete flache Reisnudeln, gegart
1 Bund Koriander

Kecap manis, Knoblauch, Ingwer und Wasser vermischen, beiseitestellen.

Chiliflocken und Salz vermischen und den Lachs von beiden Seiten in die Mischung drücken. Jedes Lachsfilet in 1 cm dicke Scheiben schneiden. Das Öl in einer beschichteten Pfanne stark erhitzen und darin den Lachs portionsweise von jeder Seite 1 Minute braten. Aus der Pfanne nehmen, beiseitestellen. Dann die Pilze in Wok oder Pfanne 2 Minuten anbraten. Die Sauce hinzufügen, weitere 4 Minuten schmoren bis die Pilze gar sind. Lachs und Pilze auf den Nudeln anrichten. Mit Koriander garniert servieren. ERGIBT 4 PORTIONEN.

SUPPEN

Es gibt kaum etwas Besseres als eine wohltuende Suppe. Von pikanten klaren Brühen über cremige Rahmsuppen bis hin zu herzhaften Gemüseeintöpfen finden Sie im folgenden Kapitel alles, was Körper und Seele wärmt.

französische zwiebelsuppe

pikante suppe mit hühnchen-dumplings

französische zwiebelsuppe

1 EL Olivenöl
6 Zwiebeln, in Ringe geschnitten
3 Knoblauchzehen, gepresst
60 ml trockener Weißwein
1½ l Rinderbrühe
einige Scheiben helles Brot und geriebenen Gruyère zum Servieren

Das Öl in einem Topf bei mittlerer Temperatur erhitzen und darin Zwiebeln und Knoblauch 5–6 Minuten andünsten, Wein und Brühe dazugießen und bei erhöhter Temperatur etwa 10 Minuten kochen. Den geriebenen Käse auf den Brotscheiben verteilen und unter dem vorgeheizten Backofengrill zum Schmelzen bringen. Die Brotscheiben auf die Suppe setzen und servieren. ERGIBT 4 PORTIONEN.

pikante suppe mit hühnchen-dumplings

200 g Hackfleisch vom Huhn
1 Frühlingszwiebel, gehackt
1 EL Hoisin-Sauce*
1 kleine rote Chili*, gehackt
24 Wontonblätter*
Wasser zum Bestreichen
Für die Hühnersuppe
1 l Hühnerbrühe
3 Scheiben frische Ingwerwurzel
1 milde rote Chili*, in Ringe geschnitten
2 EL Sojasauce
¼ TL Sesamöl
1 Bund Pak Choi*, gehackt
Koriandergrün zum Servieren

Hackfleisch, Frühlingszwiebel, Hoisin-Sauce und Chili vermengen. Auf jedes Wontonblatt 1½ TL der Mischung setzen und die Teigränder mit Wasser bestreichen. Zusammenklappen und die Kanten zusammendrücken. Brühe, Ingwer, Chili, Sojasauce und Sesamöl in einem Topf zusammen aufkochen und die Wonton-Päckchen im Sud 4–5 Minuten garen. Dann den Pak Choi dazugeben und 1 Minute mitgaren. Die Suppe mit den Chiliringen und dem Koriandergrün garniert servieren. ERGIBT 4 PORTIONEN.

clam chowder

1 EL Olivenöl
1 Zwiebel, gehackt
3 Knoblauchzehen, gepresst
2 Zweige Thymian
650 g mehlige Kartoffeln, geschält, zerkleinert
60 ml trockener Weißwein
1 l Fischbrühe
1 kg Venusmuscheln
500 ml Milch
gehackte glattblättrige Petersilie zum Servieren

Das Öl in einem Topf stark erhitzen. Darin Zwiebel, Knoblauch und Thymian 3–4 Minuten andünsten. Die Kartoffeln, den Wein und die Brühe dazugeben und 20 Minuten köcheln lassen. Dann die Muscheln und die Milch hinzufügen und 3–4 Minuten mitkochen. Mit Petersilie bestreut servieren. ERGIBT 4 PORTIONEN.

kartoffel-lauch-suppe mit steinpilzöl

50 g Butter
4 Stangen Lauch, weißer Teil, in Ringe geschnitten
1 kg mehlige Kartoffeln, geschält und zerkleinert
500 ml Hühnerbrühe
500 ml Wasser
500 ml Milch
Meersalz und schwarzer Pfeffer aus der Mühle
Für das Steinpilzöl
10 g getrocknete Steinpilze*
80 ml Olivenöl
Für die knusprigen Lauchringe
2 EL Olivenöl
1 Stange Lauch, weißer Teil, in Ringe geschnitten

Für die Suppe Butter in einem Topf bei schwacher Hitze schmelzen. Darin den Lauch 5 Minuten andünsten. Dann die Temperatur erhöhen und Kartoffeln, Brühe sowie Wasser zugeben und aufkochen. Bei leicht reduzierter Hitze 20 Minuten köcheln lassen, bis die Kartoffeln gar sind.

Während die Suppe köchelt, das Steinpilzöl und die knusprigen Lauchringe zubereiten. Für das Öl die Steinpilze mit dem Öl in einem kleinen Topf bei schwacher Temperatur 10 Minuten erhitzen, das Öl abseihen und beiseitestellen.

Für den knusprigen Lauch das Öl in einer Pfanne stark erhitzen und die Lauchringe darin 1–2 Minuten goldbraun und knusprig frittieren. Auf Küchenpapier abtropfen lassen und beiseitestellen.

Die Suppe vom Herd nehmen und mit dem Stabmixer glatt pürieren. Die Milch einrühren, salzen und pfeffern. Die Suppe erneut 2–3 Minuten erhitzen, in Schalen verteilen. Mit Steinpilzöl beträufeln und mit den knusprigen Lauchringen garniert servieren. ERGIBT 4 PORTIONEN.

clam chowder

kartoffel-lauch-suppe mit steinpilzöl

schmorkürbis-knoblauch-suppe

tofu-kürbis-laksa

schmorkürbis-knoblauch-suppe

1 Butternut-Kürbis à 2 kg, halbiert und entkernt
1 Zwiebel, halbiert
1 Knolle Knoblauch, in Zehen zerteilt, ungeschält
Olivenöl zum Beträufeln
750 ml Wasser
125 ml Rahm*
1 TL fein gemahlene oder geriebene Muskatnuss
Meersalz und schwarzer Pfeffer aus der Mühle

Den Ofen auf 200 Grad vorheizen. Kürbis mit der Schnittseite nach oben zusammen mit der Zwiebel und den Knoblauchzehen auf ein Backblech legen und alles mit Öl beträufeln. 50–55 Minuten im Backofen schmoren, bis der Kürbis goldbraun und durchgegart ist. Das Fleisch von Kürbis und Zwiebel aus den Schalen kratzen und in die Küchenmaschine geben. Den Knoblauch aus den Schalen drücken und das Fruchtfleisch ebenfalls in die Küchenmaschine geben. 250 ml Wasser dazugeben und alles glatt pürieren. Die Masse in einem Topf bei mittlerer Hitze mit dem restlichen Wasser, dem Rahm, Muskatnuss, Salz und Pfeffer aufkochen. Mit Käse-Lauch-Polenta-Madeleines (siehe Rezept unten) servieren.
ERGIBT 4 PORTIONEN.

käse-lauch-polenta-madeleines

20 g Butter
1 Stange Lauch, geputzt, in Ringe geschnitten
80 ml Buttermilch
55 g Instant-Polenta
2 EL Mehl, gesiebt
¼ TL Backnatron, gesiebt
40 g geriebener Cheddar
1 Bund Schnittlauch, fein geschnitten
Meersalz und schwarzer Pfeffer aus der Mühle
20 g Butter, geschmolzen
1 Ei

Den Ofen auf 180 Grad vorheizen. Die Butter in einer beschichteten Pfanne bei mittlerer Hitze schmelzen. Darin den Lauch 5 Minuten weich dünsten. Dann den Lauch zusammen mit der Buttermilch in der Küchenmaschine glatt pürieren. Polenta, Mehl, Backnatron, Käse, Schnittlauch, Salz und Pfeffer gründlich vermengen. Dann die geschmolzene Butter, das Ei und die Lauchmischung dazugeben und alles zu einem glatten Teig verarbeiten. Diesen in 16 dünn gefettete Madeleine-Formen* füllen und 10–12 Minuten backen; Stäbchenprobe* machen. Auf einem Kuchengitter auskühlen lassen.
ERGIBT 16 STÜCK.

tofu-kürbis-laksa

1 EL Pflanzenöl
185 g fertig gekaufte Laksa-Paste*
500 ml Hühnerbrühe
800 ml Kokosmilch
2 EL Fischsauce*
800 g Kürbis, geschält, in Scheiben geschnitten
400 g Brokkolini, geputzt und zerkleinert
250 g getrocknete Reis-Vermicelli, gegart
300 g Seidentofu*, in Scheiben geschnitten
4 Frühlingszwiebeln, fein geschnitten
1 Bund Koriander
2 milde rote Chilis, in Ringe geschnitten

Das Öl in einem großen Topf stark erhitzen. Darin die Laksa-Paste 1 Minute andünsten, bis sie duftet. Brühe, Kokosmilch und Fischsauce dazugeben und aufkochen. Den Kürbis hinzufügen und etwa 12 Minuten kochen, bis das Fleisch weich ist. Die Brokkolini weitere 2 Minuten mitkochen. Dann die Nudeln in Suppenschalen verteilen und mit der Suppe übergießen. Darauf Tofu, Frühlingszwiebeln, Koriander und Chili anrichten und heiß servieren.
ERGIBT 4 PORTIONEN.

PROBIEREN SIE ES MIT ...
Zuckerschoten (Kefen)
Schlangenbohnen
Gai Larn

SO GELINGT hühnersuppe

1
2

2 Stangen Staudensellerie, gehackt
1 Karotte, geschält und gehackt
200 g Risoni oder andere kleine Nudeln
Meersalz und schwarzer Pfeffer aus der Mühle
gehackte glattblättrige Petersilie zum Servieren
Für die Hühnerbrühe
1 ganzes Hühnchen (ca. 1 ½ kg)
1 Zwiebel, gehackt
2 Knoblauchzehen, gehackt
2 Stangen Staudensellerie, gehackt
1 Karotte, geschält, gehackt
4 Lorbeerblätter
1 TL schwarze Pfefferkörner
2½ l Wasser (ausreichend zum Bedecken des Hühnchens)

SCHRITT 1 Für die Brühe das Hühnchen, die Zwiebel, Knoblauch, Sellerie, Karotte, Lorbeerblätter, Pfefferkörner und das Wasser in einem großen Topf bei starker Hitze zum Kochen bringen. Anschließend zugedeckt bei reduzierter Temperatur 1 Stunde köcheln lassen, bis das Hühnchen gar ist.
SCHRITT 2 Von Zeit zu Zeit den Schaum von der Oberfläche abschöpfen. Das Hühnchen aus der Brühe nehmen und leicht abkühlen lassen.
SCHRITT 3 Das Hühnchen häuten, die Haut wegwerfen. Das Fleisch auslösen und die Knochen wegwerfen.
SCHRITT 4 Die Brühe abseihen, das Suppengemüse wegwerfen. Die Brühe zusammen mit Sellerie, Karotte, Nudeln und dem zerkleinerten Hühnerfleisch zurück in den Topf geben, salzen und pfeffern. Bei starker Hitze 10–15 Minuten kochen, bis das Gemüse gar ist. Mit Petersilie bestreut servieren. ERGIBT 6 PORTIONEN.

REZEPT-NOTIZ
Schöpft man zwischendurch immer wieder den Schaum von der Oberfläche ab, wird die Brühe klarer und hat ein süßlicheren Geschmack.

hühnersuppe

linsen-grünkohl-suppe mit schweinshaxe

sellerie-kartoffel-suppe

blumenkohl-cremesuppe

linsen-grünkohl-suppe mit schweinshaxe

1 EL Olivenöl, mehr zum Beträufeln
1 Zwiebel, gehackt
2 Knoblauchzehen, in Scheiben geschnitten
1 Schweinshaxe (1,4 kg)
6 l Wasser
280 ml passierte Tomaten
8 Zweige Thymian
6 Stängel glattblättrige Petersilie
2 Stangen Staudensellerie, geputzt, zerkleinert
1 Karotte, geschält und gehackt
1 kleine Kohlrübe
1 Steckrübe
200 g Puy-Linsen*
270 g Makkaroni
300 g Grünkohl, Stiele entfernt, zerkleinert
Meersalz und schwarzer Pfeffer aus der Mühle

Das Öl in einem großen Topf bei mittlerer Temperatur erhitzen; darin Zwiebel und Knoblauch 4–5 Minuten andünsten. Dann die Schweinshaxe, das Wasser, die passierten Tomaten, Thymian und Petrsilie dazugeben und zum Kochen bringen. Bei reduzierter Hitze 1 Stunde kochen. Thymian und Petersilie herausnehmen und wegwerfen. Die Haxe herausnehmen und leicht auskühlen lassen. Die Temperatur auf mittlere Stufe erhöhen. Sellerie, Karotte, Rüben und Linsen in die Brühe geben und 30 Minuten kochen. Das Fleisch von der Haxe lösen und zerkleinern; beiseitestellen.

Die Nudeln in die Brühe geben und weitere 8 Minuten kochen. Grünkohl, Fleisch, Salz und Pfeffer dazugeben und nochmals 1–2 Minuten mitkochen, bis der Kohl weich ist. Vor dem Servieren mit Olivenöl beträufeln. ERGIBT 6–8 PORTIONEN.

Tipp: Wundern Sie sich nicht über die große Wassermenge in diesem Rezept. Die Hälfte des Wassers wird von den Linsen, dem Gemüse und den Nudeln aufgesaugt.

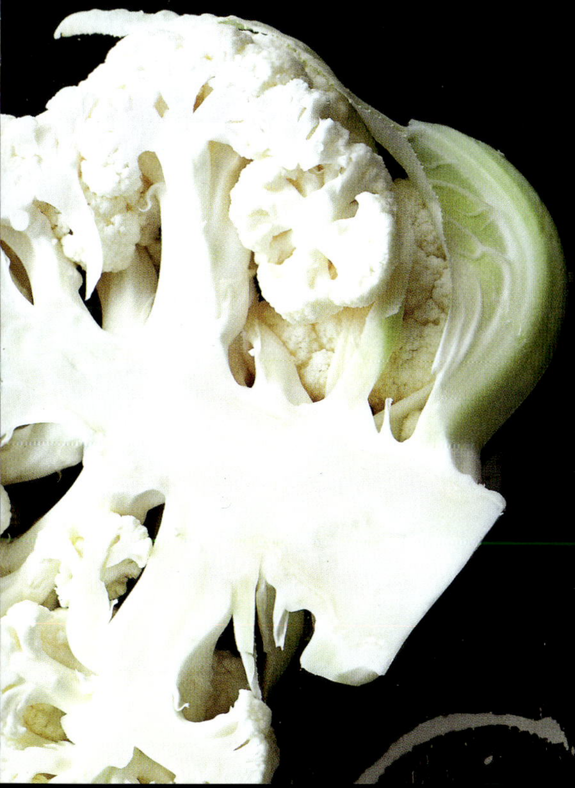

sellerie-kartoffel-suppe

2 l Hühnerbrühe
4 Zweige Thymian
3 Knoblauchzehen, geschält
1,2 kg mehlige Kartoffeln, geschält, zerkleinert
750 g Knollensellerie, geschält und zerkleinert
125 ml Rahm*
Meersalz und schwarzer Pfeffer aus der Mühle
Für das Thymian-Knoblauch-Öl
60 ml Olivenöl
2 Knoblauchzehen, in Scheiben geschnitten
8 Zweige Thymian

Brühe, Thymian und Knoblauch in einem großen Topf bei starker Hitze zum Kochen bringen. Kartoffeln und Sellerie 30–40 Minuten mitkochen, bis beides weich ist. Dann die Suppe mit dem Mixstab glatt pürieren. Rahm einrühren, salzen und pfeffern.

Für das Thymian-Knoblauch-Öl den Knoblauch im Öl bei schwacher Hitze 1–2 Minuten andünsten. Die Temperatur auf mittlere Stufe erhöhen, den Thymian hinzufügen und 30–60 Sekunden knusprig frittieren. Die Suppe mit dem Öl beträufelt servieren; dazu nach Belieben Crème fraîche reichen. ERGIBT 4 PORTIONEN.

blumenkohl-cremesuppe

25 g Butter
1 Zwiebel, gehackt
2 Knoblauchzehen, gepresst
3 Zweige Thymian, 1 Lorbeerblatt
1½ kg Blumenkohl, zerkleinert
500 g mehlige Kartoffeln, geschält, zerkleinert
750 ml Hühnerbrühe
500 ml Milch
125 ml Rahm*
Meersalz und schwarzer Pfeffer aus der Mühle
Für die Parmesan-Blumenkohl-Streusel
100 g zerkleinerter Blumenkohl
2 EL Olivenöl
20 g fein geriebener Parmesan

Die Butter in einem Topf bei schwacher Hitze schmelzen. Darin Zwiebel, Knoblauch, Thymian und Lorbeerblatt 5–8 Minuten andünsten. Blumenkohl, Kartoffeln, Brühe und Milch dazugeben und bei mittlerer Hitze 25–30 Minuten kochen lassen, vom Herd nehmen und die Suppe glatt pürieren. Salzen und pfeffern.

Während die Suppe kocht, für die Streusel Blumenkohl, Öl und Parmesan vermengen. Eine beschichtete Pfanne stark erhitzen und die Blumenkohlmischung darin unter Rühren 2 Minuten goldbraun und knusprig braten. Die Suppe mit den Streuseln bestreut servieren. ERGIBT 4 PORTIONEN.

RIND

Ob das perfekte Steak, ein saftiger Sonntagsbraten oder langsam Geschmortes wie Rinderbrust oder Ribs in diesem Kapitel finden Sie unter vielen köstlichen Rezepten sicher auch Ihre besonderen Favoriten.

meerrettich-rind mit geschmorter bete

süß glasierte asia-ribs

corned beef mit püree von weißkohl, lauch und blumenkohl

meerrettich-rind mit geschmorter bete

2 EL geriebener frischer Meerrettich*
2 Knoblauchzehen, gepresst
2,6 kg Hochrippe vom Rind mit Knochen
Meersalz und schwarzer Pfeffer aus der Mühle
2 Bund Salbei
1 kg gelbe und rote Bete, gesäubert und halbiert
10 Schalotten*, geschält
125 ml Balsamicoessig
1 EL Olivenöl
45 g brauner Zucker

Den Ofen auf 220 Grad vorheizen. Meerrettich und Knoblauch vermengen und das Fleisch mit der Mischung einreiben, salzen und pfeffern. Salbei an der Unterseite des Bratens mit Küchengarn festbinden und das Fleisch in eine große Schmorpfanne oder einen Bräter geben. Bete, Schalotten, Essig, Öl und Zucker gründlich vermengen und in die Schmorpfanne zum Fleisch geben. Im heißen Ofen 20 Minuten anbraten. Dann bei 200 Grad weitere 40–50 Minuten schmoren. Herausnehmen und zugedeckt etwa 10 Minuten ruhen lassen; dann das Fleisch auslösen. Fleisch, Bete und Schalotten auf Teller verteilen und servieren.
ERGIBT 6–8 PORTIONEN.

süß glasierte asia-ribs

2 kg Querrippe (Leiterstück) vom Rind
6 Zimtstangen
6 ganze Sternanis
5 cm frischer Ingwer (25 g), geschält, in Scheiben geschnitten
2 Knoblauchzehen, ungeschält
45 g brauner Zucker
180 g Austernsauce
180 ml schwarzer chinesischer Essig*
250 ml Wasser

Den Ofen auf 180 Grad vorheizen. Das Fleisch mit Zimt, Sternanis, Ingwer, Knoblauch, Austernsauce, Essig und Wasser auf ein tiefes Backblech geben und dieses fest mit Alufolie verschließen. 2 Stunden schmoren. Die Folie entfernen und die Rippenstücke weitere 30 Minuten schmoren, bis sie zart und süß glasiert sind.
ERGIBT 4–6 PORTIONEN.

corned beef mit püree von weißkohl, lauch und blumenkohl

2 kg Rinderbrust, pariert, in 2 Portionen zerteilt
Meersalz und schwarzer Pfeffer aus der Mühle
1 EL Meersalzflocken
1 EL schwarze Pfefferkörner
4 Lorbeerblätter
1 Stange Staudensellerie, gehackt
1 Karotte, geschält, gehackt
1 Zwiebel, in Ringe geschnitten
6 Knoblauchzehen, geschält
500 ml Sherryessig*
350 g brauner Zucker
Für das Lauch-Kohl-Püree
1 kg mehlige Kartoffeln, geschält, zerkleinert
1 kg Blumenkohl
120 g Sauerrahm
50 g Butter
Meersalz und schwarzer Pfeffer aus der Mühle
2 EL Olivenöl
200 g Speck*, gehackt
3 Stangen Lauch, geputzt, in Ringe geschnitten
300 g Weißkohl

Das Fleisch salzen und pfeffern und in einem großen schweren Topf bei starker Hitze mit den Meersalzflocken, den Pfefferkörnern und Lorbeerblättern, Sellerie, Karotte, Zwiebel, Knoblauch, Essig, Zucker und ausreichend Wasser, damit es bedeckt ist, zum Kochen bringen. Dann bei reduzierter Hitze zugedeckt 3–3½ Stunden köcheln lassen; zwischendurch immer wieder den Schaum abschöpfen. Das Rindfleisch aus dem Sud nehmen und mit 2 Gabeln in grobe Stücke rupfen. Den Sud abgießen, 750 ml davon abmessen. Beiseitestellen und warm halten.

Für das Püree die Kartoffeln in einem großen, mit Salzwasser gefüllten Topf zum Kochen bringen und 15 Minuten garen. Dann den Blumenkohl dazugeben und weitere 5 Minuten kochen. Abgießen, die Kartoffeln und den Blumenkohl zurück in den Topf geben. Sauerrahm, Butter, Salz und Pfeffer einrühren und das Gemüse zerstampfen. Beiseitestellen und warm halten.

1 EL Öl in einer großen beschichteten Pfanne stark erhitzen. Den Speck darin 5 Minuten knusprig braten. Herausnehmen und beiseitestellen.

Das restliche Öl zusammen mit dem Lauch und dem Kohl in die Pfanne geben und das Gemüse 5 Minuten weich dünsten. Den Speck und die Lauch-Kohl-Mischung zu dem Kartoffel-Blumenkohl-Püree geben und unterheben. Beiseitestellen und warm halten. Den aufbewahrten Sud in einer beschichteten Pfanne zum Kochen bringen und 5 Minuten einkochen lassen. Das Fleisch mit dem Püree und dem Sud servieren. ERGIBT 6 PORTIONEN.

SO GELINGT roastbeef

1 2
3 4

klassisches pfeffer-roastbeef

1 kg Hochrippe vom Rind am Stück, pariert
Olivenöl zum Bestreichen
40 g schwarzer Pfeffer aus der Mühle
Meersalzflocken

SCHRITT 1 Den Ofen auf 180 Grad vorheizen. Mit einem kleinen spitzen Messer Fett und Sehnen vom Fleisch entfernen.
SCHRITT 2 Etwa 1 m Küchengarn abschneiden. Am entfernten Ende des Fleischstücks beginnend, das Filet mit dem Garn umwickeln und dieses verknoten; dabei ein etwa 10 cm langes Ende stehen lassen.
SCHRITT 3 Nun das lange Stück Faden senkrecht nach unten führen, im Abstand von 2 cm mit dem Finger festhalten, den Faden um das Filet wickeln, zurück zum Finger führen und durch die Schlinge fädeln. So weiterfahren und jeweils im Abstand von 2 cm das Fleischstück umwickeln. Am Ende angekommen, den Faden unter das Filet führen und durch die Fäden auf der Rückseite führen. Dann den Faden am Ausgangspunkt verknoten.
SCHRITT 4 Das Fleisch mit Öl bestreichen und im Pfeffer wenden. Salzen. Eine große Pfanne stark erhitzen und das Filet darin von jeder Seite 1–2 Minuten scharf anbraten.
SCHRITT 5 Das Fleisch auf ein Backblech setzen und im heißen Ofen 50–55 Minuten (medium-rare) oder nach Belieben garen. Herausnehmen und zugedeckt 10 Minuten ruhen lassen, dann aufschneiden und servieren. ERGIBT 4–6 PORTIONEN.

SERVIEREN SIE DAZU …
knusprige Bratkartoffeln, blanchierte grüne Bohnen und ihre Lieblings-Würzsaucen wie Merrettichsahne, Bratensauce oder Senf.

klassisches pfeffer-roastbeef

roastbeef mit rohschinken und karamellisierten zwiebeln

1 kg Hochrippe vom Rind am Stück, pariert
Olivenöl zum Bestreichen
Meersalz und schwarzer Pfeffer aus der Mühle
12 Scheiben Rohschinken
75 g fertig gekauftes Zwiebel-Relish, mehr zum Servieren

Den Ofen auf 180 Grad vorheizen. Das Fleisch mit Öl bestreichen, pfeffern und salzen. Eine große Pfanne stark erhitzen. Das Fleisch von jeder Seite 1–2 Minuten anbraten und beiseitestellen. Dann den Rohschinken auf einem Brett oder der sauberen Arbeitsfläche so auslegen, dass sich die Scheiben überlappen. Darauf die karamellisierten Zwiebeln verteilen. Das Filet in die Mitte der Schinkenfläche legen und diese zusammenklappen, sodass das Fleisch umschlossen ist. Mit Küchengarn verschnüren (wie auf Seite 92 beschrieben). Das Fleisch auf ein Backblech setzen, mit Öl bestreichen und im heißen Ofen 50–55 Minuten (medium-rare) oder nach Belieben garen. Aufschneiden und mit Zwiebel-Relish servieren.
ERGIBT 4–6 PORTIONEN.

senf-roastbeef

3 EL grobkörniger Senf
1 TL zerstoßener schwarzer Pfeffer
1 Knoblauchzehen, gepresst
1½ kg Hochrippe vom Rind am Stück, pariert (siehe Seite 92)
Meersalz und Pfeffer aus der Mühle
1 EL Olivenöl
gedämpfte grüne Bohnen zum Servieren

Den Ofen auf 180 Grad vorheizen. Senf, zerstoßenen Pfeffer und Knoblauch vermischen. Das Fleisch salzen und pfeffern. Das Öl in einer großen beschichteten Pfanne stark erhitzen und darin das Fleisch von jeder Seite 2 Minuten anbraten. Das Fleisch aus der Pfanne nehmen und gleichmäßig mit der Senfmischung bestreichen. Dann das Fleisch auf ein mit Backpapier belegtes Backblech setzen und im heißen Ofen 50–60 Minuten (medium-rare) oder nach Belieben garen. Herausnehmen, 10 Minuten ruhen lassen und aufschneiden. Mit gedämpften grünen Bohnen servieren.
ERGIBT 4–6 PORTIONEN.

roastbeef mit steinpilzsalz

20 g getrocknete Steinpilze*
1 EL Meersalzflocken
1 EL Olivenöl
1½ kg Hochrippe vom Rind, am Stück, pariert (siehe Seite 92)
gerösteten Knoblauch und Ofen-Champignons zum Servieren

Den Ofen auf 180 Grad vorheizen. Die Steinpilze im Blitzhacker fein mahlen. Das Salz dazugeben und durch mehrmaliges Pulsen vermischen. Das Steinpilzsalz gleichmäßig auf dem Rindfleisch verteilen. Das Öl in einer großen beschichteten Pfanne stark erhitzen und darin das Fleisch von jeder Seite 2 Minuten anbraten. Dann das Fleisch aus der Pfanne nehmen, auf ein mit Backpapier belegtes Backblech setzen und im heißen Ofen 50–60 Minuten (medium-rare) oder nach Belieben garen. Herausnehmen, etwa 10 Minuten ruhen lassen und aufschneiden. Mit geröstetem Knoblauch und Ofen-Champignons servieren. ERGIBT 4–6 PORTIONEN.

estragon-meerrettich-roastbeef

40 g Estragonblätter
1 EL fertig gekaufter Sahne-Meerrettich*
½ TL Meersalzflocken
1 EL schwarzer Pfeffer aus der Mühle
1½ kg Hochrippe vom Rind am Stück, pariert (siehe Seite 92)
1 EL Olivenöl
Bratkartoffeln zum Servieren

Den Ofen auf 180 Grad vorheizen. Estragon, Sahne-Meerrettich, Salz und Pfeffer im Blitzhacker zu einer Paste verarbeiten und beiseitestellen. Das Fleisch mit Salz und Pfeffer würzen. Das Öl in einer großen beschichteten Pfanne stark erhitzen und darin das Fleisch von jeder Seite 2 Minuten anbraten. Dann das Fleisch aus der Pfanne nehmen, mit der Estragon-Meerrettich-Mischung bestreichen, auf ein mit Backpapier belegtes Backblech setzen und im heißen Ofen 50–60 Minuten (medium-rare) oder nach Belieben garen. Herausnehmen, 10 Minuten ruhen lassen und dann aufschneiden. Mit Bratkartoffeln servieren. ERGIBT 4–6 PORTIONEN.

gegrillte rinderbrust nach texas-art

2 kg Rinderbrust am Stück, pariert
1 Knolle Knoblauch, halbiert
350 g brauner Zucker
750 ml Rinderbrühe
250 ml Weißweinessig
2 Ancho-Chilis*
Für die Barbecue-Sauce
2 Knoblauchzehen, gepresst
60 ml Ahornsirup
45 g brauner Zucker
2 TL geräuchertes Paprikapulver*
2 EL Worcestershire-Sauce
550 g passierte Tomaten
1 TL Cayennepfeffer
60 ml Malzessig
2 TL Senfpulver

Rindfleisch, Knoblauch, Zucker, Brühe, Essig und Chilis in einem großen Schmortopf bei starker Hitze zum Kochen bringen. Dann bei reduzierter Temperatur zugedeckt 4 Stunden schmoren, bis das Fleisch zart ist. Das Fleisch herausnehmen, in eine Auflaufform geben und beiseitestellen. Den Sud wegschütten.

Für die Barbecue-Sauce Knoblauch, Ahornsirup, braunen Zucker, Paprikapulver, Worcestershire-Sauce, passierte Tomaten, Cayennepfeffer, Essig und Senfpulver bei schwacher Hitze unter Rühren 2–3 Minuten erwärmen, bis sich der Zucker aufgelöst hat. Die Temperatur auf hohe Stufe schalten und den Sirup 5 Minuten einkochen lassen. Die Hälfte der Sauce über das Rindfleisch geben und es rundum darin wenden; die restliche Sauce aufbewahren. Das Fleisch im Kühlschrank 1 Stunde marinieren.

Den Ofen auf 200 Grad vorheizen. Das Fleisch auf ein Backblech legen und 15–20 Minuten braten, bis es dunkel gebräunt ist und eine klebrige Kruste hat; dabei alle 5 Minuten mit der Barbecue-Sauce bestreichen, in der es mariniert wurde. In Scheiben aufgeschnitten mit der beiseitegestellten Barbecue-Sauce servieren.
ERGIBT 6 PORTIONEN.

Tipp: Verlangen Sie beim Metzger ein gleichmäßig dickes Stück Rinderbrust, damit das Fleisch in schöne Scheiben geschnitten werden kann.

pancetta-beef-burger mit estragon-mayonnaise

70 g frische Semmelbrösel
2 EL Milch
500 g Rinderhackfleisch
1 Knoblauchzehe, gepresst
1 EL Tomatenmark
1 EL Worcestershire-Sauce
2 EL gehackte glattblättrige Petersilie
Meersalz und schwarzer Pfeffer aus der Mühle
12 Scheiben Pancetta
6 Ciabatta- oder Krustenbrötchen, halbiert und geröstet
Spinatblätter, fertig gekauftes Zwiebel-Relish, in Scheiben geschnittener reifer Cheddar und Gewürzgurken zum Servieren
Für die Estragon-Mayonnaise
150 g Mayonnaise
1 TL Dijonsenf
1 EL gehackte Estragonblätter

Für die Estragon-Mayonnaise alle Zutaten verrühren, beiseitestellen.

Semmelbrösel und Milch vermengen und 5 Minuten stehen lassen, bis die Milch ganz aufgesaugt ist. Hackfleisch, Knoblauch, Tomatenmark, Worcestershire-Sauce, Petersilie, Salz und Pfeffer dazugeben und alles gründlich zu einem Fleischteig vermengen. Diesen zu 6 großen, flachen Bratlingen formen. Eine beschichtete Pfanne stark erhitzen oder den Grill anheizen. Die Burger portionsweise von jeder Seite 4 Minuten oder nach Belieben länger braten oder grillen. Die Brötchenhälften mit Estragon-Mayonnaise bestreichen und mit Spinatblättern belegen, die Burger daraufsetzen und mit den karamellisierten Zwiebeln sowie dem Cheddar belegen. Dazu Gewürzgurken reichen. ERGIBT 6 PORTIONEN.

gegrillte rinderbrust nach texas-art

pancetta-beef-burger mit estragon-mayonnaise

steak-sandwich

salzige rumpsteak-spieße

steak-sandwich

20 g Butter
12 braune Riesen-Champignons
8 Scheiben helles Brot
Olivenöl zum Bestreichen
4 Ribeye-Steaks à 100 g
160 g Taleggio*, in Scheiben geschnitten
50 g Brunnenkresse
Für das Rosmarin-Steinpilz-Salz
1 EL getrocknete Steinpilze*
1 EL gehackte Rosmarinnadeln
2 EL Meersalzflocken
Für die Meerrettich-Mayonnaise
100 g Mayonnaise
2 EL Sahne-Meerrettich*

Für das Würzsalz Steinpilze und Rosmarin im Blitzhacker fein zerkleinern. Das Salz dazugeben und beiseitestellen.

Mayonnaise und Sahne-Meerrettich vermischen und beiseitestellen.

Die Pilze in Butter 6–8 Minuten weich dünsten. Aus der Pfanne nehmen und beiseitestellen. Das Brot mit Öl bestreichen und von jeder Seite 2 Minuten goldbraun braten, beiseitestellen. Die Steaks mit Öl bestreichen, mit der Hälfte des Rosmarin-Steinpilz-Salzes bestreuen und 1 Minute braten. Wenden, mit dem Taleggio belegen und weitere 3–4 Minuten braten, bis der Käse schmilzt. Die Hälfte der Brotscheiben mit der Meerrettich-Mayonnaise bestreichen, mit den Steaks, den Pilzen und der Brunnenkresse belegen. Die restlichen Brotscheiben daraufsetzen und mit dem restlichen Rosmarin-Steinpilz-Salz servieren. ERGIBT 4 PORTIONEN.

salzige rumpsteak-spieße

1 kg Rumpsteak, in große Stücke geschnitten
1 EL Olivenöl
300 g Steinsalz
schwarzer Pfeffer aus der Mühle

Die Fleischstücke auf Metallspieße stecken und mit Öl einreiben. Die Spieße auf ein Backblech legen und vollständig mit Salz bedecken. 1 Stunde in den Kühlschrank stellen. Dann mit Küchenpapier das Salz vom Fleisch abwischen und die Spieße pfeffern. Eine Grillpfanne stark erhitzen oder den Grill anheizen. Die Spieße von jeder Seite 7 Minuten (medium-rare) oder nach Belieben länger garen. Mit Chimichurri-Sauce (siehe rechts) servieren. ERGIBT 4 PORTIONEN.

PROBIEREN SIE ES MIT …
anderen Stücken vom Rind
einem ganzen Fisch

röstkartoffeln mit chimichurri

1½ kg mehlige Kartoffeln, geschält, zerkleinert
2 EL Olivenöl
100 g Rucola zum Servieren
Für das Chimichurri
1 Bund glattblättrige Petersilie, gehackt
1 EL gehackter Oregano
2 TL gehackte Rosmarinnadeln
1 TL geräuchertes Paprikapulver*
½ TL getrocknete Chiliflocken
1 Knoblauchzehe, gepresst
1 Lorbeerblatt
je 3 EL Rotweinessig, und 3 EL Olivenöl
Meersalz und schwarzer Pfeffer aus der Mühle

Für das Chimichurri Petersilie, Oregano, Rosmarin, Paprikapulver, Chiliflocken, Knoblauch, Lorbeerblatt, Essig, Öl, Salz und Pfeffer vermengen, beiseitestellen.

Den Ofen auf 220 Grad vorheizen. Die Kartoffeln in einem großen, mit Salzwasser gefüllten Topf 10 Minuten garen. Abgießen, zurück in den Topf geben und 1 weitere Minute auf die noch heiße Herdplatte stellen, damit die Restflüssigkeit vollends verdampft. Kartoffeln im Topf durchschütteln, dann auf ein Backblech geben. Mit Öl beträufeln, salzen und pfeffern und 40–45 Minuten goldbraun und knusprig rösten. Die Röstkartoffeln mit dem Chimichurri und dem Rucola servieren. ERGIBT 4–6 PORTIONEN.

rindfleisch-tacos vom grill

1 Zwiebel, in Ringe geschnitten
2 milde rote Chilis*
2 Knoblauchzehen
2 EL Pflanzenöl
2 Stängel Koriander, gehackt
1 TL gemahlener Koriander
500 g Rumpsteak am Stück, pariert
1 Portion Mais- oder Weizen-Tortillas (siehe Seite 280)
Salatblätter, Sauerrahm und Limettenspalten zum Servieren

Eine Grillpfanne stark erhitzen. Zwiebeln, Chilis und den Knoblauch unter ständigem Wenden 4–5 Minuten weich garen. Dann die Zwiebelmischung in der Küchenmaschine zusammen mit dem Öl, dem Koriandergrün und dem gemahlenen Koriander zu einer Paste verarbeiten.

Das Fleisch mit der Paste übergießen und mit Frischhaltefolie abdecken.Im Kühlschrank 2 Stunden oder über Nacht durchziehen lassen. Eine Grillpfanne stark erhitzen oder den Grill anheizen. Das Rindfleisch von jeder Seite 4–5 Minuten (medium-rare) oder nach Belieben länger garen. Das Rindfleisch aufschneiden und mit Salat, Sauerrahm, Guacamole, gegrillten Chilis und Salsa roja (siehe Rezepte Seite 176) sowie Limettenspalten servieren. ERGIBT 8 PORTIONEN.

rindfleisch-tacos vom grill

chili-hackfleisch-tacos

chili-hackfleisch-tacos

2 EL Pflanzenöl
2 Zwiebeln, in Ringe geschnitten
3 Knoblauchzehen, gepresst
300 g Kalbshackfleisch
300 g Mett (Bratwurstfülle)
1 TL gemahlener Kreuzkümmel
½ TL getrocknete Chiliflocken
½ TL scharfes Paprikapulver*
½ Bund Oregano
2 EL Limettensaft
1 Portion Mais- oder Weizen-Tortillas (siehe Seite 280)
Salatblätter, Sauerrahm und Limettenspalten zum Servieren

Das Öl in einer großen beschichteten Pfanne stark erhitzen. Darin Zwiebeln und Knoblauch 2–3 Minuten glasig dünsten. Hackfleisch und Mett dazugeben, mit einem Holzlöffel lockern und 4–5 Minuten braun braten. Kreuzkümmel, Chiliflocken, Paprikapulver, Oreganoblätter und Limettensaft einrühren. Die Tortillas mit der Fleischmischung servieren, dazu Sauerrahm, Chilis, Salsa cruda (siehe Rezepte Seite 216), eingelegte Chilis (siehe Rezept unten), Koriander und Limettenspalten servieren. ERGIBT 8 PORTIONEN.

SAUCEN UND WÜRZPASTEN
eingelegte chilis 10 milde rote Chilis, 10 milde grüne Chilis und 2 Stängel Koriandergrün in ein sterilisiertes Glas (2 l Inhalt) geben. 750 ml Weißweinessig, 750 ml Wasser, 4 halbierte Knoblauchzehen, 165 g feiner Zucker und 1 EL Senfkörner in einem Topf stark erhitzen und 2–3 Minuten aufkochen, bis sich der Zucker aufgelöst hat. Den Sud über die Chilis gießen und das Glas gut verschließen. Über Nacht ruhen lassen. Nach dem Öffnen im Kühlschrank aufbewahren. ERGIBT 2 LITER.

kokos-chili-sambal

250 g frisch geriebenes Kokosfleisch (siehe Tipp)
2 EL Fischsauce*
1 EL Limettensaft
1 EL fein gehackter Palmzucker*
2 Bund Koriander
1 milde grüne Chili*, grob gehackt

Kokosraspel, Fischsauce, Limettensaft, Zucker, Koriander und Chili im Blitzhacker grob zerkleinern. ERGIBT 4 PORTIONEN.
Tipp: Stechen Sie mit einem Metallspieß in das »Auge« der Kokosnuss und lassen Sie das Wasser abfließen. Dann die Schale mit einem Hammer knacken. Mit einem Buttermesser das Fleisch von der Schale schaben und auf einer Vierkantreibe reiben. Wenn Sie keine frische Kokosnuss bekommen, können Sie auch eingeweichte Kokosraspel verwenden.

rindfleisch-rendang

1 EL Erdnussöl
1½ kg Rinderbrust am Stück, halbiert
Meersalzflocken
375 ml Rendang-Currypaste (siehe Rezept unten)
800 ml Kokosmilch
375 ml Wasser
2 EL Fischsauce*
6 Kaffirlimettenblätter*
1 Stiel Zitronengras, zerstoßen
60 ml Limettensaft
Kokos-Chili-Sambal (siehe Rezept links) zum Servieren

Den Ofen auf 180 Grad vorheizen. Das Öl in einem Schmortopf stark erhitzen. Das Rindfleisch salzen und von jeder Seite 4–5 Minuten anbraten. Herausnehmen und beiseitestellen.

Die Currypaste im Topf 1–2 Minuten unter Rühren andünsten, bis sie duftet. Dann Kokosmilch, Wasser, Fischsauce, Kaffirlimettenblätter und Zitronengras dazugeben und alles zum Kochen bringen. Das Fleisch zurück in den Topf geben, zugedeckt im heißen Ofen 2 Stunden schmoren. Wenden und ohne Deckel 1 weitere Stunde schmoren, bis das Fleisch zart und der Sud eingekocht ist, dabei gelegentlich wenden. Den Limettensaft einrühren. Das Kokos-Chili-Sambal auf dem Fleisch verteilen und servieren. ERGIBT 4 PORTIONEN.

rendang-currypaste

2 EL Koriandersamen
¼ TL weiße Pfefferkörner
40 g Kokosraspel
3 milde rote Chilis*, grob gehackt
2 Schalotten*, grob gehackt
4 Knoblauchzehen, grob gehackt
6 cm frischer Galgant* (30 g), geschält, grob gehackt
6 cm frischer Ingwer (30 g), geschält, grob gehackt
2 cm frische Gelbwurz (10 g), geschält, grob gehackt
1 Stängel Zitronengras, nur der zarte, weiße Teil, fein geschnitten
4 Kaffirlimettenblätter*, grob zerzupft
1 EL dunkler Palmzucker
2 EL Erdnussöl

Eine kleine Pfanne bei mittlerer Temperatur erhitzen. Darin Koriandersamen und Pfefferkörner unter häufigem Schwenken 2–3 Minuten anrösten, bis sie sich hellbraun färben und duften. Dann im Blitzhacker mahlen. Zurück in die Pfanne geben, die Kokosraspel hinzufügen und 2–3 Minuten rösten, dabei die Pfanne schwenken. Dann die Mischung zusammen mit den Chilis, den Schalotten, dem Knoblauch, dem Galgant und Ingwer, der Gelbwurz, dem Zitronengras, den Limettenblättern, dem Zucker und dem Öl pürieren. ERGIBT 375 ML.

rindfleisch-rendang

SO GELINGEN wokgerichte

2

4

rindfleisch aus dem wok

400 g Rumpsteak, in Streifen geschnitten
1 TL Meersalzflocken
2 TL schwarzer Pfeffer aus der Mühle
2 EL Erdnussöl
2 milde rote Chilis*, fein geschnitten
5 cm frischer Ingwer (25 g), geschält, fein geschnitten
4 Knoblauchzehen, fein geschnitten
300 g Zuckerschoten (Kefen)
75 g geröstete ungesalzene Cashewkerne
60 ml Sojasauce
1 TL feiner Zucker
2 Bund Koriander
2 Bund Thai-Basilikum
gedämpfter Reis und Limettenspalten zum Servieren

SCHRITT 1 Das Rindfleisch rundum mit Salz und Pfeffer bestreuen.
SCHRITT 2 Die Hälfte des Öls in einem großen Wok oder einer beschichteten Pfanne stark erhitzen. Darin Chili, Ingwer und Knoblauch unter Rühren 1–2 Minuten goldbraun anbraten. Mit einem Schaumlöffel herausnehmen und beiseitestellen.
SCHRITT 3 Das restliche Öl im Wok erhitzen, darin das Rindfleisch portionsweise von jeder Seite 30 Sekunden goldbraun braten.
SCHRITT 4 Die Zuckerschoten und die Cashewkerne mit der Chilimischung, der Sojasauce und dem Zucker im Wok 2–3 Minuten dünsten, bis die Zuckerschoten zart sind und die Sauce eingekocht ist.
SCHRITT 5 Mit Koriander und Basilikum bestreut servieren; dazu gedämpften Reis und Limettenspalten reichen. ERGIBT 4 PORTIONEN.

REZEPT-NOTIZ
Es wichtig, das Rindfleisch in mehreren Portionen zu braten, damit es gleichmäßig bräunt. Überlädt man den Wok, wird das Fleisch nicht knusprig gebraten, sondern eher geschmort.

rindfleisch aus dem wok

pikante rumpsteaks mit tomaten-chutney

filetsteaks im schinkenmantel mit ale-jus

filetsteaks im schinkenmantel mit ale-jus

2 Scheiben Rohschinken, längs halbiert
2 EL fertig gekauftes Zwiebel-Relish
2 Rinderfiletsteaks à 200 g, pariert und zimmerwarm
Olivenöl zum Bestreichen
Für den Ale-Jus
2 Knoblauchzehen, gepresst
1 EL Tomatenmark
85 g fertig gekauftes Zwiebel-Relish
1 Zweig Rosmarin
330 ml dunkles Ale (ersatzweise Altbier)
250 ml Rinderbrühe
Meersalz und schwarzer Pfeffer aus der Mühle

Für den Ale-Jus einen Topf bei mittlerer Temperatur erhitzen. Darin Knoblauch, Tomatenmark und Zwiebel-Relish unter Rühren 1 Minute andünsten. Rosmarin, Ale, Brühe, Salz und Pfeffer hinzufügen und 25–30 Minuten auf die Hälfte einkochen lassen. Abgießen und warm halten.

Den Ofen auf 200 Grad vorheizen. 2 Schinkenscheiben überlappend aufeinanderlegen und mit dem Zwiebel-Relish bestreichen. Mit den restlichen Schinkenscheiben und dem übrigen Relish ebenso verfahren. Den Schinken um die Steaks wickeln und mit Küchengarn fixieren. Salzen, pfeffern und mit Öl bestreichen. Eine große ofenfeste Pfanne mittelstark erhitzen und darin die Steaks von jeder Seite 2 Minuten braten. Dann die Pfanne in den vorgeheizten Ofen schieben und die Steaks weitere 5 Minuten (medium-rare) oder nach Belieben garen. Die Steaks, locker mit Alufolie bedeckt, 3–4 Minuten ruhen lassen. Vor dem Servieren mit dem Ale-Jus begießen. ERGIBT 2 PORTIONEN.

meerrettich-yorkshire-puddings

2 Eier
160 ml Milch
1 EL fertig gekaufter Sahne-Meerrettich*
75 g Mehl
40 g Ghee*, geschmolzen

Den Ofen auf 220 Grad vorheizen. Eier, Milch und Sahne-Meerrettich verrühren. Nach und nach das Mehl einrühren, sodass ein glatter Teig entsteht. Diesen 30 Minuten ruhen lassen. Das flüssige Ghee in sechs Muffin-Formen (je 125 ml Inhalt) verteilen und diese auf ein Backblech stellen. Im heißen Ofen 5–7 Minuten erhitzen, bis das Ghee zu rauchen beginnt. Herausnehmen und den Teig in die Formen verteilen. 20–25 Minuten backen, bis die Puddings aufgehen und sich goldbraun färben. ERGIBT 2 PORTIONEN.

sirloin-steak vom grill mit pfeffer-whisky-sauce

2 Sirloin-Steaks à 200 g, pariert, zimmerwarm
Olivenöl zum Bestreichen
Meersalz und schwarzer Pfeffer aus der Mühle
Für die Pfeffer-Whisky-Sauce
1 EL Olivenöl
1 EL Butter
2 Schalotten*, gewürfelt
2 Knoblauchzehen, gepresst
500 ml Rinderbrühe
1 EL rosa Pfefferkörner
60 ml Rahm*
2 EL Whisky

Für die Sauce Öl und Butter in einer großen Pfanne bei mittlerer Temperatur erhitzen. Darin Schalotten und Knoblauch unter Rühren 4 Minuten andünsten. Die Brühe dazugießen und 12–15 Minuten auf die Hälfte einkochen lassen. Die Sauce abseihen und in die Pfanne zurückgeben; Schalotten und Knoblauch wegwerfen. Pfefferkörner, Rahm und Whisky hinzufügen und 3 Minuten kochen; salzen und beiseitestellen.

Den Grill anheizen oder eine Grillpfanne stark erhitzen. Die Steaks mit Öl bestreichen, salzen und pfeffern und von jeder Seite 3 Minuten (medium-rare) oder nach Belieben länger garen. Mit der Pfeffer-Whisky-Sauce servieren. ERGIBT 2 PORTIONEN.

knusprige kartoffel-käse-dominos

1 kg mehlige Kartoffeln, geschält, und in feine Scheiben geschnitten
50 g Butter, geschmolzen
30 g fein geriebener Gruyère*
Meersalzflocken

Den Ofen auf 200 Grad vorheizen. Die Kartoffelscheiben in Rechtecke von 8 × 5 cm Größe schneiden und diese mit der flüssigen Butter, dem Käse und dem Salz vermischen. 8–10 Kartoffelscheiben 1 cm überlappend auf einem mit Backpapier belegten Blech auslegen. Mit den restlichen Kartoffelscheiben ebenso verfahren. Im heißen Ofen 25–30 Minuten goldbraun und knusprig backen. ERGIBT 2 PORTIONEN.

sirloin-steak vom grill mit pfeffer-whisky-sauce
und knusprigen kartoffel-käse-dominos

t-bone steak mit thymian-knoblauch-butter

t-bone steak mit thymian-knoblauch-butter

60 g Butter
2 EL Olivenöl
850 g T-Bone Steak am Stück (2½ cm dick), pariert, zimmerwarm
Meersalz und schwarzer Pfeffer aus der Mühle
6 Zweige Thymian
6 Knoblauchzehen, ungeschält

Butter und Öl in einer großen Pfanne bei starker Hitze 1–2 Minuten erhitzen, bis die Mischung zu schäumen beginnt. Das Steak salzen und pfeffern. Thymian, Knoblauch und Fleisch in die Pfanne geben und von jeder Seite 4–5 Minuten (medium-rare) oder nach Belieben braten; dabei immer wieder flüssige Butter über das Fleisch gießen. Das Steak mit der Thymian-Knoblauch-Butter beträufelt servieren. ERGIBT 2 PORTIONEN.

topinambur-kartoffel-chips mit senfsalz

Pflanzenöl zum Frittieren
300 g festkochende Kartoffeln, in dünne Scheiben geschnitten
300 g Topinambur*, in dünne Scheiben geschnitten
Für das Senfsalz
1 EL gelbe Senfkörner
1 EL Meersalzflocken

Für das Senfsalz die Senfkörner in einer kleinen Pfanne bei mittlerer Hitze unter Rühren 1–2 Minuten rösten, bis sie duften. Senfkörner und Salz im Mörser grob zerstoßen und vermischen, dann beiseitestellen.

Das Öl in einem Topf bei mittlerer Temperatur auf 180 Grad erhitzen (mit einem Frittier-Thermometer prüfen). Die Kartoffelscheiben portionsweise 2–3 Minuten goldbraun und knusprig frittieren. Auf Küchenpapier abtropfen lassen. Die Topinamburscheiben portionsweise 2–3 Minuten goldbraun und knusprig frittieren. Auf Küchenpapier abtropfen lassen. Die Chips mit Senfsalz bestreuen und sofort servieren. ERGIBT 2 PORTIONEN.

Tipp: Kartoffeln und Topinambur können schon im Voraus geschnitten und in separaten Schüsseln mit Wasser bedeckt, damit sie nicht braun werden, bereitgestellt werden. Vor dem Frittieren jedoch sehr gut abtropfen lassen! Zum Aufschneiden verwenden Sie am besten eine Gemüsereibe oder einen Sparschäler.

pikante rumpsteaks mit tomaten-chutney

2 TL gelbe Senfkörner
1 TL Fenchelsamen
½ TL Koriandersamen
1 EL Meersalzflocken
½ TL schwarzer Pfeffer aus der Mühle
600 g Rumpsteak am Stück, pariert und zimmerwarm
Olivenöl zum Bestreichen
Für das Tomaten-Chutney
500 g Romana-Tomaten, zerkleinert
1 Zwiebel, gewürfelt
3 Zweige Thymian
1 TL gelbe Senfkörner
125 ml Malzessig
75 g feiner Zucker
Meersalz und schwarzer Pfeffer aus der Mühle

Für das Tomaten-Chutney Tomaten, Zwiebel, Thymian, Senfkörner, Essig, Zucker, Salz und Pfeffer in einer großen Pfanne bei mittlerer Hitze unter gelegentlichem Rühren erwärmen, bis sich der Zucker aufgelöst hat. Bei reduzierter Hitze unter gelegentlichem Rühren weitere 20–30 Minuten eindicken lassen.

Senfkörner, Fenchel- und Koriandersamen in einer kleinen Pfanne bei mittlerer Hitze unter gelegentlichem Rühren etwa 2 Minuten anrösten, bis die Mischung duftet. Dann die Mischung zusammen mit Salz und Pfeffer im Blitzhacker grob zerkleinern. Das Steak mit der Würzmischung einreiben. Den Grill anheizen oder eine Grillpfanne stark erhitzen. Das Fleisch mit Öl bestreichen und von jeder Seite 2 Minuten (medium-rare) oder nach Belieben länger garen. Vor dem Aufschneiden 2–3 Minuten ruhen lassen. Mit dem Tomaten-Chutney servieren. ERGIBT 2 PORTIONEN.

Hinweis: Das Tomaten-Chutney ergibt 500 ml und lässt sich im Kühlschrank bis zu 2 Wochen aufbewahren.

knuspriger grünkohl, schalotten und kartoffeln aus der pfanne

400 g mehlige Kartoffeln, geschält und zerkleinert
40 g Butter
1 EL Olivenöl
Meersalz und schwarzer Pfeffer aus der Mühle
6 Schalotten*, geschält
100 g Grünkohl, Stiele entfernt und grob gehackt

Die Kartoffeln in einen Topf mit kaltem Salzwasser geben und zum Kochen bringen; dann bei reduzierter Hitze 5 Minuten halbgar kochen. Abgießen und beiseitestellen. Butter und Öl in einer Pfanne bei mittlerer Temperatur erhitzen. Die Kartoffeln hineingeben, salzen, pfeffern und unter gelegentlichem Rühren 10 Minuten braten. Die Schalotten hinzufügen, weitere 5 Minuten mitbraten, bis sie weich werden und sich die Kartoffeln goldbraun färben. Die Temperatur erhöhen, den Grünkohl dazugeben und weitere 3 Minuten mitbraten, bis er an den Rändern knusprig ist. ERGIBT 2 PORTIONEN.

rib-eye-steak aus dem ofen mit steinpilz-portwein-butter

600 g Rib-Eye-Steak am Stück, pariert, zimmerwarm
Olivenöl zum Bestreichen
Meersalz und schwarzer Pfeffer aus der Mühle
Für die Steinpilz-Portwein-Sauce
10 g getrocknete Steinpilze*
80 ml kochendes Wasser
2 Schalotten*, fein gehackt
125 ml Portwein
125 g weiche Butter
1 EL fein gehackte glattblättrige Petersilie
1 EL fein gehackter Thymian
Meersalz und schwarzer Pfeffer aus der Mühle

Für die Butter die Steinpilze mit dem kochenden Wasser übergießen und 10 Minuten einweichen. Abgießen (die Einweichflüssigkeit aufbewahren) und die Pilze fein hacken. Die Pilze, den Einweichsud, die Schalotten und den Portwein in einem kleinen Topf bei mittlerer Hitze zum Kochen bringen. 6–7 Minuten kochen lassen, bis die Flüssigkeit größtenteils verdampft ist. Die Mischung in eine Schüssel geben, etwas auskühlen lassen und dann Butter, Petersilie, Thymian, Salz und Pfeffer einrühren. Die Butter in die Mitte eines Stücks Backpapier geben, zu einer 20 cm langen Rolle formen, in Alufolie wickeln, die Enden zusammendrehen und 30 Minuten kalt stellen, bis die Butter fest ist.

Den Ofen auf 200 Grad vorheizen. Das Fleisch mit Öl bestreichen, salzen und pfeffern. Eine große beschichtete, ofenfeste Pfanne stark erhitzen und das Fleisch darin von jeder Seite etwa 3–4 Minuten anbraten. Dann die Pfanne in den Ofen schieben und das Fleisch weitere 15 Minuten (medium-rare) oder nach Belieben garen; nach der halben Garzeit wenden. Herausnehmen und das Steak mit Alufolie bedeckt 6–8 Minuten ruhen lassen. Die Steinpilz-Portwein-Butter aufschneiden und mit dem Fleisch reichen. ERGIBT 2 PORTIONEN.

Hinweis: Die Steinpilz-Portwein-Butter hält sich tiefgekühlt bis zu 2 Monate.

SERVIEREN SIE DIE BUTTER ZU …
Roastbeef
Hühnchen
Kartoffeln in der Schale

rib-eye-steak aus dem ofen
mit steinpilz-portwein-butter

HUHN + ENTE

Hühnchen ist vielseitig, schnell und kinderleicht zuzubereiten – kein Wunder, dass Hühnerfleisch in der Familienküche ein sicherer Wert ist. Im folgenden Kapitel finden Sie wärmende Wohlfühlgerichte, elegante, pikante Currys, Geschmortes und vieles mehr.

zweifach gegartes hühnchen mit ingwer-koriander-salz

süß glasiertes huhn nach chinesischer art

master stock vom huhn

zweifach gegartes hühnchen mit ingwer-koriander-salz

1 Portion Master Stock vom Huhn (siehe Rezept unten)
Reismehl zum Bestäuben
Pflanzenöl zum Frittieren
Limettenspalten zum Servieren
Für das Ingwer-Koriander-Salz
15 g kandierter Ingwer*
1½ EL Sesamkörner
2 EL gehacktes Koriandergrün
½ TL getrocknete Chiliflocken
40 g Meersalzflocken

Die Master-Stock-Brühe wie unten beschrieben zubereiten. Das gegarte Hühnchen aus der Brühe nehmen und auf ein Backblech setzen. Auf Raumtemperatur abkühlen lassen, dann 1 Stunde in den Kühlschrank stellen.

Für das Salz den Ingwer und die Sesamkörner in einem Mörser zu einer Paste verarbeiten. Koriandergrün und Chiliflocken dazugeben und ebenfalls zerstoßen. Das Salz einrühren und beiseitestellen.

Das Hühnchen in 12–14 Stücke zerlegen und diese mit Reismehl bestäuben. Das Öl in einem tiefen Topf auf 180 Grad erhitzen. Die Hühnchenteile darin portionsweise 3–4 Minuten goldbraun frittieren. Auf Küchenpapier abtropfen lassen und in der Hälfte des Ingwer-Koriander-Salzes wenden. Mit dem restlichen Salz und den Limettenspalten servieren. ERGIBT 8 PORTIONEN.

master stock vom huhn

5 Frühlingszwiebeln, längs in Streifen geschnitten
1 Zwiebel, geschält, geviertelt
2 milde rote Chilis*
100 g frischer Ingwer, geschält, in Scheiben geschnitten
6 Knoblauchzehen, zerstoßen
60 ml helle Sojasauce
250 ml chinesischer Kochwein*
60 ml feiner Zucker
4 l Wasser
1 großes Hühnchen (ca. 1,8 kg)

Frühlingszwiebeln, Zwiebel, Chilis, Ingwer, Knoblauch, Sojasauce, Kochwein, Zucker und Wasser in einem großen Topf bei starker Hitze zum Kochen bringen. Das Hühnchen mit der Brustseite nach unten hineingeben und den Sud erneut aufkochen lassen. Dann die Hitze auf mittlere Temperatur zurückschalten und die Brühe 20 Minuten kochen. Vom Herd nehmen, den Topf mit einem fest schließenden Deckel zudecken und 1 Stunde stehen lassen. ERGIBT 4–6 PORTIONEN.

Tipp: Master Stock ist intensiver als eine gewöhnliche Hühnerbrühe. Tiefgefroren hält sie sich bis zu drei Monate. Die Brühe für Suppen und das zerkleinerte Hühnerfleisch für Salate und Sandwiches verwenden.

süß glasiertes huhn nach chinesischer art

1 Portion Master Stock vom Huhn (siehe Rezept links)
6 ganze Sternanis
4 Zimtstangen
Schale von 1 Orange
1 TL chinesisches Fünf-Gewürze-Pulver*
Für die Char-sui-Marinade
60 ml Austernsauce
60 ml chinesischer Kochwein*
120 g Char-Sui-Sauce*
60 ml Maissirup

Die Master-Stock-Brühe wie unten beschrieben zubereiten; zusätzlich 3 Sternanis und 2 Zimtstangen dazugeben. Dann das gegarte Hühnchen aus dem Sud nehmen, auf Raumtemperatur auskühlen lassen und 30 Minuten in den Kühlschrank stellen.

Den Ofen auf 200 Grad vorheizen. Für die Marinade Austernsauce, Kochwein, Char-sui-Sauce und Maissirup in einem Topf bei starker Hitze aufkochen lassen, anschließend bei niedriger Temperatur unter gelegentlichem Rühren 5 Minuten sirupartig einkochen lassen. Etwas abkühlen lassen.

Die restlichen Sternanis und Zimtstangen zusammen mit der Orangenschale und dem Fünf-Gewürze-Pulver in die Bauchhöhle des Hühnchens geben; die Beine mit Küchengarn zusammenbinden. Dann das Hühnchen auf einen leicht gefetteten Gitterrost legen, darunter ein mit Alufolie belegtes Blech in den Ofen schieben. Das Huhn mit Marinade bestreichen, 35–40 Minuten im Ofen braten, dabei alle 10 Minuten bestreichen, bis es klebrig glänzt. ERGIBT 4–6 PORTIONEN.

in chinesischer brühe pochiertes huhn

glasiertes limetten-ingwer-hühnchen

in chinesischer brühe pochiertes huhn

3 knoblauchzehen, geschält
5 cm frischer Ingwer (25 g), geschält, in Scheiben geschnitten
3 ganze Sternanis
2 Zimtstangen
½ TL Szechuanpfefferkörner*
1 TL chinesisches Fünf-Gewürze-Pulver*
1 milde rote Chili, halbiert
250 ml chinesischer Reiswein*
125 ml dunkle Sojasauce
abgeriebene Schale von 1 Orange
2 l Wasser
125 ml Austernsauce
30 g brauner Zucker
6 Hühnerbrustfilets (siehe Tipp)
Für das Ingwer-Zwiebel-Dressing
5 cm frischer Ingwer (25 g), geschält, gerieben
3 Frühlingszwiebeln, fein geschnitten
1 EL heller Essig
½ EL Sesamöl

Knoblauch, Ingwer, alle Gewürze, Chili, Reiswein, Sojasauce, Orangenschale, Wasser, Austernsauce und Zucker in einem großen Topf bei starker Hitze zum Kochen bringen; dann bei niedriger Temperatur köcheln lassen. Die Hühnerbrustfilets hineingeben und 7 Minuten garen. Dann den Topf mit einem fest schließenden Deckel bedecken und abseits vom Herd 20 Minuten stehen lassen.

Für das Dressing alle Zutaten verrühren. Das Hühnchenfleisch aufschneiden und mit etwas Kochsud beträufeln. Mit dem Dressing servieren. ERGIBT 6 PORTIONEN.

Tipp: Wenn erhältlich, können Sie auch Hühnerbrust Suprême verwenden, das heißt die Hühnerbrustfilets mit Flügelansatz und eventuell mit der Haut.

truthahnbraten mit birnen-salbei-füllung und knoblauchbutter

10 Knoblauchzehen, ungeschält
1½ EL Olivenöl, mehr zum Bestreichen
60 g weiche Butter
Meersalz und schwarzer Pfeffer aus der Mühle
1 Zwiebel, fein geschnitten
2 Birnen, geschält, fein gehackt
140 g frische Semmelbrösel
1 Bund Salbei, gehackt
50 g Butter, geschmolzen
1 ganzer Truthahn (etwa 4 kg)
500 ml Hühnerbrühe

Den Ofen auf 160 Grad vorheizen. Die Knoblauchzehen auf ein Backblech legen, mit ½ EL Olivenöl beträufeln und 20 Minuten im Ofen weich schmoren. Das Knoblauchfleisch aus den Häuten pressen und zerdrücken. Mit Butter, Salz und Pfeffer vermengen.

Den restlichen Esslöffel Öl in einer beschichteten Pfanne stark erhitzen. Darin die Zwiebel 5 Minuten hellbraun andünsten. Die Birnen dazugeben und 5–7 Minuten unter gelegentlichem Rühren mitschmoren, bis sie sich hellbraun färben. Semmelbrösel, Salbei, geschmolzene Butter, Salz und Pfeffer sowie die Zwiebelmischung in einer großen Schüssel vermengen.

Die Ofentemperatur auf 180 Grad erhöhen. Den Truthahn kalt abspülen, trocken tupfen. Behutsam die Haut lösen und die Knoblauchbutter zwischen Haut und Fleisch verteilen. Die Birnen-Salbei-Füllung in die Bauchhöhle geben, diese mit einem Spieß verschließen, die Beine mit Küchengarn zusammenbinden. Den Truthahn auf einen leicht gefetteten Rost in eine Saftpfanne oder einen Bräter setzen. Ölen, salzen und pfeffern und die Brühe in die Saftpfanne gießen. Mit Alufolie bedeckt im heißen Ofen 1¼ Stunden schmoren. Die Folie entfernen und den Truthahn weitere 45–50 Minuten schmoren; alle 15 Minuten mit der Brühe übergießen, bis sich die Haut goldbraun färbt und beim Anstechen mit einem Spieß klare Flüssigkeit austritt. Den Truthahn aus dem Ofen nehmen und mit Alufolie bedeckt 20 Minuten ruhen lassen. Dann das Fleisch auslösen. ERGIBT 6–8 PORTIONEN.

Hinweis: Bei einem gefüllten Truthahn rechnet man mit einer Schmorzeit von 18–20 Minuten pro Kilogramm (einschließlich Gewicht der Füllung).

truthahnbraten mit birnen-salbei-füllung und knoblauchbutter

entenbraten mit salbei-knoblauch-kartoffeln

glasiertes limetten-ingwer-hühnchen

80 ml Honig
2 EL Austernsauce
1 EL Limettensaft
5 cm frischer Ingwer (25 g), geschält, fein gerieben
2 Knoblauchzehen, gepresst
60 ml Wasser
2 EL Erdnussöl
8 Hähnchenfilets aus dem Schenkel, pariert, in Streifen geschnitten
1 Limette, in feine Scheiben geschnitten
600 g Gai Larn*, zerkleinert, blanchiert
grob gehackte Frühlingszwiebeln und gedämpfter Reis zum Servieren

Honig, Austernsauce, Limettensaft, Ingwer, Knoblauch und Wasser vermischen, beiseitestellen.

Das Öl in einem großen Wok oder einer beschichteten Pfanne stark erhitzen. Darin portionsweise das Hühnerfleisch 6 Minuten goldbraun und gar braten. Die Honig-Limetten-Mischung dazugießen und aufkochen. Weitere 2–4 Minuten dicklich einkochen lassen. Gai Larn auf Tellern arrangieren, Fleisch und Frühlingszwiebeln darauf anrichten. Mit dem Bratensud beträufelt servieren, dazu gedämpften Reis reichen. ERGIBT 4 PORTIONEN.

entenbraten mit salbei-knoblauch-kartoffeln

2 EL Rotweinessig
2 EL feiner Zucker
1 ganze Ente (etwa 2 kg)
Meersalzflocken
1 kg festkochende Kartoffeln, geschält
1 EL Olivenöl
6 Knoblauchzehen
20 Schalotten*
1 Bund Salbei

Den Ofen auf 200 Grad vorheizen. Essig und Zucker verrühren, beiseitestellen. Die Haut der Ente mit einem Spieß mehrfach einstechen, in einen tiefen Topf legen. Mit kochendem Wasser bedecken und 1 Minute stehen lassen. Die Ente herausnehmen und mit Küchenpapier trocken tupfen. Die Hautlappen über der Bauchöffnung verschließen und mit einem Metallspieß feststecken. Die Ente in eine Auflaufform oder einen Bräter geben und salzen. Die Kartoffeln mit dem Öl vermengen und in der Form verteilen. 30 Minuten braten, dabei die Ente alle 10 Minuten mit Essig bestreichen. Knoblauch, Schalotten und Salbeiblätter zugeben und weitere 30 Minuten schmoren; wieder alle 10 Minuten mit Essig bestreichen, bis die Ente goldbraun und gar ist. ERGIBT 4 PORTIONEN.

pikante hühnchen-tacos vom grill

4 Hühnchenfilets aus dem Schenkel, pariert
1 TL Zwiebelpulver
¼ TL Chilipulver
1 TL Oregano
1 TL Paprikapulver*
Pflanzenöl zum Bestreichen
1 Portion Mais- oder Weizen-Tortillas (siehe Seite 280)
Minze, Koriandergrün, gehackter Chili und Zitronenspalten zum Servieren

Das Fleisch, Zwiebel- und Chilipulver, Oregano und Paprikapulver vermengen. Eine Grillpfanne stark erhitzen oder den Grill anheizen. Das Fleisch mit Öl bestreichen und in der Pfanne oder auf dem Grill von jeder Seite 4–5 Minuten garen. Das Fleisch aufschneiden und damit die Tortillas füllen; mit eingelegten Zwiebeln (siehe Seite 216), Salsa verde (siehe Seite 272), Minze, Koriandergrün, Chili und Zitronenspalten servieren. ERGIBT 8 PORTIONEN.

hähnchenspieße mit pikanter erdnusssauce

2 EL Erdnussöl, mehr zum Bestreichen
4 milde rote Chilis*, gehackt
4 Knoblauchzehen, gepresst
1 TL Meersalzflocken
300 g geröstete ungesalzene Erdnüsse
180 g geriebener dunkler Palmzucker*
250 ml kochendes Wasser
6 große Hühnerbrustfilets, jedes in 8 Scheiben geschnitten
24 Bambusspieße, in Wasser eingeweicht
Thai-Basilikumblätter und Limettenspalten zum Servieren

Erdnussöl, Chili, Knoblauch, Salz, Erdnüsse, Palmzucker und kochendes Wasser in der Küchenmaschine zu einer dicken Sauce verarbeiten. Die Hälfte der Sauce mit dem Hühnerfleisch vermengen und die Mischung 1 Stunde im Kühlschrank durchziehen lassen.

Eine Grillpfanne stark erhitzen oder den Grill anheizen. Nun das Fleisch auf die Spieße stecken, mit Öl bestreichen und in der Pfanne oder auf dem Grill von jeder Seite 3–4 Minuten goldbraun garen. Dazu die restliche Erdnusssauce, Basilikumblätter und Limettenspalten reichen. ERGIBT 4–6 PORTIONEN.

pikante hühnchen-tacos vom grill

hähnchenspieße mit pikanter erdnusssauce

SO GELINGT schmetterlingshuhn

1
2

schmorhuhn mit gewürzen

1 TL getrocknete Chiliflocken
3 Knoblauchzehen, gepresst
½ TL geräuchertes Paprikapulver*
1 TL getrocknete Oreganoblätter
1 EL grob abgeriebene Zitronenschale
60 ml Rotweinessig
60 ml Olivenöl
Meersalz und schwarzer Pfeffer aus der Mühle
1 großes Hühnchen (ca. 1,8 kg), dem Rückgrat entlang aufgeschnitten und schmetterlingsförmig aufgeklappt

SCHRITT 1 Den Ofen auf 200 Grad vorheizen. Das Hühnchen mit der Brustseite nach unten, der Rückenseite nach oben und den Schenkel in Ihre Richtung zeigend auf die Arbeitsfläche legen. Dann mit einer scharfen Küchen- oder Geflügelschere auf beiden Seiten des Rückgrats dicht entlang einschneiden und das Rückgrat entfernen.
SCHRITT 2 Das Hühnchen wenden, sodass die Brustseite nach oben zeigt, und das Brustbein fest nach unten drücken, damit es aufklappt. Vor dem Braten die Flügelspitzen unterklemmen.
SCHRITT 3 Chiliflocken, Knoblauch, Paprikapulver, Oregano, Zitronenschale, Essig, Öl, Salz und Pfeffer verrühren.
SCHRITT 4 Das aufgeklappte Huhn auf ein Backblech legen, mit der Chilimarinade übergießen und diese gründlich verstreichen. Das Hühnchen 45 Minuten im Ofen goldbraun und gar braten; nach der Hälfte der Zeit mit dem Bratensaft bestreichen.
ERGIBT 4 PORTIONEN.

TIPPS UND TRICKS
Klappt man das Hühnchen im Schmetterlingsstil auf, gart es schneller und gleichmäßiger. Das funktioniert auch auf dem Grill. Klappen Sie nach den ersten 5 Minuten den Deckel des Grills zu, damit das Huhn wie im Ofen gart.

REZEPT-NOTIZ
Als Faustregel gilt: Pro 500 g Gewicht benötigt ein Hühnchen bei einer Ofentemperatur von 200 Grad 20–25 Minuten Backzeit.

schmorhuhn mit gewürzen

schmorhuhn mit knoblauch und thymian

60 g weiche Butter
3 Knoblauchzehen, gepresst
1 EL Thymianblätter
Meersalz und schwarzer Pfeffer aus der Mühle
1 großes Hühnchen (ca. 1,8 kg), im Schmetterlingsstil vorbereitet (siehe Seite 130)
4 Zweige Thymian zusätzlich
1 Zitrone, halbiert
Olivenöl zum Beträufeln

Den Ofen auf 200 Grad vorheizen. Butter, Knoblauch, Thymianblätter, Salz und Pfeffer verrühren. Nun behutsam die Haut des Hühnchens lösen und die Buttermischung zwischen Haut und Fleisch schieben. Das Hühnchen mit dem zusätzlichen Thymian und den Zitronenhälften in eine Form geben und mit Öl beträufeln. Im heißen Ofen 45 Minuten goldbraun schmoren; nach der halben Backzeit mit dem Bratensaft bestreichen. ERGIBT 4 PORTIONEN.

pikantes soja-hühnchen

5 Zimtstangen
3 ganze Sternanis
1 großes Hühnchen (ca. 1,8 kg), im Schmetterlingsstil vorbereitet (siehe Seite 130)
1 EL Sojasauce
1 EL brauner Zucker
60 ml Wasser
½ TL chinesisches Fünf-Gewürze-Pulver*

Den Ofen auf 200 Grad vorheizen. Zimtstange und Sternanis auf ein mit Backpapier belegtes Blech legen und das Hühnchen daraufsetzen. Sojasauce, Zucker, Wasser und Fünf-Gewürze-Pulver in einem kleinen Topf bei mittlerer Hitze aufkochen und unter Rühren 1 Minute einkochen lassen. Das Hühnchen mit der Sauce übergießen und im heißen Ofen 35–40 Minuten schmoren, bis es sich goldbraun färbt und beim Anstechen klarer Saft austritt. ERGIBT 4 PORTIONEN.

ingwer-chili-hühnchen mit limette

3 milde rote Chilis*, entkernt und grob gehackt
5 cm frischer Ingwer (25 g), geschält, grob gehackt
3 Knoblauchzehen
2 EL Erdnussöl
1 TL Meersalzflocken
1 großes Hühnchen (ca. 1,8 kg), im Schmetterlingsstil vorbereitet (siehe Seite 130)
1 Limette, halbiert

Den Ofen auf 180 Grad vorheizen. Chili, Ingwer, Knoblauch, Öl und Salz im Blitzhacker zu einer stückigen Paste verarbeiten. Das Hühnchen auf ein mit Backpapier belegtes Blech setzen und gleichmäßig mit der Gewürzpaste einreiben. Die Limettenhälfte mit auf das Blech geben und das Huhn im heißen Ofen 35–40 Minuten goldbraun und gar schmoren. Vor dem Servieren die karamellisierten Limetten über dem Hühnchen ausdrücken. ERGIBT 4 PORTIONEN.

kräuter-mascarpone-hühnchen

150 g Mascarpone*
2 Knoblauchzehen, gepresst
3 EL gehackte Estragonblatter
2 EL gehackter Oregano, einige Zweige zusätzlich zum Schmoren
Meersalz und schwarzer Pfeffer aus der Mühle
1 großes Hühnchen (ca. 1,8 kg), im Schmetterlingsstil vorbereitet (siehe Seite 130)
Olivenöl zum Bestreichen

Den Ofen auf 200 Grad vorheizen. Mascarpone, Knoblauch, Estragon und Oregano verrühren, mit Salz und Pfeffer würzen. Das Hühnchen auf ein mit Backpapier belegtes Blech setzen und behutsam die Haut vom Fleisch lösen; dann die Kräutermischung zwischen Haut und Fleisch schieben. Das Hühnchen mit Öl bestreichen, salzen und pfeffern. Mit den zusätzlichen Oreganozweigen belegt im vorgeheizten Ofen 35–40 Minuten goldbraun schmoren. ERGIBT 4 PORTIONEN.

dumplings von gegrillter ente mit wasserkastanien

char-sui-dumplings mit hühnchen

hühnchen-knoblauch-confit mit brotsauce

dumplings von gegrillter ente mit wasserkastanien

300 g nach chinesischer Art gegrilltes Entenfleisch, gehackt
60 g Wasserkastanien* aus der Dose, gehackt
60 ml Hoisinsauce*
¼ TL chinesisches Fünf-Gewürze-Pulver*
3 Knoblauchzehen, gepresst
Sesamkörner zum Bestreuen
Pflanzenöl zum Frittieren
Für den Klebreisteig
50 g Weizenmehl
80 ml kochendes Wasser
2 EL feiner Zucker
175 g Klebreismehl*
125 ml kaltes Wasser

Das gehackte Entenfleisch, Wasserkastanien, Hoisinsauce, Fünf-Gewürze-Pulver und Knoblauch vermischen und beiseitestellen.

Für den Reisteig Weizenmehl und kochendes Wasser vermischen, Zucker, Reismehl und kaltes Wasser hinzufügen und alles zu einem weichen Teig verarbeiten. Den Teig auf einer dünn bemehlten Unterlage 3–4 Minuten durchkneten und dann zu 24 gleich großen Kugeln formen. Jede Kugel zu einem Kreis von 9 cm Durchmesser ausrollen. Auf die eine Hälfte jedes Teigkreises 2 TL der Entenfüllung setzen, die Teigkanten mit Wasser bestreichen und umklappen; die Kanten fest zusammendrücken. Dann die Dumplings mit Wasser bestreichen und mit Sesam bestreuen.

Das Öl bei mittlerer Temperatur in einer beschichteten Pfanne erhitzen und die Dumplings portionsweise von jeder Seite 1–2 Minuten goldbraun frittieren. Auf Küchenpapier abtropfen lassen. Sofort servieren. ERGIBT 24 STÜCK.
Tipp: Gegrillte Ente bekommen Sie in chinesischen Imbissläden oder Restaurants.

REICHEN SIE DAZU …
Sojasauce
scharfe Chilisauce
chinesischen schwarzen Essig

hühnchen-knoblauch-confit mit brotsauce

30 g Meersalzflocken
10 g Salbeiblätter, gehackt
1 EL Rosmarinnadeln
1 EL fein abgeriebene Zitronenschale
4 Hähnchenschenkel
1½ l Olivenöl
16 Knoblauchzehen, ungeschält
3 Lorbeerblätter
1 TL ganze schwarze Pfefferkörner
Für die Brotsauce
500 ml Milch
1 Zwiebel, geschält, geviertelt
4 Knoblauchzehen, geschält
150 g Weißbrot, entrindet, zerzupft
60 g Crème fraîche*
Meersalz und schwarzer Pfeffer aus der Mühle

Salz, Salbei, Rosmarin und Zitronenschale im Blitzhacker zerkleinern. Die Hähnchenschenkel auf ein Backblech setzen, mit der Mischung einreiben. Zugedeckt 2 Stunden kalt stellen. Dann unter kaltem Wasser die Salzmischung abspülen, mit Küchenpapier trocken tupfen.

Den Ofen auf 130 Grad vorheizen. Das Öl in einem großen ofenfesten Schmortopf bei niedriger Temperatur auf 120 Grad erhitzen. Vorsichtig die Hähnchenschenkel, den ungeschälten Knoblauch, Lorbeerblätter und Pfefferkörner hinzufügen und den Schmortopf mit einem Deckel verschließen. Im heißen Ofen 2 Stunden schmoren, bis das Fleisch gar ist.

Für die Brotsauce Milch, Zwiebel und Knoblauch in einem Topf bei mittlerer Hitze 20–25 Minuten kochen, bis die Zwiebel weich ist. Zwiebel und Knoblauch herausnehmen und das Brot in die Milch geben. Weitere 10 Minuten köcheln lassen, bis das Brot weich und die Sauce eingedickt ist. Die Sauce mit Crème fraîche, Salz und Pfeffer glatt pürieren. Warm halten.

Die Hähnchenschenkel und die Knoblauchzehen vorsichtig aus dem Öl heben und auf einem Gitterrost etwas auskühlen lassen. Eine große beschichtete Pfanne bei mittlerer Temperatur erhitzen und darin das Fleisch von jeder Seite 2–4 Minuten goldbraun und knusprig braten. Die Hähnchenschenkel mit der Sauce und dem geschmorten Knoblauch servieren. ERGIBT 4 PORTIONEN.
Tipp: Ein Confit ist eine sehr aromatische und sanfte Zubereitungsart. Achten Sie darauf, dass das Öl nicht zu heiß wird – das Fleisch soll pochiert und nicht frittiert werden; wenn Sie das Fleisch ins Öl geben, dürfen sich keine Bläschen bilden. Durch das anschließende Braten in der Pfanne bekommt das Hähnchen eine herrlich knusprige Haut, unter der sich wunderbar zartes, saftiges Fleisch verbirgt.

char-sui-dumplings mit hühnchen

120 g Char-sui-Sauce*
1 EL Pflanzenöl
2 cm frischer Ingwer (10 g), geschält, fein gerieben
½ TL chinesisches Fünf-Gewürze-Pulver*
1 EL Honig
2 Frühlingszwiebeln, fein geschnitten
4 Hühnchenfilets aus dem Schenkel, pariert
Pflanzenöl zum Frittieren
Sambal Oelek* zum Servieren
Für den Wontonteig
225 g Mehl, gesiebt
180 ml warmes Wasser

Char-sui-Sauce, Öl, Ingwer, Fünf-Gewürze-Pulver, Honig und Frühlingszwiebeln vermischen. Das Hühnerfleisch zur Mischung geben und unterheben. Zugedeckt 30 Minuten kalt stellen.

Den Ofen auf 220 Grad vorheizen. Das Hühnerfleisch auf ein mit Backpapier belegtes Blech geben (die Marinade aufbewahren) und im heißen Ofen etwa 18–20 Minuten garen. Das Fleisch auf Raumtemperatur abkühlen lassen, zerkleinern und in die beiseitegestellte Marinade geben. Kalt stellen.

Für den Wontonteig das Mehl in eine Schüssel geben, nach und nach das Wasser hinzufügen; unter Rühren zu einer festen Masse verarbeiten. Auf einer bemehlten Fläche 5–6 Minuten zu einem geschmeidigen Teig verkneten und in 24 gleich große Portionen teilen. Jede Portion zu einem Kreis von 10 cm Durchmesser ausrollen. Je 2 TL der Fleischmischung in die Mitte der Teigkreise geben, diese zusammenklappen und die Kanten fest zusammendrücken. Das Öl in einem hohen Topf auf 180 Grad erhitzen. Die Dumplings im heißen Öl portionsweise 4–5 Minuten goldbraun frittieren. Auf Küchenpapier abtropfen lassen. Mit Sambal Oelek servieren.

ERGIBT 24 STÜCK.

Tipp: Anstatt den Wontonteig selbst zuzubereiten, können Sie auch fertig gekaufte Teigblätter verwenden.

brandy-schmorhuhn mit pilz-graupen-gemüse

1 großes Hühnchen (ca. 1,8 kg)
4 Knoblauchzehen, gepresst
125 ml Brandy
60 ml Olivenöl
Meersalz und schwarzer Pfeffer aus der Mühle
50 g Butter
1 Zwiebel, gehackt
2 Knoblauchzehen, in Ringe geschnitten
30 g gemischte getrocknete Pilze, in 250 ml kochendem Wasser eingeweicht
500 g frische gemischte Pilze
200 g Perlgraupen
125 ml trockener Weißwein
375 ml Hühnerbrühe

Den Ofen auf 200 Grad vorheizen. Hühnchen, Knoblauch, Brandy, Öl, Salz und Pfeffer gründlich vermischen und im Kühlschrank 1 Stunde durchziehen lassen.

Die Hühnerbeine mit Küchengarn zusammenbinden. Eine große beschichtete Pfanne stark erhitzen und darin das Hühnchen mit der Brustseite nach unten 5 Minuten goldbraun anbraten. Aus der Pfanne nehmen und beiseitestellen.

Die Butter in der Pfanne schmelzen, darin Zwiebel und Knoblauch 5 Minuten andünsten. Die eingeweichten Pilze abgießen, den Sud aufbewahren. Die eingeweichten und die frischen Pilze in der Pfanne 5 Minuten andünsten. Perlgraupen und Wein hinzufügen und 1 Minute mitschmoren, bis der Wein aufgesaugt ist. Den beiseitegestellten Pilzsud und die Brühe einrühren und die Mischung in eine Auflaufform füllen. Das Hühnchen daraufsetzen und mit Alufolie bedeckt im heißen Ofen 50–60 Minuten schmoren. Die Folie entfernen und weitere 10–15 Minuten garen, bis das Hühnchen goldbraun und gar ist. Mit den Pilzen und den Perlgraupen servieren.

ERGIBT 4–6 PORTIONEN.

brandy-schmorhuhn mit pilz-graupen-gemüse

SO GELINGT pochiertes huhn

1
2

zitronenpochiertes hühnchen

1 l Hühnerbrühe
1 Zitrone, in Scheiben geschnitten
4 Zweige Zitronenthymian
1 Knoblauchzehe, halbiert
4 große Hühnerbrustfilets, pariert

Brühe, Zitronenscheiben, Thymian und Knoblauch in einer Pfanne bei starker Hitze zum Kochen bringen. Das Hühnchen hinzufügen und 3 Minuten kochen. Den Topf vom Herd nehmen und mit einem Deckel bedeckt 10 Minuten stehen lassen, bis das Hühnerfleisch durchgegart ist. ERGIBT 4 PORTIONEN.

REZEPT-NOTIZ

Pochiertes Hühnchen kann man in unzähligen Gerichten weiterverarbeiten. Zerkleinern Sie die Hühnchenbrustfilets und verwenden Sie das Fleisch in Salaten, Sandwiches oder Suppen. Im Kühlschrank lässt sich pochiertes Hühnerfleisch bis zu 2 Tage aufbewahren.

zitronenpochiertes hühnchen

geschmorte entenkeulen mit orange und wacholder

harissa-hühnchen mit oliven

geschmortes grünes hühnchen-curry

geschmorte entenkeulen mit orange und wacholder

4 Entenkeulen, pariert
2 TL Wacholderbeeren
8 Knoblauchzehen, ungeschält leicht zerdrückt
Schale von 2 Orangen, mit dem Gemüseschäler abgezogen
1 EL brauner Zucker
80 ml Portwein
10 Lorbeerblätter
1 kg kleine Frühkartoffeln, halbiert
Meersalz und schwarzer Pfeffer aus der Mühle

Den Ofen auf 200 Grad vorheizen. Entenkeulen, Wacholderbeeren, Knoblauch, Orangenschale, Zucker, Portwein und Lorbeerblätter gründlich mischen und zugedeckt 1 Stunde im Kühlschrank durchziehen lassen. Die Kartoffeln in einer großen Auflaufform verteilen und die Entenkeulen mit der Hautseite nach unten daraufsetzen, salzen und pfeffern. Im heißen Ofen 20 Minuten schmoren, wenden und weitere 18–20 Minuten gar schmoren. ERGIBT 4 PORTIONEN.

harissa-hühnchen mit oliven

8 große Hühnchenfilets aus dem Schenkel, mit Knochen, pariert
8 Knoblauchzehen, ungeschält
180 g gemischte Oliven
70 g Tomatenmark
1 EL Harissa-Paste*
1 EL brauner Zucker
125 ml Hühnerbrühe
Meersalz und schwarzer Pfeffer aus der Mühle
400 g Roma-Tomaten
Für die Gremolata
1 Bund glattblättrige Petersilie
1 Bund Koriander
1 EL Zitronensaft
1 EL grob abgeriebene Zitronenschale
2 Knoblauchzehen, gepresst

Den Ofen auf 180 Grad vorheizen. Für die Gremolata Petersilie, Koriander, Zitronensaft und -schale sowie Knoblauch vermengen und beiseitestellen.

Das Hühnerfleisch, Knoblauch, Oliven, Tomatenmark, Harissa, Zucker und Brühe in eine große Auflaufform geben, salzen und pfeffern. Die Form fest mit Alufolie verschließen und im heißen Ofen 1 Stunde schmoren. Dann die Ofentemperatur auf 200 Grad erhöhen, die Alufolie entfernen, die Tomaten in die Form geben und weitere 30 Minuten schmoren, bis das Fleisch durchgegart ist. Mit der Gremolata servieren. ERGIBT 4 PORTIONEN.

geschmortes grünes hühnchen-curry

½ Portion grüne Currypaste (siehe Rezept unten)
400 ml Kokosmilch
2 EL Fischsauce*
1 EL fein gehackter Palmzucker*
4 Kaffirlimettenblätter*
1 Stängel Zitronengras*, leicht zerstoßen
8 Hähnchenschenkel, mit Haut, pariert
Meersalzflocken
2 EL Limettensaft
in Scheiben geschnittene Minigurken und junge Kräuter zum Servieren

Den Ofen auf 180 Grad vorheizen. Currypaste, Kokosmilch, Fischsauce, Zucker, Limettenblätter und Zitronengras in einem tiefen Backblech vermischen. Das Hühnerfleisch mit Salz einreiben und mit der Hautseite nach oben auf das Backblech setzen. Mit Alufolie bedecken und im heißen Ofen 1 Stunde schmoren. Die Temperatur auf 200 Grad erhöhen, die Alufolie entfernen und weitere 35–40 Minuten schmoren, bis das Fleisch durchgegart und die Haut knusprig ist. Mit einem Metalllöffel das Fett vom Bratensaft abschöpfen und den Limettensaft einrühren. Mit den Gurkenscheiben und den jungen Kräutern belegt servieren. ERGIBT 4 PORTIONEN.

grüne currypaste

2 EL Koriandersamen
1 TL Kreuzkümmelsamen
¼ TL weiße Pfefferkörner
3 milde rote Chilis*, grob gehackt
2 Schalotten*, grob gehackt
4 Knoblauchzehen, grob gehackt
2 cm frische Gelbwurz (10 g), geschält, grob gehackt
2 EL Korianderwurzel, gehackt
6 cm frischer Galgant* (30 g), geschält, grob gehackt
4 Kaffirlimettenblätter, gehackt
1 Stängel Zitronengras*, gehackt
½ TL Garnelenpaste*
2 EL Erdnussöl

Eine kleine Pfanne bei mittlerer Temperatur erhitzen. Darin Koriander, Kreuzkümmel und Pfefferkörner 2–3 Minuten anrösten, bis sie Farbe annehmen und duften; dabei die Pfanne immer wieder schwenken. Die Gewürze im Blitzhacker mahlen. Chilis, Schalotten, Knoblauch, Gelbwurz, Korianderwurzeln, Galgant, Limettenblätter, Zitronengras, Garnelenpaste und Öl dazugeben und alles zu einer glatten Masse verarbeiten. ERGIBT 250 ML.

enten-tamarinden-curry

6 Entenkeulen
1 Portion Tamarinden-Currypaste (siehe Rezept rechts)
250 g grüne Thai-Auberginen*, längs halbiert
½ TL Meersalzflocken, mehr zum Bestreuen
1 EL Erdnussöl
400 ml Kokosmilch
625 ml Hühnerbrühe
2 EL Fischsauce*
1 Stängel Zitronengras*, leicht zerstoßen
2 EL Limettensaft
gehackte Frühlingszwiebeln zum Servieren

Den Ofen auf 200 Grad vorheizen. Das Fleisch mit einem Drittel der Tamarinden-Currypaste einreiben und salzen. Mit der Hautseite nach unten auf ein dünn gefettetes Blech legen und 30 Minuten im heißen Ofen braten. Wenden und weitere 15–20 Minuten goldbraun und gar braten. Beiseitestellen.

Die Auberginen mit dem Salz vermischen und 15 Minuten ziehen lassen. Das Öl in einer tiefen Pfanne stark erhitzen und darin die Auberginenhälften mit der Schnittseite nach unten 2–3 Minuten goldbraun braten. Herausnehmen, die restliche Tamarinden-Currypaste in die Pfanne geben und 30–60 Sekunden anbraten, bis sie aromatisch duftet. Dann Kokosmilch, Brühe, Fischsauce und Zitronengras dazugeben und aufkochen. Die Hitze auf mittlere Stufe reduzieren, die Auberginen zurück in die Pfanne geben und 20–25 Minuten garen, bis sie weich sind und die Sauce eingekocht ist. Die Fleischteile halbieren, in die Sauce geben und weitere 5 Minuten mitschmoren. Dann den Limettensaft einrühren und das Gericht mit den gehackten Frühlingszwiebeln garniert servieren. ERGIBT 4 PORTIONEN.

SERVIEREN SIE DAZU …
gedämpften Reis
jungen Pak Choi
frische Chili

tamarinden-currypaste

2 EL Koriandersamen
1 TL Kreuzkümmelsamen
3 milde rote Chilis*, grob gehackt
2 Schalotten*, grob gehackt
4 Knoblauchzehen, grob gehackt
2 EL Korianderwurzel, gehackt
6 cm frischer Galgant* (30 g), geschält, grob gehackt
1 Stängel Zitronengras*, nur der weiße Teil, gehackt
30 g fein gehackter dunkler Palmzucker*
1–2 Bund Thai-Basilikum-Blätter, grob gehackt
1 EL Erdnussöl
2 EL grüne Pfefferkörner
80 ml Tamarindenmark

Eine kleine Pfanne bei mittlerer Temperatur erhitzen. Darin Koriander- und Kreuzkümmelsamen 2–3 Minuten anrösten, bis sie Farbe annehmen und duften; dabei die Pfanne immer wieder schwenken. Die Gewürze im Blitzhacker mahlen. Chili, Schalotten, Knoblauch, Korianderwurzeln, Ingwer, Zitronengras, Zucker, Basilikum und Öl dazugeben und alles zu einer glatten Masse verarbeiten. In eine Schüssel geben und die Pfefferkörner sowie das Tamarindenmark unterrühren. ERGIBT 375 ML.

enten-tamarinden-curry

SCHWEIN

Eine der beliebtesten und wandlungsfähigsten Fleischarten: Ganz gleich ob Lende, Filet, Bauch oder Schulter – perfekt saftig geschmort, ist Schwein einfach köstlich.
In Tacos, Wokgerichten und weiteren Formen stellt es seine Vielseitigkeit unter Beweis.

süß glasierte ingwer-ribs

schnitzel mit zitronenkruste und sellerie-remoulade

langsam geschmorter schinken in biersauce

süß glasierte ingwer-ribs

1½ kg Spare Ribs nach amerikanischer Art
250 ml Bourbon-Whisky
4 cm frischer Ingwer (20 g), in dünne Scheiben geschnitten
2 Knoblauchzehen
1 l Wasser
Für die Ingwermarinade
125 ml Bourbon-Whisky
2 Knoblauchzehen
1 EL fein geriebener Ingwer
1 ganze getrocknete Chili
90 g brauner Zucker
125 ml Malzessig
250 ml passierte Tomaten

Den Ofen auf 200 Grad vorheizen. In einem großen Topf Fleisch, Whisky, Ingwer, Knoblauch und Wasser bei starker Hitze zum Kochen bringen. Bei reduzierter Hitze 1 Stunde kochen lassen. Inzwischen die Ingwermarinade anrühren. Dazu Whisky, Knoblauch, Ingwer, Chili, Zucker, Essig und passierte Tomaten in der Küchenmaschine glatt pürieren, beiseitestellen.

Die Ribs abtropfen lassen und mit Küchenpapier trocken tupfen. Auf ein großes, mit Backpapier belegtes Blech setzen, mit Marinade bestreichen. Im heißen Ofen 35–40 Minuten braten; alle 10 Minuten erneut mit der Marinade bestreichen, bis die Ribs dick glasiert und goldbraun gegart sind. Mit der restlichen Ingwersauce servieren. ERGIBT 4 PORTIONEN.
Tipp: Gart man die Ribs vorab in Wasser, werden sie im Ofen noch zarter und saftiger.

SERVIEREN SIE DAZU ...
gegrillte Maiskolben
Krautsalat
Süßkartoffel-Chips

schnitzel mit zitronenkruste und sellerie-remoulade

200 g frische Semmelbrösel
250 g Instant-Polenta-Grieß
3 TL fein abgeriebene Zitronenschale
6 Schweineschnitzel à 150 g
6 Scheiben runder Pancetta*
Mehl zum Bestäuben
2 Eier, leicht verklopft
Pflanzenöl zum Frittieren
Zitronenspalten zum Servieren
Für die Sellerie-Remoulade
1 Knollensellerie, geschält, fein geschnitten
150 g Mayonnaise
2 TL Zitronensaft
1 TL Dijonsenf

Für die Remoulade alle Zutaten vermengen, beiseitestellen.

Semmelbrösel, Polentagrieß und Zitronenschale vermischen. Auf jedes Schnitzel eine Scheibe Pancetta legen und mit Mehl bestäuben; dann die Schnitzel durch das Ei ziehen und in der Semmelbröselmischung wenden. 1 cm hoch Öl in eine große Pfanne füllen und stark erhitzen. Darin die Schnitzel portionsweise von jeder Seite 2 Minuten goldbraun und gar braten. Auf Küchenpapier abtropfen lassen. Mit der Sellerieremoulade und den Zitronenspalten servieren. ERGIBT 6 PORTIONEN.

langsam geschmorter schinken in biersauce

1½ l Stout Beer (ersatzweise dunkles Bier)
525 g brauner Zucker
abgeriebene Schale von 1 Orange
1 Bund Thymian
80 ml Weißweinessig
1 Zimtstange
1 ganzer Schweineschinken (5–6 kg) ohne Haut, pariert (siehe Tipp)

Den Ofen auf 180 Grad vorheizen. Bier, Zucker, Orangenschale, Thymian, Essig und Zimtstange in einem Topf bei starker Hitze aufkochen und 20 Minuten kochen lassen. Den Schinken mit der Oberseite nach unten in einen großen Schmortopf oder Bräter legen. Mit der Biermischung übergießen, mit Alufolie abdecken und im heißen Ofen 40 Minuten schmoren. Den Schinken wenden und weitere 40 Minuten goldbraun schmoren. Dann das Fleisch aus der Sauce nehmen und aufschneiden. Die Sauce durch ein Sieb gießen und zu dem Schinken reichen. ERGIBT 8–10 PORTIONEN.
Tipp: Entfernen Sie die Haut vorsichtig mit den Fingern vom Schinken; dann erst mit einem spitzen Messer alles überschüssige Fett wegschneiden

rauchig geschmorte schweinelende

stielkoteletts nach chinesischer art

rauchig geschmorte schweinelende

120 g brauner Zucker
240 g schwarzer Rübensirup*
8 Knoblauchzehen, gepresst
2 TL Zwiebelsalz
1 EL gemahlener Koriander
1 EL gemahlener Kreuzkümmel
250 ml Malzessig
4 getrocknete Ancho-Chilis*, gehackt
2 kg Schweinelende, mit Haut; diese in Abständen von 1 cm eingeritzt
Meersalzflocken
Olivenöl zum Einreiben

Zucker, Rübensirup, Knoblauch, Zwiebelsalz, Koriander, Kreuzkümmel, Essig und Chili verrühren. Die Mischung auf ein tiefes Blech gießen und darauf die Lende mit der Hautseite nach oben legen. Die Haut mit Salz einreiben, das Fleisch mindestens 2 Stunden in den Kühlschrank stellen.

Den Ofen auf 220 Grad vorheizen. Das Salz von der Haut wischen und diese gründlich trocken tupfen. Dann das Fleisch mit Öl einreiben und erneut salzen. Im heißen Ofen 40–45 Minuten braten, bis das Fleisch goldbraun und nach Belieben gar ist. Herausnehmen und 10 Minuten ruhen lassen. Den Bratensaft durch ein Sieb gießen und in einem kleinen Topf bei mittlerer Hitze 6–8 Minuten einkochen lassen. Den Schinken mit der Sauce übergossen servieren. ERGIBT 4–6 PORTIONEN.

stielkoteletts nach chinesischer art

2,8 kg Stielkotelett vom Schwein am Stück
2 TL Szechuan-Pfefferkörner*
1 TL chinesisches Fünf-Gewürze-Pulver*
2 Sternanis
1 TL gemahlener Zimt
1 EL Meersalzflocken
1 EL Olivenöl
250 g frischer Ingwer, in Scheiben geschnitten

Den Ofen auf 220 Grad vorheizen. Die Haut in Abständen von 1 cm mit einem spitzen Messer einritzen. Pfefferkörner, Fünf-Gewürze-Pulver, Sternanis und Zimt in einer beschichteten Pfanne bei starker Hitze 1 Minute anrösten. Die Gewürze im Mörser zerstoßen, das Salz untermischen. Das Fleisch mit Öl und mit der Hälfte der Gewürzmischung einreiben; die restliche Mischung aufbewahren. Auf einem Backblech die Ingwerscheiben verteilen, das Fleisch daraufsetzen und im heißen Ofen 25–30 Minuten braten. Dann die Hitze auf 170 Grad reduzieren und weitere 55–60 Minuten garen. Das Stück in Koteletts aufschneiden und dazu die restliche Gewürzmischung reichen. ERGIBT 6 PORTIONEN.

pikanter schweinebauch mit minzsauce

1,8 kg Schweinebauch mit Knochen, am Stück
2 EL Meersalzflocken
½ TL Kreuzkümmelsamen
½ TL Koriandersamen
½ TL Fenchelsamen
½ TL getrocknete Chiliflocken
2 EL Thymianblätter
1 EL Olivenöl
2 Bund Rosmarin
2 Knollen Knoblauch, halbiert
2 Zitronen, halbiert
Für die Minzsauce
110 g feiner Zucker
250 ml Malzessig
40 g Minzeblätter, gehackt

Für die Minzsauce Zucker und Essig in einem Topf bei niedriger Temperatur erhitzen und unter Rühren den Zucker auflösen. Dann die Temperatur erhöhen und alles 4–5 Minuten leicht einkochen lassen. Den Topf vom Herd nehmen und den Sirup vollständig auskühlen lassen. Die Minze einrühren und beiseitestellen.

Den Ofen auf 180 Grad vorheizen. Mit einem kleinen, spitzen Messer die Schwarte in Abständen von 1 cm einritzen. 1 EL Salz, Kreuzkümmel-, Koriander- und Fenchelsamen, Chiliflocken und Thymian im Mörser zerstoßen. Das Fleisch mit der Gewürzmischung einreiben. Die Schwarte mit Öl und dem restlichen Salz einreiben. Das Fleisch mit der Hautseite nach unten auf einen Gitterrost legen und im heißen Ofen 2 Stunden braten. Dann die Temperatur auf 220 Grad erhöhen, das Fleisch wenden und den Rosmarin sowie die halbierten Knoblauchknollen und die halbierten Zitronen darunterlegen. Weitere 35–40 Minuten braten, bis sich die Schwarte goldbraun färbt und knusprig ist. Das Fleisch mit der Minzsauce, dem Knoblauch und den Zitronen servieren. Dazu gedämpfte grüne Bohnen servieren. ERGIBT 6–8 PORTIONEN.

Tipp: Die Schwarte wird besonders knusprig, wenn man sie mit Salz einreibt und das Fleischstück offen über Nacht in den Kühlschrank stellt. So wird die Feuchtigkeit entzogen und die Haut wird schön knackig. Vor der Weiterverarbeitung das Salz abwischen und die Haut gründlich trocken tupfen.

schweinebauch mit malzessig-bourbon-glasur

250 ml Bourbon-Whisky
375 ml Malzessig
500 ml Wasser
525 g brauner Zucker
10 Knoblauchzehen, geschält, angequetscht
350 g heller Rübensirup
2 Zimtstangen
4 Lorbeerblätter
2½ kg Schweinebauch mit Knochen, am Stück

Den Ofen auf 180 Grad vorheizen. Den Whisky mit 250 ml Essig, Wasser, Zucker, Knoblauch, Sirup, Zimt und Lorbeerblätter in einem mittelgroßen Topf bei starker Hitze aufkochen. Unter gelegentlichem Rühren 2–3 Minuten leicht einkochen lassen. Den Schweinebauch mit der Hautseite nach unten in einen Schmortopf oder Bräter geben, mit der Sauce übergießen und mit Alufolie zugedeckt im heißen Ofen 3½ Stunden schmoren. Das Fleisch wenden, den Essig dazugießen und mit Alufolie bedeckt weitere 30 Minuten schmoren. Das Fett von der Oberfläche abschöpfen und durch ein feines Sieb streichen. Das Fleisch aufschneiden und mit der Sauce übergossen servieren. ERGIBT 6–8 PORTIONEN.
Tipp: Das Fleisch sollte ziemlich satt in den Schmortopf oder Bräter passen; so verdampft die Flüssigkeit nicht allzu schnell.

salbei-fenchel-schweinebraten mit schmoräpfeln

30 g Meersalzflocken
1 EL fein gehackte Salbeiblätter
1 TL Fenchelsamen
1 Schweinehaxe (ca. 4½ kg)
Olivenöl zum Einreiben und Bestreichen
8 kleine Äpfel
2 EL Apfelessig*
2 EL brauner Zucker
Meersalz und schwarzer Pfeffer aus der Mühle
4 rote Zwiebeln, geschält, geviertelt
1 Bund Salbei, die Blätter abgezupft

Den Ofen auf 220 Grad vorheizen. Salz, Salbeiblätter und Fenchelsamen im Mörser zerstoßen, beiseitestellen.

Das Fleisch trocken tupfen und die Schwarte mit einem spitzen Messer in Abständen von 1 cm einritzen. Mit Öl und dem Salbei-Fenchel-Salz einreiben, auf ein Backblech setzen. Im Ofen 30 Minuten anbraten. Die Ofentemperatur auf 200 Grad senken und das Fleisch 1½ Stunden weiterbraten.

Die Äpfel mit einem spitzen Messer einritzen und mit Essig, Zucker, Salz, Pfeffer und den Zwiebeln vermengen. Zum Fleisch auf das Blech geben. Die Salbeiblätter mit Ol bestreichen und ebenfalls auf das Blech geben. Weitere 20 Minuten schmoren, bis das Fleisch durchgegart ist und die Äpfel gerade weich sind. ERGIBT 8 PORTIONEN.

geschmorter schweinebauch mit quittenglasur und kürbispüree

1 kg Muskatkürbis, ungeschält zerkleinert
2 EL Olivenöl
½ TL gemahlener Zimt
Meersalz und schwarzer Pfeffer aus der Mühle
1½ kg Schweinebauch ohne Knochen, am Stück
1 EL Meersalzflocken
1 TL chinesisches Fünf-Gewürze-Pulver*
Für die Quittenglasur
100 g Quittenpaste*, zerkleinert
45 g brauner Zucker
60 ml Apfelessig*
125 ml Hühnerbrühe

Den Ofen auf 200 Grad vorheizen. Den Kürbis auf ein Backblech setzen, mit 1 EL Öl beträufeln mit Zimt, Salz und Pfeffer würzen. 1 Stunde goldbraun und zart schmoren. Das Fleisch aus der Schale lösen und in der Küchenmaschine pürieren. Warm halten.

Die Ofentemperatur auf 180 Grad senken. Mit einem kleinen, spitzen Messer die Schwarte des Schweinebauchs in Abständen von 1 cm einritzen. 1 TL Salz mit dem Fünf-Gewürze-Pulver vermischen und das Fleisch damit einreiben. Die Schwarte mit dem restlichen Öl und Salz einreiben. Den Schweinebauch mit der Hautseite nach unten auf ein Backblech setzen und im heißen Ofen 2½ Stunden braten. Dann die Ofentemperatur auf 220 Grad erhöhen. Nun das Fleisch wenden und weitere 25–30 Minuten braten, bis sich die Schwarte goldbraun färbt und knusprig ist.

Währenddessen die Quittenglasur zubereiten. Dazu Quittenpaste, Zucker, Essig und Brühe in einem kleinen Topf bei mittlerer Temperatur unter gelegentlichem Rühren 3–4 Minuten erhitzen, bis sich die Paste aufgelöst hat. Die Mischung bei starker Hitze aufkochen und 4–5 Minuten einkochen lassen. Das Kürbispüree auf Teller verteilen, darauf den Schweinebauch anrichten und mit der Quittenglasur beträufelt servieren. ERGIBT 4 PORTIONEN.

PROBIEREN SIE ES MIT …
geschmortem Blumenkohl
gedämpften grünen Bohnen
gebratenem Rosenkohl

salbei-fenchel-schweinebraten mit schmoräpfeln

geschmorter schweinebauch mit quittenglasur und kürbispüree

SO GELINGT hackbraten

1 2
3 4

grundrezept hackbraten

1 EL Olivenöl
1 große Zwiebel, fein gehackt
3 Knoblauchzehen, gepresst
24 Scheiben Pancetta*
70 g frische Semmelbrösel
60 ml Milch
2 EL fein gehackte Rosmarinnadeln
1 EL Dijonsenf
2 Eier
400 g Hackfleisch vom Schwein
400 g Hackfleisch vom Kalb
60 g Pancetta*, gehackt
Meersalz und schwarzer Pfeffer aus der Mühle

SCHRITT 1 Den Ofen auf 180 Grad vorheizen. Das Öl in einer beschichteten Pfanne bei mittlerer Temperatur erhitzen. Darin Zwiebel und Knoblauch 5–7 Minuten glasig andünsten und vollständig auskühlen lassen.
SCHRITT 2 Eine Kastenform von 22 cm Länge leicht überlappend mit den Pancettascheiben auslegen; die Scheiben etwas über den Rand hängen lassen.
SCHRITT 3 Die Semmelbrösel 5 Minuten in der Milch einweichen, dann die Zwiebelmischung, Rosmarin, Senf, Ei, das Hackfleisch, den gehackten Pancetta, Salz und Pfeffer dazugeben und gründlich verkneten.
SCHRITT 4 Den Fleischteig in die ausgelegte Form drücken und mit den überhängenden Enden bedecken. Die Form auf ein Backblech stellen und im heißen Ofen 40–45 Minuten garen. Herausnehmen, 5 Minuten ruhen lassen und dann auf ein mit Backpapier belegtes Blech stürzen. Weitere 5–10 Minuten im heißen Ofen goldbraun backen. ERGIBT 6–8 PORTIONEN.

REZEPT-NOTIZ
Beim Einfüllen des Fleischteigs in die vorbereitete Form drücken Sie diesen mit einem Löffel fest nach unten. So behält der Hackbraten seine Form und bekommt eine gleichmäßigere Konsistenz.

hackbraten

pizza mit salami, ricotta und basilikum

pizza mit salami, ricotta und basilikum

1 Portion Pizzateig (siehe Grundrezept rechts)
Olivenöl zum Bestreichen
280 g hausgemachte Tomatensauce (siehe Grundrezept rechts) oder fertig gekaufte passierte Tomaten
200 g frischer Büffel-Mozzarella*, zerzupft
200 g Ricotta
150 g Salami, in dünne Scheiben geschnitten
1 Bund Basilikum
2 EL Olivenöl
1 Knoblauchzehe, gepresst

Den Ofen auf 220 Grad vorheizen. Den Pizzateig zubereiten. Zwei runde Backformen (30 cm Durchmesser) 5–10 Minuten in den Ofen stellen. Den Teig in zwei gleich große Portionen aufteilen und diese auf einer bemehlten Unterlage zu zwei Kreisen von 30 cm Durchmesser ausrollen. Die Bleche mit Öl fetten und den Teig hineingeben. Dann die Teigböden sehr zügig mit Tomatensauce bestreichen; darauf Mozzarella, Ricotta, Salami und Basilikumblätter verteilen. Das Öl mit dem gepressten Knoblauch verrühren und über die Pizzen träufeln. Im heißen Ofen 15–20 Minuten goldbraun und knusprig backen. ERGIBT 2 STÜCK.

PROBIEREN SIE ES MIT …
scharfer Salami
Sardellen
sonnengetrockneten Tomaten

grundrezept pizzateig

1 TL Trockenhefe
¼ TL feiner Zucker
180 ml lauwarmes Wasser
225 g feines Mehl* (Type 00)
1 TL Meersalzflocken

Hefe, Zucker und Wasser vermischen und 5 Minuten an einem warmen Ort stehen lassen, bis die Mischung Blasen wirft. Mehl und Salz in eine Schüssel geben und in der Mitte eine Mulde formen. Die Hefemischung hineingießen und die Zutaten mit gut bemehlten Händen zu einem Teig verarbeiten. Diesen auf einer dünn bemehlten Fläche 4–5 Minuten kneten, bis er glatt und geschmeidig ist. Dann den Teig in eine leicht geölte Schüssel geben und mit einem sauberen, feuchten Geschirrtuch bedeckt an einem warmen Ort 30 Minuten auf das doppelte Volumen aufgehen lassen. ERGIBT 2 TEIGBÖDEN VON 30 CM DURCHMESSER.

grundrezept für hausgemachte tomatensauce

5 kg Roma-Tomaten
½ Bund Oregano
1 EL Meersalzflocken
schwarzer Pfeffer aus der Mühle

Die Tomaten oben kreuzweise einschneiden und den Saft herausdrücken. Die weißen Trennwände mit einem spitzen Messer herausschneiden und wegwerfen. Die Tomaten durch die Gemüsemühle in einen großen Topf passieren. Oreganoblätter, Salz und Pfeffer dazugeben und bei starker Hitze zum Kochen bringen. Die Temperatur auf mittlere Stufe reduzieren und die Sauce 1½ Stunden dick einkochen lassen. In sterilisierte Glasflaschen füllen. Sie hält sich bis zu 12 Monate. ERGIBT 3 LITER.
Tipp: Die handbetriebene Gemüsemühle eignet sich zum Passieren und Reiben; man findet sie in Küchenfachgeschäften. Alternativ können Sie die Tomaten auch in der Küchenmaschine pürieren und anschließend durch ein feines Sieb streichen.

satay-spieße mit gurken-radieschen-salat

knusprig-pikantes schweinefleisch mit schlangenbohnen

dumplings mit schweinefleisch-kohl-füllung

satay-spieße mit gurken-radieschen-salat

400 g Schweinefilet, in 1 cm dicke Scheiben geschnitten
Erdnussöl zum Bestreichen
3 Minigurken, geschält, entkernt, in Scheiben geschnitten
4 Radieschen, in dünne Scheiben geschnitten
2 Frühlingszwiebeln, in dünne Scheiben geschnitten
35 g geröstete Erdnüsse, grob gehackt
2 EL Limettensaft
1 EL Olivenöl
Meersalz und schwarzer Pfeffer aus der Mühle
junge Pfefferminzblätter zum Servieren
Für die Satay-Sauce
60 ml Erdnussöl
1 milde rote Chili*, gehackt
2 Knoblauchzehen, gepresst
140 g geröstete Erdnüsse
½ TL gemahlener Kreuzkümmel
¼ TL gemahlenes Kurkuma
2 EL Kecap manis*
1 EL Fischsauce*
125 ml Kokosmilch
125 ml kochendes Wasser

Für die Satay-Sauce Erdnussöl, Chili, Knoblauch, Erdnüsse, Kreuzkümmel, Kurkuma, Kecap manis, Fischsauce, Kokosmilch und Wasser in der Küchenmaschine zu einer dicken Paste pürieren. Diese in zwei gleich große Portionen aufteilen und eine davon beiseitestellen. Die andere Portion mit dem Schweinefilet vermengen. Die Mischung zugedeckt im Kühlschrank 1 Stunde durchziehen lassen.

Eine Grillpfanne bei mittlerer Temperatur erhitzen oder den Grill anheizen. Das Fleisch auf Spieße stecken, mit Öl bestreichen und portionsweise unter gelegentlichem Wenden 6 Minuten garen. Die aufbewahrte Satay-Sauce in einem Topf bei mittlerer Temperatur 2 Minuten erhitzen. Gurken, Radieschen, Frühlingszwiebel, Erdnüsse, Limettensaft, Öl, sowie Salz und Pfeffer in einer großen Schüssel vermengen. Die Spieße zusammen mit dem Salat auf Teller anrichten, dazu die mit jungen Pfefferminzblättern garnierte Satay-Sauce reichen. ERGIBT 8 PORTIONEN.

knusprig-pikantes schweinefleisch mit schlangenbohnen

400 g Hackfleisch vom Schwein
2 Knoblauchzehen, gepresst
3 cm frischer Ingwer (15 g), geschält, fein gerieben
80 g Chili-Marmelade*
1 TL Garnelenpaste*
1 EL Austernsauce
1 EL Erdnussöl
350 g Schlangenbohnen, geputzt
junge Shisoblätter* zum Servieren

Das Hackfleisch mit Knoblauch, Ingwer, Chili-Marmelade, Garnelenpaste und Austernsauce vermengen. Zugedeckt 30 Minuten im Kühlschrank durchziehen lassen. Das Öl in einer großen beschichteten Pfanne stark erhitzen und darin die Hackfleischmischung 12–15 Minuten knusprig braten; dabei mit einem Holzlöffel die Klumpen zerstoßen. Die Bohnen in kochendem Salzwasser 1 Minute garen, abgießen und auf Teller verteilen. Darauf das Hackfleisch anrichten und mit Shisoblättern garniert servieren.
ERGIBT 4 PORTIONEN.

dumplings mit schweinefleisch-kohl-füllung

60 ml Pflanzenöl
230 g fein geschnittener Chinakohl
2 Knoblauchzehen, gepresst
400 g Hackfleisch vom Schwein
2 EL chinesische Schwarze-Bohnen-Paste*
1 Eiweiß
½ Bund Schnittlauch, fein geschnitten
24 Gow-Gee-Teigblätter*
chinesischer schwarzer Essig* und Chiliöl zum Servieren

1 EL des Öls bei mittlerer Temperatur in einer Pfanne erhitzen. Darin Kohl und Knoblauch 2 Minuten weich dünsten, abkühlen lassen. Hackfleisch, Bohnenpaste, Eiweiß und Schnittlauch mit dem ausgekühlten Kohl vermengen. Die Gow-Gee-Hüllen auf einer sauberen, dünn mit Reismehl bestäubten Arbeitsfläche ausbreiten und die Kanten mit Wasser bestreichen. In die Mitte jeweils 1 TL Fleischmischung setzen, den Teig zur Hälfte zusammenklappen und die Kanten fest zusammendrücken. Das restliche Öl zusammen mit 125 ml Wasser bei mittlerer Temperatur in einer Pfanne erhitzen. Darin die Teigtäschchen zugedeckt 5 Minuten garen. Dann den Deckel abnehmen und die Dumplings weitere 2 Minuten garen, bis die Flüssigkeit verdampft ist und sie auf einer Seite eine goldbraune Kruste haben. Dazu schwarzen Essig und Chiliöl reichen.
ERGIBT 24 STÜCK.

szechuan-schweinefleisch-ingwer-dumplings

1 TL Gelatinepulver
1 EL Wasser
500 ml Hühnerbrühe
10 cm frischer Ingwer (50 g), geschält, in dünne Scheiben geschnitten
300 g Hackfleisch vom Schwein
3 Frühlingszwiebeln, gehackt
1 EL Sojasauce
2 TL chinesischer Kochwein*
1 TL feiner Zucker
1 TL gemahlener Szechuanpfeffer*
32–34 runde Gow-Gee-Teigblätter*

Gelatinepulver und Wasser verrühren und 5 Minuten stehen lassen, bis die Gelatine das Wasser aufgenommen hat. Brühe und Ingwer in einem Topf zum Kochen bringen und dann bei reduzierter Hitze 8–10 Minuten leicht einkochen lassen. Die Gelatinemischung dazugeben und unter Rühren 2–3 Minuten mitkochen, bis sie sich aufgelöst hat. Den Topf vom Herd nehmen und die Brühe 20 Minuten abkühlen lassen. Die Brühe in eine Schüssel füllen und 2 Stunden kalt stellen, bis sie geliert ist.

Hackfleisch, Frühlingszwiebeln, Sojasauce, Kochwein, Zucker und Pfeffer gründlich vermengen. Das Ingwergelee untermischen, sodass es sich gleichmäßig mit den anderen Zutaten verbindet. Die Teigblätter auf einer sauberen, dünn mit Reismehl bestäubten Arbeitsfläche auslegen und die Ränder mit Wasser bestreichen. In die Mitte jeweils 1½ TL Fleischmischung setzen, die Teigkanten zusammenfassen und fest zudrücken, sodass Päckchen entstehen.

Die Dumplings in einem mit Backpapier ausgelegten Dämpfkorb über einem mit kochendem Wasser gefüllten Wok oder einer Pfanne 5–6 Minuten im heißen Dampf garen. Sofort servieren. ERGIBT 32–34 STÜCK.

Tipp: Beim Dämpfen der Dumplings löst sich das Ingwergelee auf und bildet eine Art cremige Sauce, die Sie beim Hineinbeißen nicht herausfließen lassen, sondern genießen sollten.

chorizo-paprika-tacos

4 rote Paprika, in Streifen geschnitten
2 getrocknete Chorizo*, in Scheiben geschnitten
1 Knoblauchzehe, in Scheiben geschnitten
2 EL Olivenöl
1 EL Sherryessig*
1 Portion Mais- oder Weizen-Tortillas (siehe Rezepte Seite 280)
Zitronenspalten zum Servieren

Eine Grillpfanne stark erhitzen oder den Grill anheizen. Die Paprika 8–10 Minuten in der Pfanne oder auf dem Grill rösten, beiseitestellen. Die Chorizoscheiben in der Pfanne oder auf dem Grill von jeder Seite 2–3 Minuten goldbraun rösten. Paprika und Wurst mit Knoblauch, Öl und Essig vermengen. Die Mischung in die Tortillas füllen und mit gebratenen Bohnen (siehe Rezept unten) sowie Zitronenspalten servieren. ERGIBT 8 PORTIONEN.

gebratene bohnen

200 g Schwarzaugenbohnen, über Nacht eingeweicht (siehe Tipp)
80 ml Olivenöl
2 Knoblauchzehen, gepresst
1 EL Zitronensaft
½ Bund glatte Petersilie, gehackt
Meersalzflocken

Die Bohnen abtropfen lassen und in einem Topf mit kaltem Wasser bedeckt zu Kochen bringen. 15 Minuten gar kochen, dann abgießen und gut abtropfen lassen. 2 EL des Öls in einer beschichteten Pfanne stark erhitzen und darin den Knoblauch und die Bohnen 1–2 Minuten anbraten, dann vom Herd nehmen. Die Bohnen mit einer Gabel leicht zerdrücken und den Zitronensaft, die Petersilie und das restliche Öl unterrühren und mit Salz abschmecken. ERGIBT 750 ML.

Tipp: Die getrockneten Bohnen müssen über Nacht in einer Schüssel Wasser eingeweicht werden.

szechuan-schweinefleisch-ingwer-dumplings

chorizo-paprika-tacos

taco-schalen mit pikanter
schweinefleischfüllung

taco-schalen mit pikanter schweinefleisch-füllung

850 g Schweineschulter ohne Knochen
3 EL Pflanzenöl
1 Zwiebel, gehackt
2 TL geräuchertes Paprikapulver*
3 Knoblauchzehen, gepresst
2 EL Apfelessig*
2 TL getrockneter Oregano
Meersalz und schwarzer Pfeffer aus der Mühle
500 ml Wasser
1 Portion Mais- oder Weizen-Tortillas (siehe Rezepte Seite 280)
250 g geräucherter oder ungeräucherter Mozzarella, in Scheiben geschnitten
Eisbergsalat, gehackte Frühlingszwiebeln und Limettenspalten zum Servieren

Das Fleisch mit Öl, Zwiebel, Paprikapulver, Knoblauch, Essig, Oregano, Salz und Pfeffer gründlich vermengen. Zugedeckt im Kühlschrank mindestens 6 Stunden oder über Nacht durchziehen lassen.

Den Ofen auf 160 Grad vorheizen. Das Fleisch zusammen mit dem Wasser in eine Auflaufform geben und diese mit Alufolie verschließen. Im heißen Ofen 4 Stunden schmoren, bis das Fleisch so mürbe ist, dass es auseinanderfällt. Das Fleisch zerkleinern und alles Fett entfernen. Die Tortillas mit den Mozzarellascheiben belegen und diese unter dem vorgeheizten Backofengrill zum Schmelzen bringen. Darauf das Fleisch verteilen. Mit Salsa roja (siehe Rezept unten), Eisbergsalat, Frühlingszwiebel und Limettenspalten servieren. ERGIBT 8 PORTIONEN.

SAUCEN + WÜRZPASTEN

salsa roja: 1 EL Olivenöl in einem kleinen Topf schwach erhitzen. Darin 1 gehackte Zwiebel und 1 gepresste Knoblauchzehe etwa 2–3 Minuten andünsten. 1 EL Rotweinessig, 1 EL braunen Zucker, 400 g Pizzatomaten aus der Dose, Meersalz und schwarzen Pfeffer aus der Mühle dazugeben und unter Rühren 5–6 Minuten leicht einkochen lassen. ERGIBT 375 ML.

schweinefleisch süß-sauer

375 ml Reisweinessig*
160 ml chinesischer Kochwein*
220 g feiner Zucker
Meersalzflocken
2 cm frischer Ingwer (10 g), geschält, in dünne Scheiben geschnitten
2 Knoblauchzehen, in Scheiben geschnitten
Pflanzenöl zum Frittieren
200 g Reismehl, mehr zum Bestäuben
300 ml Mineralwasser mit Kohlensäure
2 Schweinefilets à 280 g, pariert, in dünne Scheiben geschnitten
400 g Ananas, geschält, in dünne Scheiben geschnitten
2 milde rote Chilis*, in Ringe geschnitten
2 Frühlingszwiebeln zerkleinert
150 g Kirschtomaten, halbiert
40 g Minzeblätter

Essig, Kochwein, Zucker, Salz, Ingwer und Knoblauch in einem Topf schwach erhitzen und unter Rühren den Zucker auflösen. Dann zum Kochen bringen und die Mischung 18–20 Minuten leicht einkochen lassen; beiseitestellen.

Das Frittieröl auf 190 Grad erhitzen. Reismehl und Mineralwasser klumpenfrei verrühren. Das Schweinefleisch mit Reismehl bestäuben; überschüssiges Mehl abschütteln und die Fleischstreifen in den Mehlteig tauchen. Portionsweise im heißen Öl 2 Minuten hellbraun frittieren. Auf Küchenpapier abtropfen lassen. Chilis, Frühlingszwiebeln, Tomaten und Minze vermengen und auf Teller verteilen. Daneben das frittierte Fleisch und die Ananasscheiben anrichten und mit dem Ingwersirup beträufelt servieren. ERGIBT 4 PORTIONEN.

schweinefleisch süß-sauer

LAMM

Wir lieben Lamm, weil es sich in vielerlei Varianten garen lässt. Ob gegrillt, geschmort, gebraten oder gedämpft – kochen Sie sich nach und nach durch die folgenden Rezepte, bei denen süßliches, saftiges Lammfleisch der Hauptdarsteller ist.

langsam geschmortes lamm mit knoblauch und rosmarin

paprika-lammhaxe im papiermantel

langsam geschmortes lamm mit knoblauch und rosmarin

125 ml Malzessig
90 g brauner Zucker
1 EL Olivenöl
Meersalz und schwarzer Pfeffer aus der Mühle
2 kg Lammschulter am Stück, mit Knochen
18 Knoblauchzehen, ungeschält
6 Zweige Rosmarin
375 ml Hühnerbrühe

Den Ofen auf 180 Grad vorheizen. Essig, 45 g Zucker, Öl, Salz und Pfeffer verrühren. Das Lammfleisch darin wenden und 20 Minuten in der Marinade durchziehen lassen. Dann das Fleisch mit der Hautseite nach oben in eine große Auflaufform legen. Knoblauch, Rosmarin, die Marinade und die Brühe dazugeben, das Fleisch mit dem restlichen Zucker bestreuen und mit Alufolie bedeckt im heißen Ofen 2½ Stunden schmoren. Die Folie entfernen und das Fleisch weitere 30 Minuten schmoren, bis es nach Belieben gegart ist. Mit dem Knoblauch servieren. ERGIBT 4–6 PORTIONEN.

paprika-lammhaxe im papiermantel

2 TL geräuchertes Paprikapulver*
1 TL Meersalzflocken
1 EL Olivenöl
4 Lammhaxen à 300 g
4 Strauchtomaten, in Scheiben geschnitten
2 rote Zwiebeln, in Ringe geschnitten
1 TL getrocknete Chiliflocken
2 Knoblauchzehen, in Scheiben geschnitten
8 Lorbeerblätter
8 Zweige Thymian
80 ml Rotwein
1 EL brauner Zucker
Purpur-Basilikum-Blätter und fein abgeriebene Zitronenschale zum Servieren

Den Ofen auf 180 Grad vorheizen. Paprikapulver, Salz und Öl verrühren und die Lammschenkel mit der Mischung einreiben. Aus Backpapier acht Quadrate von 30 x 30 cm zuschneiden und jeweils zwei davon übereinanderlegen. Tomatenscheiben, Zwiebelringe, Chiliflocken, Knoblauch, Lorbeerblätter und Thymian gleichmäßig auf die vier Backpapierquadrate verteilen. Dann jeweils einen Lammschenkel daraufsetzen. Wein und braunen Zucker vermischen und über das Lammfleisch verteilen. Dann jeweils die vier Ecken zusammenfassen und die Päckchen mit Küchengarn zubinden. Die Päckchen auf ein Backblech setzen und im Ofen 2 Stunden schmoren. Die Päckchen in Schalen anrichten, vorsichtig öffnen, den Dampf entweichen lassen. Mit Basilikumblättern garniert und mit Zitronenschale bestreut servieren. ERGIBT 4 PORTIONEN.

paprika-lamm-burger vom grill

2 rote Paprikaschoten
Olivenöl zum Bestreichen
400 g Hackfleisch vom Lamm
Meersalz und schwarzer Pfeffer aus der Mühle
4 Hamburger-Brötchen, halbiert
Gurken-Raita, Jalapeño-Relish (siehe Rezepte unten) und jungen Spinat zum Servieren

Eine Grillpfanne stark erhitzen oder den Grill anheizen. Die Paprikaschoten mit Öl bestreichen und in der Pfanne oder auf dem Grill 20 Minuten schwarz rösten. In eine Schüssel geben, mit Frischhaltefolie bedecken und leicht abkühlen lassen. Dann häuten und in Streifen schneiden.

Hackfleisch, Salz und Pfeffer verkneten und zu 4 flachen Bratlingen formen. Diese mit Öl bestreichen und in der Pfanne oder auf dem Grill von jeder Seite 2–3 Minuten gar braten.

Die Brothälften mit Öl bestreichen und mit der Schnittseite nach oben auf ein Backblech setzen. Unter dem vorgeheizten Backofengrill 1 Minute goldbraun rösten. Gurken-Raita und Jalapeño-Relish auf den Brötchenhälften verteilen, die Burger, die Paprikastreifen und den Spinat darauf anrichten und servieren. ERGIBT 4 PORTIONEN.

gurken-raita

280 g dicker Naturjoghurt (griechischer Joghurt)
60 g geriebene Gurke
1 EL fein gehackte Minzeblätter
1 Knoblauchzehe, gepresst
Meersalz

Alle Zutaten in einer Schüssel vermengen. Ergibt 375 ml.

jalapeño-relish

320 ml Jalapeño-Pickles
60 g geriebene Minigurke
55 g feiner Zucker
280 g passierte Tomaten
Meersalz

Alle Zutaten in einem kleinen Topf stark erhitzen, aufkochen und 5 Minuten leicht einkochen lassen. Dann vom Herd nehmen und auskühlen lassen. ERGIBT 375 ML.

paprika-lamm-burger vom grill

SO GELINGT lammbraten

1
2

rosmarin-knoblauch-lammkeule

Meersalz
1 Lammkeule (2,4 kg)
3 Zweige Rosmarin, in 2 cm lange Stücke geschnitten
4 Knoblauchzehen, in Scheiben geschnitten

SCHRITT 1 Die Lammkeule reichlich salzen und unbedeckt 20 Minuten in den Kühlschrank stellen.
SCHRITT 2 Den Ofen auf 220 Grad vorheizen. Das Salz mit Küchenpapier von der Lammkeule entfernen und mit einem spitzen Messer in gleichmäßigen Abständen die Haut einritzen. Rosmarinzweige und Knoblauchscheiben in die Ritzen schieben. Die Keule salzen, pfeffern und in eine mit Backpapier ausgelegte Schmorpfanne oder einen Bräter legen. Im heißen Ofen 20 Minuten anbraten. Dann die Ofentemperatur auf 180 Grad senken und das Fleisch 1 weitere Stunde (medium) oder nach Belieben länger garen.
ERGIBT 4–6 PORTIONEN.

REZEPT-NOTIZ
Das Salzen der Keule entzieht der Haut Wasser und führt zu einer goldbraunen, knusprigen Kruste. Als Faustregel gilt: Pro 500 g Lammfleisch rechnet man 18–20 Minuten Schmorzeit.

rosmarin-knoblauch-lammkeule

lammkoteletts mit haloumi-kruste und tzatziki

kräuter-lammhaxen in rotweinsud

lammkoteletts mit haloumi-kruste und tzatziki

9 Scheiben Weißbrot
½ Bund Oreganoblätter, gehackt
65 g fein geriebener Haloumi*
Meersalz und schwarzer Pfeffer aus der Mühle
12 Lammkoteletts à 70 g, pariert
40 g Mehl
2 Eier, leicht verklopft
80 ml Olivenöl
120 g schwarze Oliven, entsteint
400 g Kirschtomaten, halbiert
1 Bund glattblättrige Petersilie
1 EL Zitronensaft
Für das Tzatziki
2 mittelgroße Gurken, gerieben
300 g dicker Naturjoghurt (griechischer Joghurt)
2 EL Zitronensaft
1 Knoblauchzehe, gepresst

Für das Tzatziki Gurke, Joghurt, Zitronensaft und Knoblauch verrühren, beiseitestellen.

Das Brot in der Küchenmaschine grob zerkleinern und mit Oregano, Haloumi, Salz und Pfeffer vermengen.

Die Koteletts mit Mehl bestäuben, durch die verklopften Eier ziehen und in den Semmelbröseln wenden. Die Hälfte des Öls in einer beschichteten Pfanne bei mittlerer Temperatur erhitzen und darin die Koteletts von jeder Seite 3–4 Minuten (medium-rare) oder nach Belieben länger braten. Oliven, Tomaten, Petersilie, das restliche Öl und den Zitronensaft vermengen. Die Lammkoteletts mit dem Tomatensalat und dem Tzatziki servieren.

ERGIBT 4 PORTIONEN.

PROBIEREN SIE ES MIT ...
Schweinekotelett
Kalbsschnitzel
Hühnerbrust

lamm mit moussaka

60 ml Olivenöl, mehr zum Bestreichen
2 Knoblauchzehen, gepresst
700 g passierte Tomaten
1 TL feiner Zucker
Meersalz und schwarzer Pfeffer aus der Mühle
4 große Auberginen, in dünne Scheiben geschnitten
2 Bund Oregano
300 g Feta, in dünne Scheiben geschnitten
100 g Mozzarella, gerieben
2 Lammkarrees à 600 g
Für das Zitronenöl
2 EL grob gehackte Zitronenschale
2 EL Oreganoblätter
2 EL Zitronensaft
2 EL Olivenöl

Für das Zitronenöl Zitronenschale, Oregano, Zitronensaft und Olivenöl verrühren. Beiseitestellen.

Den Ofen auf 180 Grad vorheizen. 1 EL des Olivenöls in einem Topf bei mittlerer Temperatur erhitzen. Darin den Knoblauch 30 Sekunden andünsten, dann die passierten Tomaten, Zucker, Salz und Pfeffer hinzufügen und unter Rühren 3 Minuten aufkochen, beiseitestellen.

Eine Grillpfanne bei mittlerer Temperatur erhitzen. Die Auberginenscheiben mit Öl bestreichen, salzen, pfeffern und von jeder Seite 2 Minuten braten. Dann Auberginenscheiben, Tomatensauce, Oreganoblätter und Feta in eine leicht gefettete Back- oder Auflaufform (20 × 30 cm) schichten; mit einer Schicht Auberginenscheiben abschließen. Mit dem geriebenen Mozzarella bestreuen und im heißen Ofen 20 Minuten goldbraun backen.

Das restliche Öl in einer großen beschichteten Pfanne stark erhitzen und darin die Lammkarrees von jeder Seite 2–3 Minuten goldbraun anbraten. Dann die Karrees auf ein Bachblech setzen und im heißen Ofen 12–15 Minuten (medium-rare) oder nach Belieben fertig garen. Vor dem Aufschneiden einige Minuten ruhen lassen. Mit Zitronenöl beträufeln und dazu das Moussaka reichen.

ERGIBT 4 PORTIONEN.

lamm mit moussaka

langsam geschmortes madras-lammcurry

kräuter-lammhaxe in rotweinsud

2 EL Olivenöl
8 Lammhaxen à 250 g
2 Stangen Lauch, geputzt, in Ringe geschnitten
1 Zwiebel, in Ringe geschnitten
6 Knoblauchzehen
je 6 Zweige Thymian und Oregano
2 EL Mehl
500 ml Rotwein
1 l Rinderbrühe

Den Ofen auf 180 Grad vorheizen. Das Öl in einer großen beschichteten Pfanne stark erhitzen. Darin die Lammschenkel portionsweise 1–2 Minuten von jeder Seite anbraten. Aus der Pfanne nehmen und in eine Auflaufform geben. In der Pfanne Lauch, Zwiebel, Knoblauch, Thymian und Oregano 2–3 Minuten andünsten, dann das Mehl einrühren. Weitere 1–2 Minuten dünsten, dann Wein und Brühe dazugießen und aufkochen. Die Sauce über die Lammschenkel gießen und diese zugedeckt im heißen Ofen 2½ Stunden schmoren; alle 30 Minuten das Fleisch wenden. Dazu Polenta oder Kartoffelpüree reichen. ERGIBT 8 PORTIONEN.

langsam geschmortes madras-lammcurry

1 Portion Madras-Currypaste (siehe Rezept rechts)
70 g Tomatenmark
2 Dosen à 400 g Pizzatomaten
500 ml Hühnerbrühe
2 kg Lammschulter am Stück, mit Knochen
Meersalz und schwarzer Pfeffer aus der Mühle
4 Zweige Currykraut*
150 g Erbsen-Auberginen*
Minze, Koriandergrün und Gurken-Minze-Raita (siehe Rezept rechts) zum Servieren

Den Ofen auf 180 Grad vorheizen. Currypaste, Tomatenmark, Pizzatomaten und Brühe in einem tiefen Backblech oder Bräter gut verrühren. Das Lammfleisch mit der Hautseite nach unten hineinlegen, salzen, pfeffern und das Currykraut dazugeben. Mit Alufolie abgedeckt 2½ Stunden schmoren. Dann die Ofentemperatur auf 200 Grad erhöhen, die Folie entfernen, das Fleisch wenden und weitere 30–40 Minuten schmoren, bis das Fleisch zart und durchgegart ist. Die Erbsen-Auberginen dazugeben und weitere 5–7 Minuten mitgaren, bis sie weich sind. Das Fleisch mit Minze und Koriandergrün garniert servieren, dazu Gurken-Minze-Raita reichen. ERGIBT 4 PORTIONEN.

gurken-minze-raita

280 g dicker Naturjoghurt (griechischer Joghurt)
1 Gurke, fein gerieben, abgetropft
20 g Minzeblätter, grob zerzupft
1 EL Limettensaft

Joghurt, Gurke, Minze und Limettensaft in einer Schüssel mischen. ERGIBT 4 PORTIONEN.

madras-currypaste

1 EL Senfkörner
2 EL Koriandersamen
2 TL Kreuzkümmelsamen
¼ TL schwarze Pfefferkörner
1 EL geräuchertes Paprikapulver*
2 milde rote Chilis*, grob gehackt
3 Knoblauchzehen, grob gehackt
6 cm frischer Ingwer (30 g), geschält, grob gehackt
2 cm frische Gelbwurz (10 g), geschält, grob gehackt
1 EL Malzessig
1 EL Pflanzenöl

Eine kleine Pfanne bei mittlerer Temperatur erhitzen. Darin Senfkörner, Koriander- und Kreuzkümmelsamen sowie Pfefferkörner 2–3 Minuten rösten, bis sie Farbe annehmen und duften; dabei die Pfanne immer wieder schwenken. Die Gewürze im Blitzhacker mahlen. Paprikapulver, Chilis, Knoblauch, Ingwer und Gelbwurz dazugeben und alles zu einer groben Paste verarbeiten. Essig und Öl zufügen und alles zu einer glatten Paste pürieren. ERGIBT 125 ML.

PROBIEREN SIE ES MIT …
Hühnchen
Rindfleisch

FISCH + MEERES-FRÜCHTE

Von einfachem gedämpftem Fisch bis hin zu elegantem Sashimi und raffinierten Fischsuppen – das reiche Angebot des Meeres präsentiert sich in diesem Kapitel in vielfältigen Rezepten. Diese Gerichte sind wirklich »der große Fang«.

tempura-garnelen mit radieschen-ingwer-salat

makrelen-sashimi mit pikantem ponzu-dressing

knuspriger lachs mit chilisalz

tempura-garnelen mit radieschen-ingwer-salat

150 g Maisstärke
75 g Mehl, mehr zum Bestäuben
½ TL Backpulver
430 ml Eiswasser
Pflanzenöl zum Frittieren
1 kg rohe Garnelen, geschält, entdarmt, halbiert
Für den Radieschen-Ingwer-Salat
500 g Radieschen, geputzt, in hauchdünne Scheiben geschnitten
70 g süß-sauer eingelegter Ingwer*
60 ml süß-saurer Ingwersud aus dem Glas
1 EL Mirin*
1 EL Reisweinessig*
¼ TL Sesamöl
Für das Sesamsalz
1 EL Sesamkörner, geröstet, leicht zerstoßen
2 TL Meersalzflocken

Für den Salat Radieschen, eingelegten Ingwer und den Ingwersud, Mirin, Essig und Sesamöl vermengen; beiseitestellen.

Für das Sesamsalz Sesamkörner und Salz vermischen und beiseitestellen.

Maisstärke, Mehl, Backpulver und Eiswasser mit einem Buttermesser locker vermengen; die Mischung soll etwas klumpig sein. etwa 10 Minuten ruhen lassen. Das Öl in einem hohen Topf stark erhitzen. Die Garnelen mit Mehl bestäuben und in den Tempurateig tauchen. Im heißen Öl portionsweise 3 Minuten goldbraun und knusprig frittieren. Auf Küchenpapier abtropfen lassen. Die Garnelen mit Sesamsalz bestreuen und mit dem Radieschen-Ingwer-Salat servieren. ERGIBT 4 PORTIONEN.

makrelen-sashimi mit ponzu-dressing

500 g Makrelenfilet am Stück in Sashimi-Qualität, ohne Haut
einige Stiele Kerbel zum Servieren
Für das Ponzu-Dressing
60 ml Zitronensaft
60 ml Reiswein*
80 ml Mirin*
2 EL Sojasauce
1 EL Chiliöl

Für das Dressing Zitronensaft, Essig, Mirin, Sojasauce und Chiliöl verrühren, beiseitestellen.

Den Fisch im Tiefkühler 30 Minuten anfrieren lassen. Dann mit einem scharfen Messer hauchdünn aufschneiden. Die Scheiben auf einer Platte anrichten, mit dem Dressing beträufeln und mit den Kerbelzweigen garniert servieren. ERGIBT 4 PORTIONEN.

knuspriger lachs mit chilisalz

250 ml Dashi (siehe Rezept unten)
60 ml Mirin*
60 ml Sojasauce
2 Lachsfilets à 200 g, mit Haut, längs halbiert
Pflanzenöl zum Bestreichen
Meersalzflocken
150 g Edamame-Bohnen*, blanchiert
Für das Chilisalz
1 EL Meersalzflocken
1 TL getrocknete Chiliflocken

Dashi-Brühe, Mirin und Sojasauce in einem kleinen Topf bei mittlerer Temperatur 2–3 Minuten aufkochen, beiseitestellen.

Für das Chilisalz das Salz und die Chiliflocken vermischen, beiseitestellen.

Mit einem kleinen spitzen Messer die Lachshaut einritzen, dann mit Öl bestreichen und salzen. Eine große beschichtete Pfanne stark erhitzen und darin den Lachs mit der Hautseite nach unten 3 Minuten anbraten. Wenden und weitere 3 Minuten oder nach Belieben braten. Den Fisch in Schalen verteilen und mit der Dashi-Sauce übergießen. Mit Chilisalz würzen und dazu die Edamame-Bohnen reichen. ERGIBT 4 PORTIONEN.

schnelle dashi-brühe

500 ml Wasser
2 EL Bonito-Flocken*

Das Wasser zum Kochen bringen und die Bonito-Flocken einrühren. Den Topf vom Herd nehmen und den Sud 5 Minuten ziehen lassen, dann abseihen. ERGIBT 500 ML.

SO GELINGT fisch in bierteig

2

3

fischfilet in bierteig mit sauce tartare

150 g Mehl, mehr zum Bestäuben
75 g Maisstärke
1 TL Backpulver
1 TL feiner Zucker
1 TL Meersalzflocken, mehr zum Servieren
330 ml helles Ale (ersatzweise Pils oder Export), kalt gestellt
Pflanzenöl zum Frittieren
8 Seeteufelfilets
Zitronenhälften zum Servieren
Für die Sauce tartare
4 Cornichons, gehackt
2 TL gesalzene Kapern, abgespült, trocken getupft
150 g Mayonnaise
2 Frühlingszwiebeln, fein geschnitten
2 EL Schnittlauch, gehackt
½ Bund glattblättrige Petersilie, gehackt
2 EL Dill, gehackt
2 EL weißer Balsamicoessig
Meersalz und schwarzer Pfeffer aus der Mühle

SCHRITT 1 Für die Sauce tartare Cornichons, Kapern, Mayonnaise, Frühlingszwiebeln, Schnittlauch, Petersilie, Dill, Essig, Salz und Pfeffer verrühren. Beiseitestellen.
SCHRITT 2 Mehl, Stärke, Backpulver, Zucker und Salz in einer großen Schüssel gut vermischen.
SCHRITT 3 Nach und nach das Bier einrühren und alles glatt rühren.
SCHRITT 4 Das Öl in einem großen Topf auf 180 Grad erhitzen. Den Fisch mit Mehl bestäuben und in den Bierteig tauchen; überschüssigen Teig abtropfen lassen. Dann unter gelegentlichem Wenden portionsweise 2 Minuten im heißen Öl goldbraun frittieren. Auf Küchenpapier abtropfen lassen und mit Salz würzen. Mit Sauce tartare und Zitronenspalten servieren. ERGIBT 4 PORTIONEN.

REZEPT-NOTIZ
Verarbeiten Sie für den Teig kaltes Bier – umso knuspriger wird die Teighülle beim Frittieren.

fischfilet in bierteig mit sauce tartare

teriyaki-thunfisch

60 ml Sojasauce
60 ml Mirin*
1 EL feiner Zucker
400 g Thunfisch in Sashimi-Qualität*
Pflanzenöl zum Frittieren
1 mittelgroße Aubergine, in dünne Scheiben geschnitten
200 g Reismehl
junges Koriandergrün
5 kleine Nori-Seegras-Blätter*, fein geschnitten
1 TL Meersalzflocken
1 TL getrocknete Chiliflocken

Sojasauce, Mirin und Zucker verrühren. Den Thunfisch unterheben und 10 Minuten in der Marinade durchziehen lassen.

Eine Pfanne stark erhitzen und darin den Thunfisch 30 Sekunden von jeder Seite anbraten; die Marinade aufbewahren. Den Fisch aus der Pfanne nehmen, aufschneiden und beiseitestellen. Die aufbewahrte Marinade in der Pfanne 1 Minute erhitzen, beiseitestellen.

Das Öl in einem großen hohen Topf stark erhitzen. Die Auberginenscheiben mit Mehl bestäuben und im heißen Öl portionsweise goldbraun frittieren. Auf Küchenpapier abtropfen lassen. Dann mit Koriandergrün garnieren. Seegras, Salz und Chiliflocken vermischen und neben dem Thunfisch anrichten; dazu die frittierten Auberginen-Chips und die Marinade reichen. ERGIBT 4 PORTIONEN.

mit roter bete und wodka gebeizte makrele

2 EL schwarze Pfefferkörner, leicht zerstoßen
2 Bund glattblättrige Petersilie, gehackt
600 g Steinsalz (siehe Tipp)
220 g Zucker
1 große Knolle Rote Bete, geschält, gerieben
60 ml Wodka
1,2 kg Makrelenfilet mit Haut, entgrätet, in drei gleich große Stücke zerteilt
250 g Crème fraîche*
1 EL geriebener Meerrettich*
80 g Brunnenkresse
geröstetes Roggenbrot und schwarzer Pfeffer aus der Mühle zum Servieren
Olivenöl zum Beträufeln

Pfefferkörner, Petersilie, Salz, Zucker, Rote Bete und Wodka vermengen. Zwei große Stücke Frischhaltefolie übereinander auf einer sauberen Arbeitsfläche auslegen und darauf die Hälfte der Salzmischung verteilen. Die Makrelenfilets mit der Hautseite nach unten darauflegen und mit der restlichen Salzmischung bedecken. Dann den Fisch in die Folie einschlagen, auf ein tiefes Blech legen, ein kleineres Blech daraufsetzen und dieses mit einigen gewichtigen Gegenständen beschweren. 36 Stunden kalt stellen; alle 12 Stunden wenden.

Den Fisch aus der Folie nehmen und das Salz abwischen. Mit einem scharfen Messer den Fisch dünn aufschneiden, beiseitestellen. Crème fraîche und Meerrettich verrühren. Die Makrelenscheiben mit Olivenöl beträufeln und mit Brunnenkresse, Roggenbrot, Meerrettichsahne und Pfeffer bestreut servieren. ERGIBT 12–14 PORTIONEN.
Tipp: Beim Beizen kommt es auf das richtige Salz an. Anstelle eines feineren Salzes verwendet man am besten Steinsalz; die groben Körner beizen den Fisch, ohne ihn zu salzig werden zu lassen.

DIE RESTE VERARBEITEN SIE …
mit frischer Pasta
in Kartoffelsalat mit Kapern
auf einem Käsebrötchen

teriyaki-thunfisch

mit roter bete und wodka gebeizte makrele

gebeizte zitrus-minz-makrele mit eingelegten radieschen

mit ingwer, zitronengras und chili gebeizte forelle

gebeizte zitrus-minz-makrele mit eingelegten radieschen

800 g Steinsalz (siehe Anmerkung Seite 200)
380 g Zucker
125 ml Orangensaft
1 kg Makrelenfilet, mit Haut, entgrätet
1 Bund Minze, gehackt
je 1 Zitrone und 1 Orange, ungeschält in Scheiben geschnitten
2 Orangen, geschält, in dünne Scheiben geschnitten
Minze- und Korianderblätter zum Servieren
Für die eingelegten Radieschen
60 ml heller Essig
60 ml Zitronensaft
2 EL feiner Zucker
500 g Radieschen, geputzt, in feine Scheiben geschnitten

Salz, Zucker und Orangensaft verrühren. Zwei große Stücke Frischhaltefolie übereinander auf einer sauberen Arbeitsfläche auslegen und darauf die Hälfte der Salzmischung verteilen. Die Makrelenfilets mit der Hautseite nach unten darauflegen, mit der gehackten Minze bestreuen und mit den Zitronen- und Orangenscheiben bedecken; dann die restliche Salzmischung darübergeben. Den Fisch vollständig in Folie einpacken, auf ein tiefes Blech legen, ein kleineres Blech daraufsetzen und dieses mit schweren Gegenständen beschweren. 48 Stunden kalt stellen; alle 12 Stunden wenden. Dann den Fisch aus der Folie nehmen und das Salz abwischen. Die Zitrusscheiben wegwerfen. Mit einem scharfen Messer den Fisch dünn aufschneiden, beiseitestellen.

Für die eigelegten Radieschen Essig, Zitronensaft und Zucker verrühren, bis sich der Zucker aufgelöst hat. Radieschen unterheben und 5 Minuten durchziehen lassen. Den Fisch mit den zusätzlichen Orangenscheiben belegen und mit dem Radieschensalat sowie den abgezupften Minze- und Korianderblättern garniert servieren. ERGIBT 12–14 PORTIONEN.

DIE RESTE VERARBEITEN SIE …
mit gedämpftem Reis und Brokkolini in Fenchelsalat

mit ingwer, zitronengras und chili gebeizte forelle

1 kg Steinsalz (siehe Anmerkung Seite 200)
550 g Zucker
60 ml weißer Rum
2 milde rote Chilis*, fein geschnitten
3 Stängel Zitronengras*, geputzt, fein geschnitten
1,4 kg Forellenfilets, mit Haut, geputzt, entgrätet
2 cm Ingwer (10 g), geschält, fein gerieben
Für den Papaya-Zitronengras-Salat
1 Stängel Zitronengras*, geputzt, grob gehackt
125 ml Zitronensaft
1 EL feiner Zucker
1 EL Fischsauce*
200 g grüne Papaya*, geschält, fein geschnitten
1 Minigurke, geschält, entkernt, in feine Scheiben geschnitten
50 g frisch gehobeltes Kokosnussfleisch, nach Belieben
1–2 Bund Minze

Salz, Zucker, Rum, Chili und Zitronengras vermengen. Zwei große Stücke Frischhaltefolie übereinander auf einer sauberen Arbeitsfläche auslegen und darauf die Hälfte der Salzmischung verteilen. Die Forellenfilets mit der Hautseite nach unten darauflegen, mit dem geriebenen Ingwer würzen und mit der restlichen Salzmischung bedecken. Den Fisch in die Folie einschlagen, auf ein tiefes Blech legen, ein kleineres Blech daraufsetzen und dieses mit Gewichten beschweren. 36 Stunden kalt stellen; alle 12 Stunden wenden. Den Fisch aus der Folie nehmen und das Salz abwischen. Mit einem scharfen Messer den Fisch dünn aufschneiden.

Für den Papayasalat Zitronengras und Zitronensaft im Blitzhacker 30 Sekunden fein hacken. Die Mischung durch ein Haarsieb streichen und das Fleisch des Zitronengrases entfernen, Zucker und Fischsauce in den Saft rühren, bis sich der Zucker aufgelöst hat. Papaya, Gurke, Kokosnuss und Minzeblätter unter das Dressing ziehen. Den Salat mit dem Fisch reichen. ERGIBT 12–14 PORTIONEN.

DIE RESTE VERARBEITEN SIE …
mit Avocado auf Roggenbrot-Sandwiches
unter Asia-Nudeln gehoben mit Asia-Kräutern und Sojasauce

SO GELINGEN sushi

1 2
3 4

4 Nori-Seegras-Blätter*
700 g Sushi-Reis*, nach Grundrezept gekocht
300 g Lachsfilet am Stück ohne Haut, in Streifen geschnitten
1 Minigurke, grob gehackt
1 Avocado, geschält, in schmale Spalten geschnitten
eingelegter Ingwer*, Wasabi* und Sojasauce zum Servieren
Für das Grundrezept Sushi-Reis
300 g Sushi-Reis*
750 ml Wasser
80 ml Reisweinessig
3 EL feiner Zucker
3 TL Meersalzflocken

SCHRITT 1 Für das Sushi-Reis-Grundrezept den Reis in einem Sieb unter fließendem Wasser kalt abspülen, bis das Wasser klar abläuft. Den Reis und das Wasser in einem Topf bei starker Hitze zum Kochen bringen und ohne Deckel 5 Minuten kochen lassen. Dann zugedeckt bei schwacher Hitze weitere 10 Minuten kochen, vom Herd nehmen und 5 Minuten stehen lassen.
SCHRITT 2 Essig, Zucker und Salz verrühren, bis Zucker und Salz aufgelöst sind. Den gekochten Reis auf dem Boden einer nicht-metallischen Form verteilen, mit der Essigmischung beträufeln. Den Reis mit einem Spatel vorsichtig wenden, bis er so weit abgekühlt ist, dass man ihn anfassen kann. ERGIBT 900 G.

FÜR CALIFORNIA ROLLS (REIS AUSSEN)
SCHRITT 3 Eine Bambus-Sushi-Matte in Frischhaltefolie wickeln, damit der Reis nicht daran festklebt. Mit leicht angefeuchteten Fingern 125 g gekochten Sushi-Reis gleichmäßig auf der Matte verteilen. Ein Nori-Blatt darauflegen und kräftig festdrücken.
SCHRITT 4 Weitere 65 g Sushi-Reis in die Mitte des Nori-Blattes geben, darauf zwei Lachsstreifen, etwas gehackte Gurke und zwei Avocadospalten legen. Mithilfe der Sushi-Matte von unten satt aufrollen. Nach dieser Anleitung zwei weitere Rollen zubereiten. Mit einem scharfen Messer jede Rolle in sechs Scheiben schneiden; nach jedem Schnitt die Klinge mit einem feuchten Tuch abwischen.

FÜR NORMALE MAKI SUSHI
SCHRITT 3 Ein Nori-Blatt mit der glänzenden Seite nach unten auf eine Bambus-Sushi-Matte legen und 165 g gekochten Sushi-Reis mit leicht angefeuchteten Fingern gleichmäßig darauf verteilen; dabei am oberen Ende des Nori-Blattes einen 5 cm breiten Rand frei lassen.
SCHRITT 4 Zwei Lachsstreifen, etwas gehackte Gurke und zwei Avocadospalten daraufgeben. Mithilfe der Sushi-Matte von unten aufrollen. Nach dieser Anleitung zwei weitere Rollen zubereiten. Mit einem scharfen Messer jede Rolle in sechs Scheiben schneiden; nach jedem Schnitt die Klinge mit einem feuchten Tuch abwischen. ERGIBT 24 STÜCK.

lachs-avocado-gurken-sushi auf zwei arten

gestürzte sushi

300 g Thunfisch in Sashimi-Qualität*, in dünne Scheiben geschnitten
1 Portion gekochter Sushi-Reis (siehe Grundrezept Seite 206)
Wasabi*, Sojasauce und eingelegter Ingwer* zum Servieren

Eine Backform (ca. 9×20 cm) mit Frischhaltefolie auskleiden. Den Boden mit Thunfischscheiben belegen. Darauf den Reis verteilen und kräftig festdrücken. Die Enden der Frischhaltefolie darüberklappen. Ein festes, passend zugeschnittenes Stück Pappe darauflegen, eine weitere Backform daraufsetzen und diese gut beschweren (etwa mit Konservendosen). 1 Stunde im Kühlschrank kalt stellen. Vor dem Servieren stürzen, die Folie entfernen und in rechteckige Stücke aufschneiden. Dazu Wasabi, Sojasauce und eingelegten Ingwer reichen. ERGIBT 18 STÜCK.

garnelen-avocado-sushi

4 Nori-Seegras-Blätter*
660 g gekochter Sushi-Reis (siehe Grundrezept Seite 206)
8 gegarte Garnelen, geschält, halbiert, entdarmt
1 Avocado, geschält, in schmale Spalten geschnitten
Wasabi* und Sojasauce zum Servieren

Ein Nori-Blatt mit der glänzenden Seite nach unten auf eine Bambus-Sushi-Matte legen und ein Viertel des Reises mit leicht angefeuchteten Fingern gleichmäßig darauf verteilen; dabei am oberen Ende des Nori-Blattes einen 5 cm breiten Rand frei lassen. Vier Garnelenhälften und zwei Avocadospalten in die Mitte des Reises legen. Das Ganze mithilfe der Sushi-Matte von unten aufrollen. Mit den restlichen Zutaten ebenso verfahren und drei weitere Sushi-Rollen zubereiten.

Mit einem scharfen Messer jede Sushi-Rolle in sechs Scheiben schneiden; nach jedem Schnitt die Klinge mit einem feuchten Tuch abwischen. Dazu Wasabi und Sojasauce reichen. ERGIBT 24 STÜCK.

karotten-gurken-sushi

4 Nori-Seegras-Blätter*
660 g gekochter Sushi-Reis (siehe Grundrezept Seite 206)
1 Karotte, geschält, grob geraspelt
1 Minigurke, grob gehackt
50 g eingelegter Ingwer*
Sojasauce zum Servieren

Ein Nori-Blatt mit der glänzenden Seite nach unten auf eine Bambus-Sushi-Matte legen und ein Viertel des Reises (165 g) mit leicht angefeuchteten Fingern gleichmäßig darauf verteilen; dabei am oberen Ende des Nori-Blattes einen 5 cm breiten Rand frei lassen. Etwas Karotte, Gurke und eingelegten Ingwer in die Mitte des Reises legen. Das Ganze mithilfe der Sushi-Matte von unten aufrollen. Mit den restlichen Zutaten ebenso verfahren und drei weitere Sushi-Rollen zubereiten. Mit einem scharfen Messer jede Rolle in sechs Scheiben schneiden; nach jedem Schnitt die Klinge mit einem feuchten Tuch abwischen. Dazu Sojasauce reichen. ERGIBT 24 STÜCK.

california rolls mit thunfisch und wasabi-mayonnaise

4 Nori-Seegras-Blätter*
660 g gekochter Sushi-Reis (siehe Grundrezept Seite 206)
350 g frisches Thunfischfilet, in Streifen geschnitten
Für die Wasabi-Mayonnaise
100 g japanische Mayonnaise
2 TL Wasabi*

Für die Wasabi-Mayonnaise Mayonnaise und Wasabi verrühren, beiseitestellen.

Eine Bambus-Sushi-Matte in Frischhaltefolie wickeln. Ein Nori-Blatt mit der glänzenden Seite nach oben auf die Matte legen und darauf mit leicht angefeuchteten Fingern 125 g gekochten Sushi-Reis gleichmäßig verteilen, sodass das Nori-Blatt ganz bedeckt ist. Das Nori-Blatt samt Reis wenden, sodass der Reis nun unten liegt. Weitere 65 g Sushi-Reis in die Mitte des Nori-Blattes geben und darauf zwei Lachsstreifen legen. Dann mithilfe der Sushi-Matte von unten aufrollen. Auf diese Art drei weitere Rollen zubereiten. Mit einem scharfen Messer jede Rolle in sechs Scheiben schneiden; nach jedem Schnitt die Klinge mit einem feuchten Tuch abwischen. Mit der Wasabi-Mayonnaise servieren. ERGIBT 24 STÜCK.

ganzer schnapper mit zitronengras und grünem mangosalat

hummer mit zitrone, knoblauch und petersilie

hecht mit kapern-mayonnaise und zitronensalz

ganzer schnapper mit zitronengras und grünem mangosalat

2 Stängel Zitronengras*, leicht zerstoßen
1 ganzer Schnapper (700 g), Haut auf beiden Seiten schräg eingeritzt
Olivenöl zum Beträufeln
Meersalz und schwarzer Pfeffer aus der Mühle
1 milde rote Chili*, fein geschnitten
100 g Bohnensprossen
100 g grüne Mango*, fein geschnitten
30 g Minzeblätter
3 Frühlingszwiebeln, fein geschnitten
Limettenspalten zum Servieren
Für das Palmzucker-Dressing
50 g dunkler Palmzucker*, fein gerieben
1 EL Fischsauce*
1 EL Limettensaft
6 Kaffirlimettenblätter*, fein geschnitten
1 kleine rote Chili, gehackt

Den Ofen auf 200 Grad vorheizen. Aus Backpapier zwei Rechtecke (30×40 cm) zuschneiden und diese übereinander auf ein Backblech legen. Drei Ecken einklappen, sodass ein Umschlag entsteht; die vierte Seite offen lassen. Das Zitronengras und den Fisch in den Umschlag schieben, mit etwas Öl beträufeln, salzen und pfeffern. Die vierte Ecke des Papiers umklappen, den Umschlag verschließen. Im Ofen 30–35 Minuten backen, bis der Fisch durchgegart ist.

Chili, Bohnensprossen, Mango, Minze und Frühlingszwiebeln vermischen. Für das Dressing den Palmzucker, die Fischsauce, den Limettensaft, die Limettenblätter und die Chili verrühren. Vorsichtig die Päckchen öffnen und den Dampf entweichen lassen. Dann den Mangosalat auf dem Fisch verteilen und mit dem Dressing beträufelt servieren. Dazu die Limettenspalten reichen. ERGIBT 2 PORTIONEN.

hummer mit zitrone, knoblauch und petersilie

250 g weiche Butter
3 Knoblauchzehen, gepresst
1½ EL fein abgeriebene Zitronenschale
1 Bund glattblättrige Petersilie, gehackt
Meersalz und schwarzer Pfeffer aus der Mühle
4 rohe Hummer à 600 g, halbiert, gesäubert

Butter, Knoblauch, Zitronenschale, Petersilie, Salz und Pfeffer verrühren. Die Hummer umgedreht auf ein Backblech setzen und das Fleisch mit der Hälfte der Buttermischung bestreichen. Unter dem vorgeheizten Backofengrill 10 Minuten garen, bis die Schalen sich orange färben und das Fleisch durchgegart ist. Dazu die restliche Butter reichen. ERGIBT 8 PORTIONEN.

hecht mit kapern-mayonnaise und zitronensalz

150 g Mehl, gesiebt
½ TL Backpulver
150 g Maisstärke
Meersalzflocken
430 ml Eiswasser
Pflanzenöl zum Frittieren
16 kleine Hornhechte, gesäubert, Kopf und Gräten entfernt
Zitronenspalten zum Servieren
Für die Kapern-Mayonnaise
300 g Mayonnaise
2 EL Zitronensaft
2 EL gesalzene Kapern, abgespült, abgetropft, gehackt
1 EL gehackter Dill
5 Gewürzgurken, gehackt
Für das Zitronensalz
2 EL Meersalzflocken
2 EL fein abgeriebene Zitronenschale

Für das Zitronensalz Salz und Zitronenschale vermischen und beiseitestellen.

Für die Kapern-Mayonnaise Mayonnaise, Zitronensaft, Kapern, Dill und Gewürzgurken vermengen, beiseitestellen.

Mehl, Backpulver, Stärke und Salz vermischen, in der Mitte eine Mulde formen, das Wasser hineingeben und dann alles mit einem Buttermesser zu einem klumpigen Teig verarbeiten. Das Öl in einem großen tiefen Topf stark erhitzen. Den Fisch in den Teig tauchen und portionsweise 4–5 Minuten im heißen Öl knusprig und goldbraun frittieren. Auf Küchenpapier abtropfen lassen. Dazu die Kapern-Mayonnaise, das Zitronensalz und die Zitronenspalten reichen. ERGIBT 8 PORTIONEN.

Tipp: Bitten Sie Ihren Fischhändler, den Fisch auszunehmen und küchenfertig vorzubereiten.

knoblauch-estragon-garnelen

zitronengras-fischspieße mit chili-dressing

knoblauch-estragon-garnelen

1 Knolle Knoblauch, ungeschält
1 EL Olivenöl
60 g weiche Butter
1 Bund Estragon, gehackt
1 TL getrocknete Chiliflocken
Meersalz und schwarzer Pfeffer aus der Mühle
12 rohe Garnelen, mit Schwänzen, zur Hälfte aufgeschnitten und schmetterlingsartig aufgeklappt

Den Ofen auf 180 Grad vorheizen. Die Knoblauchknolle auf einem Backblech mit Olivenöl beträufeln und im heißen Ofen 30 Minuten schmoren. Herausnehmen und die Ofentemperatur auf 220 Grad erhöhen. Den Knoblauch aus den Häuten drücken und zerdrücken. Butter, Estragon, Chiliflocken, Salz und Pfeffer einrühren und alles gut vermengen. Die Garnelen auf ein Backblech legen, die Knoblauchbutter daraufsetzen und im heißen Ofen 6–8 Minuten garen. ERGIBT 4 PORTIONEN.

zitronengras-fischspieße mit chili-dressing

400 g festfleischige Fischfilets ohne Haut, geputzt, zerkleinert
3 cm frischer Ingwer (15 g), geschält, gehackt
1 Knoblauchzehe, gepresst
3 Korianderwurzeln, gehackt
3 Kaffirlimettenblätter*, grob gehackt
2 EL süße Chilisauce
1 TL Fischsauce*
1 Eiweiß
Meersalz und schwarzer Pfeffer aus der Mühle
2 Stängel Zitronengras*, längs halbiert, in 12 Stücke zerkleinert
2 EL Pflanzenöl
Für das Chili-Dressing
220 g feiner Zucker
160 ml weißer Essig
6 Kaffirlimettenblätter*
6 milde rote Chilis, fein geschnitten

Für das Chili-Dressing Zucker, Essig, Limettenblätter und Chilis in einem kleinen Topf stark erhitzen und aufkochen. Dann bei schwacher Hitze weitere 4–5 Minuten leicht einkochen lassen und beiseitestellen.

Den Ofen auf 200 Grad vorheizen. Fisch, Ingwer, Knoblauch, Koriander, Limettenblätter, Chilisauce, Fischsauce, Eiweiß, Salz und Pfeffer in der Küchenmaschine glatt pürieren. Esslöffelgroße Portionen der Fischmasse zu Kugeln rollen und auf die Zitronengrasspieße stecken. Das Öl in einer großen beschichteten Pfanne bei mittlerer Temperatur erhitzen und die Spieße portionsweise 3–4 Minuten braun anbraten. Dann die Spieße auf ein mit Backpapier belegtes Blech setzen und im heißen Ofen 5–6 Minuten fertig garen. Mit dem Chili-Dressing servieren. ERGIBT 12 STÜCK.

fisch-tacos mit coleslaw

2 EL Olivenöl
1 TL Chiliflocken
Meersalzflocken
4 Schnapper-Filets, à 140 g, mit Haut (siehe Tipp)
1 Portion Mais- oder Weizen-Tortillas (siehe Seite 280)
Limettenspalten zum Servieren
Für den Coleslaw
75 g Mayonnaise
2 EL Zitronensaft
80 g fein geschnittener Weißkohl

Für den Coleslaw Mayonnaise und Limettensaft gut verrühren, dann den Weißkohl unterheben und beiseitestellen. Öl, Chiliflocken und Salz verrühren und damit die Fischfilets bestreichen. Eine große beschichtete Pfanne stark erhitzen. Darin den Fisch mit der Hautseite nach unten 3 Minuten braten; wenden und weitere 3 Minuten gar braten. Den Fisch in den Tortillas zusammen mit dem Coleslaw, eingelegten Gurken, Salsa cruda, gegrillten Chilis, Guacamole (siehe Rezepte unten) und Limettenspalten servieren. ERGIBT 8 PORTIONEN.
Tipp: Wenn Sie keinen Schnapper bekommen, können Sie andere feste, weißfleischige Fischfilets (zum Beispiel Seelachs oder Kabeljau) verarbeiten.

SAUCEN + WÜRZPASTEN
eingelegte gurken: 2 fein geschnittene rote Zwiebeln, 2 EL Weißweinessig, 1 EL Olivenöl und Meersalzflocken in einer nicht-metallischen Schüssel unterheben.10 Minuten stehen lassen, bis die Zwiebeln beginnen weich zu werden. ERGIBT 500 ML.
salsa cruda: 250 g halbierte Kirschtomaten, 250 g halbierte gelbe Birnentomaten, 1 gehackte Frühlingszwiebel, 2 EL Limettensaft, 2 EL Olivenöl, 2 gepresste Knoblauchzehen, 1 gehackte grüne Chili und Meersalzflocken vermengen. ERGIBT 8 PORTIONEN.
gegrillte chilis: 8 ganze Jalapeños* mit 2 TL Pflanzenöl vermengen. Ein Grillpfanne stark erhitzen oder den Grill anheizen. Die Chilis mit Meersalz würzen und 3–4 Minuten von jeder Seite garen, bis die Haut beginnt, Blasen zu werfen. ERGIBT 8 STÜCK.
guacamole: 2 gehackte Avocados, 1 milde rote Chili*, entkernt und fein gehackt, 2 EL Limettensaft, ½ Bund gehackter Koriander, Meersalz und schwarzer Pfeffer aus der Mühle vermengen. ERGIBT 500 ML.

fisch-tacos mit coleslaw

garnelen-spinat-dumplings

knusprige krabben-ingwer-dumplings

garnelen-spinat-dumplings

1 EL Sesamöl
2 Knoblauchzehen, gepresst
2 EL helle Sesamkörner
1 milde rote Chili*, gehackt
150 g gehackter Wasserspinat*
12 rohe Garnelen, geschält, entdarmt, gehackt
Für den Dumplingteig
185 g Kartoffelmehl (Stärke)*, mehr zum Bestäuben
35 g Tapiokamehl*
¼ TL Salz
250 ml kochendes Wasser
1 TL Pflanzenöl

Das Sesamöl in einer großen Pfanne bei mittlerer Temperatur erhitzen und darin Knoblauch, Sesamkörner und Chili 1 Minute goldbraun andünsten. Den Spinat dazugeben und 1 weitere Minute mitdünsten, dann vollständig auskühlen lassen. Die Garnelen unter die Spinatmischung heben, beiseitestellen.

Für den Dumplingteig Kartoffel- und Tapiokamehl in eine Schüssel sieben. Mit einem Holzlöffel Salz, kochendes Wasser und Öl einrühren. Dann den noch warmen Teig auf einer sauberen, dünn mit Kartoffelmehl bestäubten Fläche 3–4 Minuten durchkneten (ist der Teig zu klebrig, noch etwas Kartoffelmehl hinzufügen). Den Teig in 24 gleich große Portionen teilen und mit Frischhaltefolie bedecken. Jede Portion zu einem Kreis von 8 cm Durchmesser ausrollen. In die Mitte jedes Kreises 1½ TL der Spinat-Garnelen-Mischung setzen, die Teigränder mit Wasser bestreichen, den Teig umklappen und die Kanten fest zusammendrücken. Die Dumplings in einem mit Backpapier ausgelegten Dämpfer über einem mit kochendem Wasser gefüllten Wok oder einer großen Pfanne 15–20 Minuten garen, bis der Teig durchsichtig ist. ERGIBT 24 STÜCK.

knusprige krabben-ingwer-dumplings

500 g ausgelöstes, gegartes Krebsfleisch, abgetropft
60 ml Austernsauce
2 EL Schnittlauchröllchen
2 cm frischer Ingwer (10 g), geschält, fein gerieben
½ TL gemahlener weißer Pfeffer
24 Wontonblätter*
Pflanzenöl zum Frittieren
Sojasauce und scharfe Chilisauce zum Servieren

Krebsfleisch, Austernsauce, Schnittlauch, Ingwer und weißen Pfeffe vermengen. Die Wontonblätter auf einer sauberen, dünn mit Reismehl bestäubten Arbeitsfläche auslegen und die Teigkanten mit Wasser bestreichen. In die Mitte jedes Teigblattes 1½ TL der Krebsfleischmischung setzen und die Ecken des Teigs leicht überlappend in die Mitte klappen, sodass ein verschlossener Umschlag entsteht. Das Öl in einem Topf auf 180 Grad erhitzen (mit einem Frittierthermometer prüfen). Darin die Dumplings portionsweise 2–3 Minuten goldbraun frittieren. Auf Küchenpapier abtropfen lassen und mit Sojasauce und scharfer Chilisauce servieren. ERGIBT 24 STÜCK.
Hinweis: Ausgelöstes Krebsfleisch (»Crab meat«) ist in Dosen erhältlich.

knusperfisch mit blumenkohlpüree und oreganobutter

1 kg Blumenkohl, zerkleinert
250 ml Rahm*
750 ml Hühnerbrühe
20 g Butter, gewürfelt
Meersalzflocken
4 feste weißfleischige Fischfilets mit Haut
Olivenöl zum Bestreichen
80 g Butter, zusätzlich
½ Bund Oregano
1 Knoblauchzehe, gepresst
1 EL weißer Balsamicoessig

Blumenkohl, Rahm und Brühe in einem Topf bei starker Hitze zum Kochen bringen. Dann bei schwacher Temperatur zugedeckt 20 Minuten kochen, bis der Blumenkohl gar ist. Abgießen, dabei 2 EL des Suds aufbewahren. Den Blumenkohl zusammen mit den 2 EL Sud, 20 g Butter und etwas Salz in der Küchenmaschine pürieren. Warm halten.
Eine beschichtete Pfanne stark erhitzen. Die Fischfilets mit Öl bestreichen und mit der Hautseite nach unten 4–5 Minuten goldbraun und knusprig braten. Wenden und weitere 3–4 Minuten gar braten. Aus der Pfanne nehmen und warm halten. Die 80 g Butter mit den Oreganoblättchen in der Pfanne 1 Minute anbräunen, vom Herd nehmen und den Knoblauch sowie den Essig einrühren. Das Püree auf Teller verteilen, den Fisch darauf anrichten und mit der Oreganobutter beträufelt servieren. ERGIBT 4 PORTIONEN.

knusperfisch mit blumenkohlpüree und oreganobutter

fischküchlein mit knoblauch-kapern-mayonnaise

fischküchlein mit knoblauch-kapern-mayonnaise

500 g Frühkartoffeln
500 g festes weißfleischiges Fischfilet, ohne Haut, zerkleinert
70 g frische Semmelbrösel
2 Eier
1 EL fein abgeriebene Zitronenschale
1 EL fertig gekaufte Meerrettichsahne*
1 Bund glattblättrige Petersilie, gehackt
Meersalz und schwarzer Pfeffer aus der Mühle
40 g Butter
200 g frische Semmelbrösel zum Panieren
Gewürzgurken und Zitronenspalten zum Servieren
Für die Knoblauch-Kapern-Mayonnaise
300 g Mayonnaise
1 EL Zitronensaft
1 Knoblauchzehe, gepresst
2 EL gesalzene Kapern, abgespült, abgetropft, gehackt

Die Kartoffeln in einem mit kaltem Salzwasser gefüllten Topf zum Kochen bringen und 15 Minuten garen. Abgießen, schälen, zurück in den Topf geben und grob zerdrücken. Dann abkühlen lassen.

Während die Kartoffeln garen, die Knoblauch-Kapern-Mayonnaise zubereiten. Dazu Mayonnaise, Zitronensaft, Knoblauch und Kapern verrühren, beiseitestellen.

Den Fisch zusammen mit Semmelbröseln, Ei, Zitronenschale, Meerrettich, Petersilie, Salz und Pfeffer unter die zerdrückten Kartoffeln mischen.

Die Butter in einer beschichteten Pfanne bei mittlerer Temperatur erhitzen. Aus der Fisch-Kartoffel-Masse 4 Bratlinge formen und diese in den Semmelbröseln wenden. Portionsweise von jeder Seite 3–4 Minuten goldbraun braten. Dazu die Mayonnaise, Gewürzgurken und Zitronenspalten reichen. ERGIBT 4 PORTIONEN.

PROBIEREN SIE ES MIT …
Kabeljau
Schnapper
Meeräsche

meeresfrüchte-eintopf mit knoblauch und estragon

chorizo-garnelen-spieße mit piri piri

meeresfrüchte-eintopf mit knoblauch und estragon

250 g Ghee* (geklärtes Butterschmalz)
4 rohe Scampi, schmetterlingsartig aufgeschnitten, ungeschält (siehe Tipps)
8 rohe Riesengarnelen, ohne Köpfe, mit Schwänzen
500 g Venusmuscheln
6 Knoblauchzehen, gepresst
4 Stängel Estragon
2 Frühlingszwiebeln, fein geschnitten
Meersalz und schwarzer Pfeffer aus der Mühle
Für die Kräutertoasts
40 g weiche Butter
1 EL fein gehackte glattblättrige Petersilie
1 EL fein gehackte Estragonblätter
6 Scheiben Baguette

Den Ofen auf 180 Grad vorheizen. Für die Kräutertoasts Butter, Petersilie und Estragon verrühren. Die Baguettescheiben mit der Mischung bestreichen, auf ein Backblech setzen und im heißen Ofen 10–15 Minuten goldbraun knusprig rösten. Beiseitestellen.

Das Ghee in einem Schmortopf so stark erhitzen, dass Bläschen aufsteigen. Scampi, Garnelen, Muscheln und Knoblauch in den Topf geben und diesen mit einem Deckel verschließen. 2–4 Minuten schmoren, bis die Meeresfrüchte gar sind. Dann Estragon, Frühlingszwiebeln, Salz und Pfeffer einrühren. Dazu die Kräutertoasts reichen. ERGIBT 2 PORTIONEN.

Tipps: Für den Schmetterlingsschnitt die Garnelen mit der Bauchseite nach oben auf ein Küchenbrett legen. Mit einer Küchenschere auf beiden Seiten der Schale einschneiden; dann mit einem spitzen Messer den Schnitt bis hoch zum Kopf fortsetzen. So löst sich das Fleisch nach dem Garen leichter aus den Schalen.

Das flüssige Ghee, das sich unten im Topf sammelt, hat alle Kräuter- und Knoblaucharomen aufgenommen; tunken Sie das Baguette und die Meeresfrüchte hinein.

pikantes fisch-curry

1 EL Erdnussöl
800 g Lachsfilet ohne Haut, zerkleinert
Meersalzflocken
1 Portion rote Chili-Currypaste (siehe Rezept unten)
1 Dose à 400 g Pizzatomaten
250 ml fertig gekauftes Kokoswasser*
2 EL Fischsauce*
2 EL Limettensaft
Koriandergrün und vietnamesische Minze, fertig gekaufte frittierte Schalotten* zum Servieren

Das Öl in einer großen beschichteten Pfanne stark erhitzen. Den Lachs salzen und von jeder Seite 1–2 Minuten goldbraun anbraten. Herausnehmen und beiseitestellen. Die Currypaste hinzufügen und unter Rühren 2–3 Minuten andünsten. Dann die Tomaten, das Kokoswasser und die Fischsauce dazugeben und zum Kochen bringen. Die Temperatur auf eine mittlere Stufe reduzieren und den Sud 5–7 Minuten leicht einkochen lassen. Den Lachs zurück in die Pfanne geben und 1–2 Minuten oder nach Belieben garen. Dann den Limettensaft einrühren. Den Lachs mit Koriandergrün und Minze garnieren; dazu die frittierten Schalotten reichen. ERGIBT 4 PORTIONEN.

rote chili-currypaste

3 milde rote Chilis*, grob gehackt
1 TL Garnelenpaste*
6 cm frischer Ingwer, geschält, grob gehackt
2 Schalotten*, grob gehackt
4 Knoblauchzehen, grob gehackt
50 g fein gehackter dunkler Palmzucker*
4 Kaffirlimettenblätter*, grob gehackt
1 EL Erdnussöl

Chilis, Garnelenpaste, Ingwer, Schalotten, Knoblauch, Zucker, Limettenblätter und Öl in Blitzhacker pürieren. ERGIBT 250 ML.

pikantes fisch-curry

garnelen in grünem masala-curry

chorizo-garnelen-spieße mit piri piri

16 rohe Riesengarnelen, geschält, mit Schwänzen
16 Scheiben frische Chorizo
Olivenöl zum Bestreichen
gegrillte Zitronenhälften zum Servieren
Für die Piri-Piri-Sauce
1 Knoblauchzehe, gepresst
2 milde rote Chilis*, entkernt, gehackt
60 ml Zitronensaft
60 ml Olivenöl
¼ TL Cayennepfeffer
1 TL geräuchertes Paprikapulver*
2 TL feiner Zucker
Meersalz und schwarzer Pfeffer aus der Mühle

Für die Piri-Piri-Sauce Knoblauch, Chilis, Zitronensaft, Öl, Cayennepfeffer, Paprikapulver, Zucker, Salz und Pfeffer im Blitzhacker zu einer groben Paste verarbeiten. Die Paste in zwei Portionen teilen; eine beiseitestellen.

Eine Grillpfanne stark erhitzen oder den Grill anheizen. Jede Garnele um eine Wurstscheibe legen und jeweils zwei Garnelen auf einen Spieß stecken. Die Spieße mit der Hälfte der Piri-Piri-Sauce sowie Öl bestreichen, salzen und pfeffern. Dann die Spieße von jeder Seite 3 Minuten braten oder grillen. Mit der restlichen Piri-Piri-Sauce und den gegrillten Zitronenhälften servieren. ERGIBT 8 PORTIONEN.

garnelen in grünem masala-curry

2 EL Pflanzenöl
24 Riesengarnelen, geschält, mit Schwänzen
Meersalzflocken
1 TL Kardamomkapseln, leicht zerstoßen
2 Stiele Currykraut*
1 Portion grüne Masala-Currypaste (siehe Rezept rechts)
400 ml Kokosmilch
250 ml Wasser
2 EL Limettensaft
junge Kräuter und Chilisirup (siehe Rezept rechts) zum Servieren

1 EL des Öls in einer großen hochwandigen Pfanne stark erhitzen. Darin die Garnelen portionsweise 2–3 Minuten goldbraun braten, salzen und herausnehmen, beiseitestellen. Das restliche Öl in die Pfanne geben und darin Kardamom und Currykraut 1–2 Minuten andünsten. Die Currypaste hinzufügen und unter Rühren 1–2 Minuten mitbraten. Dann die Kokosmilch und das Wasser dazugießen und zum Kochen bringen. Bei mittlerer Hitze 5–7 Minuten leicht einkochen lassen. Die Garnelen zurück in die Pfanne geben und 1–2 Minuten durchgaren. Den Limettensaft einrühren und das Curry mit Kräutern garniert servieren; dazu den Chilisirup reichen. ERGIBT 4 PORTIONEN.

chilisirup

80 ml Wasser
1 EL Fischsauce*
100 g fein geriebener Palmzucker*
2 milde rote Chilis*, fein geschnitten
1 EL Limettensaft

Wasser, Fischsauce, Zucker und Chilis in einem Topf bei mittlerer Temperatur erhitzen und unter Rühren den Zucker auflösen. Die Hitze erhöhen und die Zuckermischung aufkochen lassen, dann 6–8 Minuten einkochen lassen. Limettensaft einrühren und den Sirup vollständig abkühlen lassen. ERGIBT 4 PORTIONEN.

grüne masala-currypaste

2 EL Koriandersamen
¼ TL weiße Pfefferkörner
3 milde grüne Chilis*, grob gehackt
2 Schalotten, grob gehackt
4 Knoblauchzehen, grob gehackt
6 cm Ingwer, geschält, grob gehackt
1 EL gehackte Korianderwurzel
2 Bund Koriander
2 Bund Minze
1 TL Meersalzflocken
1 EL fein gehackter Palmzucker*
1 EL Weißweinessig
1 EL Pflanzenöl

Eine kleine Pfanne bei mittlerer Temperatur erhitzen. Darin die Koriandersamen und Pfefferkörner 2–3 Minuten anrösten, bis sie sich hellbraun färben und duften; dabei die Pfanne immer wieder schwenken. Beide Gewürze im Blitzhacker mahlen. Die restlichen Zutaten hinzufügen und alles pürieren. ERGIBT 250 ML.

PROBIEREN SIE ES MIT …
Fisch
Lamm
Hühnchen

PASTETEN + TARTES

Pasteten sind der Inbegriff kulinarischer Behaglichkeit und Wärme – genau das Richtige für kalte Wintertage. Mit reichhaltigen Füllungen und goldbraun gebackenem Teigmantel werden Sie diese modern interpretierten Klassiker im Handumdrehen überzeugen.

hühnchen-schweinefleisch-pastetchen mit estragon

rindfleisch-bier-pastete mit pilzen

hühnchen-lauch-kuchen

rindfleisch-bier-pastete mit pilzen

1 EL Olivenöl
1½ kg Rinderbrust, in 6 cm große Stücke zerkleinert
1 Zwiebel, gehackt
2 Knoblauchzehen, gepresst
1 EL Tomatenmark
2 TL Worcestershire-Sauce
1 EL brauner Zucker
500 ml Rinderbrühe
430 ml dunkles Starkbier
2 EL Mehl
300 g braune Champignons, halbiert
2 Portionen Heißwasserteig (siehe Seite 238)
1 Portion Eiglasur

Das Öl in einem Schmortopf stark erhitzen und darin das Rindfleisch portionsweise 4 Minuten anbräunen. Herausnehmen und in dem Topf Zwiebel und Knoblauch 3 Minuten andünsten. Tomatenmark und Worcestershire-Sauce einrühren und 1 weitere Minute mitschmoren. Das Fleisch zusammen mit dem Zucker, der Brühe und dem Bier zurück in den Topf geben. Dann alles bei niedriger Hitze zugedeckt 1 Stunde köcheln lassen. Den Deckel abnehmen und weitere 30 Minuten köcheln, bis das Rindfleisch gar und zart ist. Das Fleisch herausnehmen und mit einer Gabel zerzupfen. Das Mehl in den Topf geben und die Sauce 2–3 Minuten unter Rühren eindicken lassen. Den Topf vom Herd nehmen, Fleisch und Pilze einrühren. Dann im Kühlschrank erkalten lassen.

Den Ofen auf 200 Grad vorheizen. Den Teig halbieren und beide Portionen zwischen zwei Lagen Backpapier 4 mm dünn ausrollen. Eine dünn gefettete Form (ca. 18 × 35 cm) mit einer Teigportion auslegen. Darauf die Füllung verteilen und mit der zweiten Teigportion bedecken. Die Kanten fest zusammendrücken; überstehenden Teig abschneiden. Den Teigdeckel mit Eiglasur bestreichen und die Pastete 40–45 Minuten goldbraun backen. ERGIBT 4–6 PORTIONEN.

hühnchen-lauch-kuchen

1 EL Olivenöl
6 Hähnchenfilets à 150 g, aus dem Schenkel, zerkleinert
40 g Butter
2 dünne Stangen Lauch, geputzt, fein geschnitten
2 Knoblauchzehen, gepresst
2 EL Thymian
35 g Mehl
500 ml Milch
Meersalz und schwarzer Pfeffer aus der Mühle
2 Portionen Parmesan-Mürbteig (siehe Seite 241)
1 Portion Eiglasur (siehe Seite 241)

Den Ofen auf 180 Grad vorheizen. Eine beschichtete Pfanne bei mittlerer Temperatur erhitzen. Darin das Hühnerfleisch portionsweise 4–5 Minuten goldbraun anbraten. Herausnehmen, beiseitestellen und warm halten. Butter, Lauch, Knoblauch und Thymian in der Pfanne 7–8 Minuten andünsten. Das Mehl einrühren und weitere 2 Minuten dünsten. Dann die Milch dazugießen, salzen und pfeffern und die Mischung weitere 3 Minuten köcheln lassen, bis sie leicht eingedickt ist. Das Fleisch zurück in die Sauce geben und alles im Kühlschrank erkalten lassen.

Den Teig halbieren und beide Portionen zwischen zwei Lagen Backpapier 3 mm dünn ausrollen. Eine runde, dünn gefettete Tarteform (30 cm Durchmesser) mit einer Teigportion auslegen. Darauf die Füllung verteilen und mit der zweiten Teigportion bedecken. Die Kanten fest zusammendrücken; überstehenden Teig abschneiden. Den Teigdeckel mit Eiglasur bestreichen und den Kuchen 35–40 Minuten goldbraun backen. ERGIBT 4 PORTIONEN.

hühnchen-schweinefleisch-pastetchen mit estragon

20 g Butter
1 Stange Lauch, geputzt, in Scheiben geschnitten
3 Knoblauchzehen, gepresst
2 EL gehackte Estragonblätter
500 g Hackfleisch vom Schwein
550 g Hackfleisch vom Huhn
100 g Kochschinken, gehackt
180 g Hühnerbrustfilet, gehackt
Meersalz und schwarzer Pfeffer aus der Mühle
2 Portionen Heißwasserteig (siehe Seite 238)
1 Portion Eiglasur (siehe Seite 241)

Den Ofen auf 160 Grad vorheizen. Die Butter in einer beschichteten Pfanne bei mittlerer Temperatur schmelzen. Darin den Lauch, den Knoblauch und das Estragon 7–8 Minuten andünsten. Beiseitestellen und vollständig abkühlen lassen.

Die beiden Hackfleischsorten mit Schinken, Hühnerfleisch, Lauchmischung, Salz und Pfeffer vermengen. Die Hälfte des Teigs zwischen zwei Lagen Backpapier 3 mm dünn ausrollen. Aus dem Teig vier Kreise (20 cm Durchmesser) ausschneiden und damit vier dünn gefettete Formen (je 375 ml Inhalt) auskleiden. Die Füllung in die Formen geben. Den restlichen Teig erneut 3 mm dünn ausrollen. Vier Kreise (15 cm Durchmesser) aus dem Teig ausschneiden und damit die Formen bedecken. Die Teigkanten zusammendrücken. Mit einem Ausstecher von 2 cm Durchmesser kleine Löcher in die Teigdeckel stechen. Den Teig mit Eiglasur bestreichen und die Pastetchen im heißen Ofen 1 Stunde backen bis der Fleischsaft klar austritt. Die Pastetchen vor dem Servieren vorsichtig aus den Formen stürzen. ERGIBT 4 PORTIONEN.

fisch-garnelen-pastetchen

1 EL Olivenöl
1 Zwiebel, gehackt
60 ml trockener Weißwein
375 ml Rahm*
40 g tiefgekühlte Erbsen
2 EL gehackte glattblättrige Petersilie
1 EL fein abgeriebene Zitronenschale
¼ TL Cayennepfeffer
300 g Forellenfilet ohne Haut, in 4 cm große Stücke zerkleinert
300 g Schnapperfilet ohne Haut, in 4 cm große Stücke zerkleinert
250 g rohe Garnelen, geschält, entdarmt
1 Portion tiefgekühlter Blätterteig, aufgetaut
1 Portion Eiglasur (siehe Seite 241)

Den Ofen auf 200 Grad vorheizen. Das Öl in einem Topf bei mittlerer Temperatur erhitzen und darin die Zwiebel 4–5 Minuten glasig andünsten. Wein und Rahm dazugießen und weitere 4–5 Minuten kochen, bis die Mischung leicht eingedickt ist. Den Topf vom Herd nehmen, Erbsen, Petersilie, Zitronenschale, Cayennepfeffer, beide Fischsorten und die Garnelen einrühren. Die Füllung in vier leicht gefettete Formen (je 300 ml Inhalt) füllen. Den Teig auf einer dünn bemehlten Fläche 5 mm dünn ausrollen und vier Kreise (je 12 cm Durchmesser) ausschneiden. Die Förmchen damit bedecken. Aus dem restlichen Teig vier Fischformen ausstechen und diese auf die Teigdeckel setzen. Die Kanten der Deckel abschneiden, die Deckel mit der Eiglasur bestreichen und die Pastetchen im heißen Ofen 30–35 Minuten goldbraun backen. ERGIBT 4 PORTIONEN.

Tipp: Wenn Sie anstelle eines Teigblocks Blätterteigplatten verwenden, reduziert sich die Backzeit auf 20–25 Minuten.

fisch-garnelen-pastetchen

SO GELINGT heißwasserteig

1
2

heißwasserteig

150 g Butter
180 ml Wasser
½ TL Meersalzflocken
375 g Mehl

SCHRITT 1 Butter, Wasser und Salz in einem Topf bei starker Hitze zum Kochen bringen. Den Topf vom Herd nehmen.
SCHRITT 2 Das Mehl in eine Schüssel sieben und in der Mitte eine Mulde formen. Die Buttermischung hineingeben und mit einem Buttermesser alles so vermengen, dass der Teig gerade eben zusammenhält. Dann den Teig auf einer dünn bemehlten Fläche geschmeidig kneten.

REZEPT-NOTIZ
Heißwasserteig ist einfacher zu verarbeiten und dankbarer als mit kaltem Wasser zubereiteter Teig. Er ist geschmeidiger und elastischer, lässt sich besser ausrollen und ergibt nach dem Backen eine festere Teighülle.

heißwasserteig

schweinefleisch-apfel-pastetchen mit apfelwein

parmesan-mürbeteig

300 g Mehl
80 g fein geriebener Parmesan
150 g kalte Butter, gewürfelt
1 TL Meersalzflocken
1 Ei
1 EL kalte Milch

Das Mehl, den Parmesan, die Butter und das Salz in der Küchenmaschine 1–2 Minuten zu einem feinen Bröselteig verarbeiten. Dann das Ei und die Milch hinzufügen und 2 Minuten zu einem glatten Teig weiterverarbeiten. Den Teig in Frischhaltefolie gewickelt 30 Minuten kalt stellen.

eiglasur

1 Ei, leicht verklopft
2 EL Rahm*

Das Ei und den Rahm in einer kleinen Schüssel verrühren und den Teig mit dieser Mischung bestreichen. So bekommt das Gebäck eine glänzende, goldbraune Glasur.

rindfleisch-chorizo-pastetchen mit bohnen

schweinefleisch-apfel-pastetchen mit apfelwein

2 EL Olivenöl
1 kg Schweinenacken am Stück, in 2 cm große Stücke geschnitten
1 Zwiebel, in Ringe geschnitten
2 Knoblauchzehen, in Scheiben geschnitten
750 ml trockener Apfelwein
250 ml Hühnerbrühe
1 große Kartoffel, geschält, zerkleinert
½ Bund Salbei, gehackt
Meersalz und schwarzer Pfeffer aus der Mühle
2 Äpfel (Granny Smith), geschält, entkernt, in Spalten geschnitten
2 Platten à 375 g fertig gekaufter Blätterteig*, aufgetaut
1 Portion Eiglasur (siehe Seite 241)
2 Salbeiblätter, ganz

Die Hälfte des Öls in einem Schmortopf stark erhitzen. Darin das Schweinefleisch portionsweise 3–4 Minuten braun anbraten. Herausnehmen und beiseitestellen. Die Hitze auf mittlere Stufe reduzieren. Das restliche Öl in den Topf geben und darin Zwiebel und Knoblauch 3–4 Minuten glasig dünsten. Das Fleisch zurück in den Topf geben, Apfelwein und Brühe dazugießen und alles bei niedriger Hitze zugedeckt 1 Stunde köcheln lassen. Dann den Deckel abnehmen und weitere 15 Minuten kochen. Anschließend Kartoffel, gehackten Salbei, Salz und Pfeffer einrühren, weitere 15 Minuten kochen lassen, bis die Kartoffelstücke weich sind. Den Topf vom Herd nehmen und die Äpfel einrühren.

Den Ofen auf 200 Grad vorheizen. Die Fleischfüllung in zwei ofenfeste Formen (je ½ l Inhalt) geben. Den Teig auf einer leicht bemehlten Fläche 5 mm dünn ausrollen. Zwei Kreise etwas größer als die Formen ausschneiden. Damit die Pastetchen bedecken. Die Teigkanten glatt schneiden, die Teigdeckel mit Eiglasur bestreichen und mit jeweils einem Salbeiblatt verzieren. Die Pastetchen im heißen Ofen 20–25 Minuten backen. ERGIBT 2 PORTIONEN.

rindfleisch-chorizo-pastetchen mit bohnen

1 EL Olivenöl
1 kg Rindersteak, zerkleinert
1 rote Zwiebel, gehackt
1 frische Chorizo*, in Scheiben geschnitten
2 Dosen à 400 g Kirschtomaten
60 ml Sherryessig*
1 EL brauner Zucker
250 ml Rinderbrühe
1 Dose à 200 g Limabohnen, abgespült, abgetropft
4 Platten fertig gekaufter Blätterteig*, aufgetaut
1 Portion Eiglasur (siehe Seite 241)

Den Ofen auf 200 Grad vorheizen. Das Öl in einem Schmortopf stark erhitzen. Darin das Rindfleisch portionsweise 3–4 Minuten braun anbraten. Herausnehmen und warm halten. Dann die Zwiebel und die Chorizoscheiben im Topf 3-4 Minuten anbraten. Das Fleisch zurück in den Topf geben, Tomaten, Essig, Zucker und die Brühe hinzufügen und aufkochen. Alles bei niedriger Hitze zugedeckt etwa 30 Minuten köcheln lassen. Den Deckel abnehmen und weitere 30 Minuten kochen. Anschließend die Bohnen hinzufügen, vom Herd nehmen und die Mischung im Kühlschrank vollständig erkalten lassen.

4 Teigkreise von etwa 12 cm Durchmesser sowie 4 Teigkreise von 14 cm Durchmesser aus dem Blätterteig ausschneiden. Die Formen dünn fetten und mit den größeren Teigkreisen auslegen, die Fleischfüllung hineingeben. Mit den kleineren Teigkreisen bedecken und den überstehenden Teig abschneiden. Die Teigdeckel mit Eiglasur bestreichen und die Pastetchen 20 Minuten backen.
ERGIBT 4 PORTIONEN.

SO GELINGT mürbeteig

1 2
3 4

grundrezept mürbeteig

300 g Mehl
180 g eiskalte Butter, gewürfelt
½ TL feinkörniges Salz
1 Eigelb
2–3 EL Eiswasser

SCHRITT 1 Mehl, Butter und Salz in der Küchenmaschine durch kurzes Pulsen zu einem feinkrümeligen Bröselteig verarbeiten.
SCHRITT 2 Bei laufendem Motor das Eigelb und das Wasser hinzufügen, bis sich ein Teig bildet. Diesen auf einer leicht bemehlten Fläche durchkneten, eine Kugel formen, diese flach drücken und in Frischhaltefolie gewickelt 1 Stunde kalt stellen.
SCHRITT 3 Den Ofen auf 180 Grad vorheizen. Den Teig zwischen zwei Lagen Backpapier 3 mm dünn ausrollen und eine gefettete Hebeboden-Form (22 cm Durchmesser) damit auslegen. Überstehende Teigränder abschneiden und den Boden mit einer Gabel mehrfach einstechen. 30 Minuten kalt stellen.
SCHRITT 4 Den Teigboden mit Backpapier belegen, darauf Blindbackgewichte* oder Hülsenfrüchte verteilen. 15 Minuten blindbacken, dann das Papier und die Gewichte entfernen. Weitere 10 Minuten goldbraun backen. Den Teigboden in der Form abkühlen lassen. ERGIBT 6–8 PORTIONEN.

REZEPT-NOTIZ
Mürbeteig verdankt seine mürbe, knusprige Konsistenz der Butter. Butter kann den Teig aber auch weich und klebrig machen, sodass er sich schlecht ausrollen lässt. Ist Ihr Teig – egal, in welchem Stadium des Rezepts – zu weich geraten, stellen Sie ihn einfach ein paar Minuten in den Kühlschrank.

grundrezept mürbeteig

ricotta-pilz-tartelettes

1 EL Olivenöl
6 Champignons, in Scheiben geschnitten
2 Knoblauchzehen, in dünne Scheiben geschnitten
Meersalz und schwarzer Pfeffer aus der Mühle
1 Portion Mürbeteig (siehe Grundrezept Seite 244)
3 Eier, leicht verklopft
125 ml Milch
80 g Ricotta
8 Zweige Thymian
gemischte Blattsalate zum Servieren

Den Ofen auf 200 Grad vorheizen. Das Öl in einer beschichteten Pfanne stark erhitzen und darin die Pilze, Knoblauch, Salz und Pfeffer 4–5 Minuten andünsten, bis die Pilze goldgelb sind.

Den Teig zwischen zwei Lagen Backpapier 3 mm dünn ausrollen. Vier Kreise von 15 cm Durchmesser ausschneiden und damit vier runde, leicht gefettete Formen (10 cm Durchmesser) auskleiden. Eier und Milch verrühren. Pilzmischung und Ricotta in die Formen verteilen und mit der Eiermilch übergießen. Die Tartelettes mit Thymianzweigen belegen und 25–30 Minuten goldbraun backen. Mit gemischten Blattsalaten servieren. ERGIBT 4 PORTIONEN.

schmorgemüse-pastetchen

140 g Karotte, geschält, gehackt
170 g Pastinake, geschält, gehackt
500 g Süßkartoffel, geschält, gehackt
1 EL Olivenöl
Meersalz und schwarzer Pfeffer aus der Mühle
140 g fertig gekauftes Zwiebel-Relish
120 g tiefgekühlte Erbsen
1½ EL gehackte Rosmarinnadeln
180 g alter Cheddar, gerieben
2 Portionen Mürbeteig (siehe Grundrezept Seite 244)
1 Ei, leicht verklopft

Den Ofen auf 200 Grad vorheizen. Karotte, Pastinake und Süßkartoffel auf ein Backblech geben, mit Öl beträufeln, salzen und pfeffern. Im heißen Ofen 15–17 Minuten gar schmoren, dann das Schmorgemüse mit dem Zwiebel-Relish, den Erbsen, dem Rosmarin und dem Cheddar vermengen. Den Teig zwischen zwei Lagen Backpapier 3 mm dünn ausrollen. Dann zehn Kreise (14 cm Durchmesser) ausstechen und die Füllung in die Mitte der Kreise setzen. Die Teigränder mit Ei bestreichen, den Teig umklappen und die Kanten fest zusammendrücken. Die Pastetchen auf ein mit Backpapier belegtes Blech setzen und im heißen Ofen 20–25 Minuten goldbraun backen. ERGIBT 10 STÜCK.

hühnchen-schinken-pastetchen mit estragon

160 g gegartes Hühnerfleisch, zerzupft
70 g Kochschinken, fein geschnitten
120 g geriebener Gruyere
120 g Sauerrahm
½ Bund Estragon
2 Portionen Mürbeteig (siehe Grundrezept Seite 244)
1 Ei, leicht verklopft

Den Ofen auf 200 Grad vorheizen. Hühnerfleisch, Schinken, Käse, Sauerrahm und Estragonblätter vermengen. Beide Teigportionen zwischen zwei Lagen Backpapier zu Quadraten (25×25 cm) ausrollen. Jedes Quadrat wiederum in vier Quadrate teilen. In die Mitte jedes Quadrats ein Achtel der Füllung geben und die Teigränder mit Ei bestreichen. Die Ecken in die Mitte klappen und die Teigkanten fest zusammendrücken. Die Pastetchen mit Ei bestreichen und auf ein mit Backpapier belegtes Blech setzen. 20–25 Minuten goldbraun backen. ERGIBT 8 STÜCK.

lachs-tarte

1 Mürbeteigboden, vorgebacken (Rezept und Anleitung Seite 244)
400 g geräucherte Lachs- oder Forellenfilets, zerzupft
3 Eier
180 ml Rahm*
Meersalz und schwarzer Pfeffer aus der Mühle
80 g Crème fraîche*
Brunnenkresse und Kerbel zum Servieren

Den Ofen auf 180 Grad vorheizen. Die Lachsstücke auf dem vorgebackenen Teigboden verteilen. Eier und Rahm verrühren, salzen und pfeffern. Die Eimischung in die Form gießen und diese auf ein Backblech stellen. Mit einem Löffel die Crème fraîche in Klecksen auf die Eimischung setzen und die Tarte etwa 25 Minuten backen. Vor dem Servieren 5 Minuten abkühlen lassen. ERGIBT 8 STÜCKE.

blumenkohl-sellerie-käse-pastetchen

rindfleisch-empañadas

rindfleisch-bier-pastetchen

2 EL Olivenöl
1 kg Rinderbrust, pariert, in 2 cm große Stücke geschnitten
Meersalz und schwarzer Pfeffer aus der Mühle
Mehl zum Bestäuben
1 Zwiebel, gehackt
2 Knoblauchzehen, gepresst
2 Stangen Sellerie, geputzt, fein gehackt
4 Lorbeerblätter
1 EL Tomatenmark
1 EL Balsamicoessig
660 ml Ale (ersatzweise helles Bier)
250 ml Rinderbrühe
1 EL brauner Zucker
Für den Teig
150 g Butter, gewürfelt
160 ml Wasser
375 g Mehl
½ TL Meersalzflocken
1 Ei, leicht verklopft

1 EL Öl in einem großen Schmortopf stark erhitzen. Das Fleisch salzen, pfeffern und mit Mehl bestäuben. Portionsweise von jeder Seite 3–4 Minuten scharf anbraten, dann vom Herd nehmen und beiseitestellen. Das restliche Öl im Schmortopf erhitzen und darin Zwiebel, Knoblauch und Sellerie 5 Minuten andünsten. Das Fleisch zusammen mit den Lorbeerblättern, dem Tomatenmark, dem Essig, dem Bier, der Brühe und dem Zucker zurück in den Topf geben und aufkochen. Die Hitze auf niedrige Stufe zurückschalten und das Fleisch zugedeckt 3–3½ Stunden weich schmoren. Dann das Fleisch aus der Sauce nehmen und mit zwei Gabeln zerzupfen; dabei alles Fett entfernen. Das Fleisch zurück in die Sauce geben und unterheben. Vollständig auskühlen lassen.

Den Ofen auf 200 Grad vorheizen. Für den Teig Butter und Wasser in einem Topf bei starker Hitze aufkochen, vom Herd nehmen und Mehl sowie Salz einrühren, sodass ein weicher Teig entsteht. Den Teig auf einer bemehlten Fläche gut durchkneten. 2 mm dünn ausrollen und vier Kreise von je 16 cm Durchmesser ausschneiden. Damit vier dünn gefettete Formen (10 cm Durchmesser) auskleiden. Die Fleischfüllung in die Formen verteilen. Aus dem restlichen Teig vier Kreise von 13 cm Durchmesser ausschneiden und damit die Formen bedecken. Die Kanten fest zusammendrücken und mit einem spitzen Messer die Teigdeckel einritzen. Mit Eiglasur bestreichen und im heißen Ofen 30–35 Minuten goldbraun backen. ERGIBT 4 PORTIONEN.

rindfleisch-empañadas

2 EL Olivenöl
1 kleine Zwiebel, fein gehackt
3 Knoblauchzehen, gepresst
400 g Hackfleisch vom Rind
1 TL gemahlener Kreuzkümmel
1 TL edelsüßes Paprikapulver*
1 TL geräuchertes Paprikapulver*
2 TL getrockneter Oregano
125 ml Rinderbrühe
Meersalz und schwarzer Pfeffer aus der Mühle
25 g Butter
40 g Rosinen
1 Bund glattblättrige Petersilie, gehackt, mehr zum Servieren
1 Frühlingszwiebel, fein geschnitten
4 Platten fertig gekaufter Blätterteig
1 Ei, leicht verklopft
1 EL Milch
fertig gekauftes Tomaten-Relish zum Servieren

Das Öl in einer großen beschichteten Pfanne stark erhitzen. Darin Zwiebel und Knoblauch unter Rühren 2–3 Minuten goldbraun andünsten. Das Hackfleisch, den Kreuzkümmel, die beiden Paprikapulver und den Oregano 5–6 Minuten mitschmoren; dabei mit einem Holzlöffel die Fleischklumpen zerstoßen. Brühe, Salz und Pfeffer einrühren und etwa 2–3 Minuten aufkochen, bis die Flüssigkeit etwas reduziert ist. Vom Herd nehmen und Butter, Rosinen, Petersilie und Frühlingszwiebel einrühren. Vollständig abkühlen lassen.

Den Ofen auf 200 Grad vorheizen. Aus jeder Teigplatte vier Kreise von 10 cm Durchmesser ausstechen oder ausschneiden. Ei und Milch verrühren. In die Mitte jedes Teigkreises 2 EL Fleischfüllung setzen, die Teigränder mit der Eiermilch bestreichen und den Teig zur Hälfte zusammenklappen. Die Ränder fest zusammendrücken. Die Empañadas auf ein mit Backpapier belegtes Blech setzen und mit der restlichen Eiermilch bestreichen. 15–20 Minuten goldbraun backen. Mit Petersilie bestreut servieren. Tomaten-Relish zu den Empañadas reichen. ERGIBT 16 STÜCK.

blumenkohl-sellerie-käse-pastetchen

500 g Blumenkohl, gehackt
500 g Knollensellerie, geschält, gehackt
10 Schalotten*, geschält
3 Zweige Rosmarin
1 EL Olivenöl
40 g Butter
35 g Mehl
500 ml Milch
120 g alter Cheddar, gerieben
Meersalz und schwarzer Pfeffer aus der Mühle
2 Portionen Parmesan-Mürbeteig ohne Parmesan (siehe Seite 241)
100 g geriebener Mozzarella
1 Portion Eiglasur (siehe Seite 241)

Den Ofen auf 180 Grad vorheizen. Blumenkohl, Knollensellerie, Schalotten und Rosmarin auf ein Backblech geben, mit Öl beträufeln und miteinander mischen. 40–45 Minuten goldbraun schmoren. Die Butter in einem Topf bei mittlerer Hitze schmelzen, das Mehl einrühren und unter Rühren 1–2 Minuten anschwitzen. Nach und nach die Milch einrühren und mit einem Holzlöffel zu einer glatten Masse verrühren. Die Temperatur auf niedrigste Stufe reduzieren und die Mehlschwitze unter Rühren 4–5 Minuten eindicken lassen. Cheddar, Salz und Pfeffer einrühren, bis der Käse geschmolzen ist. Das Schmorgemüse unterheben und die Mischung im Kühlschrank vollständig erkalten lassen.

Die Ofentemperatur auf 200 Grad erhöhen. Den Teig zwischen zwei Lagen Backpapier 3 mm dünn ausrollen. Dann zwölf Kreise (15 cm Durchmesser) ausschneiden. Die Füllung jeweils in eine Hälfte der Kreise setzen und mit Mozzarella bestreuen. Die Teigränder mit Ei bestreichen, den Teig umklappen und die Kanten fest zusammendrücken. Dann die Kanten mit einer Gabel zusammendrücken und die Pastetchen mit Eiglasur bestreichen. Auf ein mit Backpapier belegtes Blech setzen. Im heißen Ofen 30 Minuten goldbraun backen. ERGIBT 12 STÜCK.

lammhaxen-pastetchen

75 g Mehl
Meersalz und schwarzer Pfeffer aus der Mühle
1 EL Olivenöl
4 Lammhaxen à 250 g
1 Zwiebel, gehackt
2 Knoblauchzehen, gehackt
1 Dose à 400 g Kirschtomaten
750 ml Rinderbrühe
125 ml Rotwein
1 EL fein gehackte Rosmarinnadeln
1 TL feiner Zucker
leicht zerstoßene Erbsen und Minze zum Servieren
Für den Teig
300 g Butter, gewürfelt
1 TL Meersalzflocken
330 ml Wasser
750 g Mehl
1 Ei, leicht verklopft

Mehl, Salz und Pfeffer vermischen. Das Öl in einem großen Schmortopf stark erhitzen, darin die dünn mit der Mehlmischung bestäubten Lammhaxen 3–4 Minuten goldbraun anbraten. Aus dem Topf nehmen und beiseitestellen. Zwiebel, Knoblauch, Tomaten, Brühe, Wein, Rosmarin und Zucker im Schmortopf zum Kochen bringen und die Lammschenkel zurück in die Sauce geben. Die Temperatur auf mittlere Stufe reduzieren und das Fleisch zugedeckt 1½ Stunden zart schmoren.

Den Ofen auf 200 Grad vorheizen. Für den Teig Butter, Salz und Wasser in einem großen Topf zum Kochen bringen, vom Herd nehmen und das Mehl einrühren, sodass ein weicher Teig entsteht. Diesen auf einer dünn bemehlten Fläche gut durchkneten. Dann den Teig 2 mm dünn ausrollen, vier Kreise (21 cm Durchmesser) ausschneiden und damit vier dünn gefettete Dariol- oder Becherformen (ca. 8 cm hoch, 7 cm Durchmesser) auskleiden. Die Lammhaxen mit dem Knochen nach oben in die Formen setzen und die Formen mit der Sauce auffüllen. Den restlichen Teig 2 mm dünn ausrollen und vier Kreise (10 cm Durchmesser) ausschneiden. In der Mitte jeweils ein Loch ausstechen und die Pastetchen mit den Teigkreisen bedecken. Die Kanten zusammendrücken, überstehenden Teig abschneiden. Die Pastetchen mit Eiglasur bestreichen und im heißen Ofen 30 Minuten goldbraun backen. ERGIBT 4 PORTIONEN.

lammhaxen-pastetchen

SALATE + BEILAGEN

Die Hauptdarsteller auf den Tellern sind gewählt, nun folgt die Besetzung der Nebenrollen. Zartes Grün sorgt für Leichtigkeit, Wurzelgemüse passt zum saftigen Braten. Hier finden Sie viele unwiderstehliche Vorschläge für die passende Begleitung.

mozzarella-zitronen-salat mit minze

knusprige parmesan-grünkohl-chips mit chili

mozzarella-zitronen-salat mit minze

1 Knolle Knoblauch, halbiert
½ EL Olivenöl
500 g frischer Büffel-Mozzarella*, zerzupft
1 Bund Minze
2 EL Oreganoblätter
1 EL fein abgeriebene Zitronenschale
120 g fein geschnittene Salami zum Servieren
Für das Zitronen-Honig-Dressing
2 EL Zitronensaft
1 EL Honig
2 EL Olivenöl
Meersalz und schwarzer Pfeffer aus der Mühle

Den Ofen auf 200 Grad vorheizen. Die Knoblauchknolle mit Olivenöl beträufeln und mit der Schnittseite nach unten auf ein Backblech setzen. Im heißen Ofen 10 Minuten goldbraun und weich schmoren. Beiseitestellen.

Für das Dressing Zitronensaft, Honig, Öl, Salz und Pfeffer verrühren. Den zerzupften Mozzarella auf eine Platte geben, Minzeblätter, Oreganoblätter und Zitronenschale unterheben. Mit Dressing beträufeln und mit dem geschmorten Knoblauch, der Salami und Krustenbrot servieren. ERGIBT 4–6 PORTIONEN.

knusprige parmesan-grünkohl-chips mit chili

300 g Grünkohl, Stiele entfernt, grob zerzupft
1 EL Olivenöl
½ TL getrocknete Chiliflocken
40 g fein geriebener Parmesan, mehr zum Servieren
Meersalz und schwarzer Pfeffer aus der Mühle

Den Ofen auf 180 Grad vorheizen. Grünkohl, Öl, Chiliflocken, Parmesan, Salz und Pfeffer vermengen und diese Mischung auf einem großen Backblech verteilen. Im heißen Ofen 8–10 Minuten knusprig backen. Abkühlen lassen und mit Parmesan bestreut servieren. ERGIBT 4 PORTIONEN.

eiersalat mit malzessig-dressing

8 Eier
150 g Mayonnaise
2 EL Malzessig
2 EL Buttermilch
Meersalz und schwarzer Pfeffer aus der Mühle
150 g Kopfsalat, in Blätter zerteilt
2 EL Schnittlauchröllchen

Die Eier 8–9 Minuten hart kochen und vollständig auskühlen lassen. Schälen und aus 5 Eiern das Eigelb entnehmen; das Eiweiß anderweitig verwenden. Die restlichen drei Eier vierteln und beiseitestellen. Die Eigelbe mit einer Gabel zu einer Paste zerdrücken. Mayonnaise, Essig, Buttermilch, Salz und Pfeffer hinzufügen und alles gut verrühren. Die Salatblätter, die aufbewahrten Eiviertel und den Schnittlauch auf einer Platte arrangieren und mit dem Dressing beträufelt servieren. ERGIBT 4 PORTIONEN.

blumenkohl-tempura

150 g Maisstärke
75 g Mehl, mehr zum Bestäuben
½ TL Backpulver
430 ml Eiswasser
Pflanzenöl zum Frittieren
1 kg Blumenkohl, in dünne Scheiben geschnitten
1 TL Meersalzflocken
Sojasauce und gehackte rote Chili* zum Servieren

Maisstärke, Mehl, Backpulver und Wasser mit einem Buttermesser gerade eben vermischen (der Teig soll noch etwas klumpig sein). In einen Topf das Pflanzenöl bei mittlerer Temperatur erhitzen. Die Blumenkohlscheiben mit Mehl bestäuben, überschüssiges Mehl abklopfen und in den Teig tauchen. Portionsweise im heißen Fett 2–3 Minuten goldbraun frittieren. Auf Küchenpapier abtropfen lassen und salzen. Mit Sojasauce und Chili servieren. ERGIBT 4 PORTIONEN.

eiersalat mit malzessig-dressing

blumenkohl-tempura

karamellisierte pastinaken

schmorkarotten mit honig und zitronenthymian

karamellisierte pastinaken

1,6 kg kleine, junge Pastinaken, geputzt, geschält
1 EL Olivenöl
20 g Butter
1 EL brauner Zucker

Die Pastinaken in kaltem Salzwasser zum Kochen bringen und 6–8 Minuten knapp gar kochen. Abgießen und gut abtropfen lassen. Öl und Butter in einer beschichteten Pfanne bei mittlerer Temperatur erhitzen, den Zucker dazugeben und unter Rühren schmelzen. Die Pastinaken hinzufügen und 5–6 Minuten goldbraun braten. Zu geschmortem Fleisch und Braten reichen. ERGIBT 4 PORTIONEN.

schmorkarotten mit honig und zitronenthymian

500 g Karotten, verschiedenfarbige Sorten, geschält
2 EL Olivenöl
60 ml Honig
1 EL Zitronensaft
6 Zweige Thymian
Meersalz und schwarzer Pfeffer aus der Mühle

Den Ofen auf 200 Grad vorheizen. Die Karotten auf einem großen Backblech verteilen, mit Öl, Honig und Zitronensaft beträufeln, salzen, pfeffern und alles gut vermischen. 30 Minuten schmoren. Mit Brathuhn oder anderem Fleisch servieren. ERGIBT 2 PORTIONEN.

aïoli mit schmorknoblauch

4 Knollen Knoblauch, halbiert
2 EL Olivenöl
2 Eier
2 EL Zitronensaft
1 EL Dijonsenf
Meersalz und schwarzer Pfeffer aus der Mühle
375 ml Pflanzenöl

Den Ofen auf 180 Grad vorheizen. Den Knoblauch mit Öl beträufeln und mit der Schnittseite nach unten auf ein mit Backpapier belegtes Blech setzen. Im heißen Ofen 30–35 Minuten goldbraun schmoren. Etwas abkühlen lassen, die Knoblauchzehen aus der Haut drücken und mit der Gabel zerdrücken. Eier, Zitronensaft, Senf, Salz und Pfeffer in der Küchenmaschine oder mit dem Mixstab gut vermischen. Bei laufendem Motor nach und nach in dünnem, kontinuierlichem Strahl das Öl hinzufügen, bis eine dicke, cremige Paste entsteht. Zum Schluss den zerquetschten Knoblauch unterheben und servieren. ERGIBT 500 ML.
Tipp: Im Kühlschrank lässt sich das Aïoli eine Woche aufbewahren.

knoblauch-thymian-brötchen

6 Brötchen
120 g weiche Butter
4 Knoblauchzehen, gepresst
Meersalz und schwarzer Pfeffer aus der Mühle
150 g Fontina*, in Scheiben geschnitten
12 Zweige Thymian

Den Ofen auf 200 Grad vorheizen. Mit einem Brotmesser die Brötchen in der Mitte tief einritzen, aber nicht durchschneiden. Butter, Knoblauch, Salz und Pfeffer vermischen und die Mischung in die Ritzen streichen; 1 EL der Buttermischung aufbewahren. Käse und Thymian ebenfalls in die Ritze schieben. Die Brötchen auf ein Backblech setzen und 10–15 Minuten goldbraun backen; der Käse sollte dann geschmolzen sein. Die heißen Brötchen mit der restlichen Buttermischung bestreichen und mit Salz bestreuen. Den Thymian vor dem Verzehr herausnehmen. ERGIBT 4 PORTIONEN.

spargel-feta-salat

80 ml Zitronen-Olivenöl
2 EL weißer Balsamicoessig*
1 EL gehackter Dill
1 EL gehackter Estragon
1 EL Schnittlauchröllchen
1 Knoblauchzehe, gepresst
Meersalz und schwarzer Pfeffer aus der Mühle
800 g grüner Spargel
400 g Feta, in Scheiben geschnitten

Öl, Essig, Dill, Estragon, Schnittlauch, Knoblauch, Salz und Pfeffer verrühren. Vom Spargel die unteren, harten Enden wegschneiden oder das untere Drittel der Stangen schälen. Den Spargel in reichlich Salzwasser 1 Minute blanchieren, abgießen und kalt abschrecken. Auf einer Platte anrichten, die Fetascheiben darauf anrichten und mit Dressing beträufelt servieren. ERGIBT 8 PORTIONEN.

aïoli mit schmorknoblauch

knoblauch-thymian-brötchen

spargel-feta-salat

apfel-fenchel-salat mit salzkaramell-pekannüssen

apfel-fenchel-salat mit salzkaramell-pekannüssen

12 Scheiben Rohschinken
60 ml Ahornsirup
120 g Pekannüsse
110 g feiner Zucker
1 EL Wasser
1 TL Meersalzflocken
2 EL weißer Balsamicoessig*
2 EL Olivenöl
4 kleine rotschalige Äpfel, in feine Scheiben geschnitten
4 Knollen Fenchel, in feine Scheiben geschnitten

Den Ofen auf 160 Grad vorheizen. Den Rohschinken auf ein mit Backpapier belegtes Blech geben, mit Ahornsirup bestreichen und 10 Minuten knusprig und goldbraun schmoren. Beiseitestellen.

Pekannüsse, Zucker, Wasser und Salz vermengen. Eine beschichtete Pfanne bei mittlerer Temperatur erhitzen und darin die Pekannüsse 6–8 Minuten unter gelegentlichem Rühren karamellisieren. Abkühlen lassen. Essig und Öl verrühren. Äpfel, Fenchel, Schinken und Nüsse mit dem Dressing beträufeln und unterheben. ERGIBT 6 PORTIONEN.

kartoffelsalat mit korianderpesto

1 kg kleine Frühkartoffeln
350 g kleine weiße Apfelgurken oder kleine Salatgurke, geschält, entkernt, in feine Scheiben geschnitten
6 eingelegte Artischockenherzen, geviertelt
junge Shisoblätter* zum Servieren
Für das Korianderpesto
2 Bund Koriander
40 g geschälte Mandeln, geröstet
1 Knoblauchzehe, gepresst
25 g Parmesan, fein gerieben
2 EL weißer Balsamicoessig*
125 ml Olivenöl
Meersalz und schwarzer Pfeffer aus der Mühle

Die Kartoffeln in reichlich Salzwasser 18–20 Minuten gar kochen. Abgießen, etwas abkühlen lassen und schälen.

Während die Kartoffeln garen, das Pesto zubereiten. Dafür Koriander, Mandeln, Knoblauch, Parmesan, Essig, Öl, Salz und Pfeffer im Blitzhacker zu einer glatten Paste pürieren. In eine große Schüssel geben und beiseitestellen. Die abgekühlten Kartoffeln, die Gurke, die Artischockenherzen, Salz und Pfeffer unter das Pesto heben. Mit den Shisoblättern garniert servieren. ERGIBT 4 PORTIONEN.

kartoffeln mit polentakruste

1 kg mehlige Kartoffeln, geschält und geviertelt
85 g Instant-Polenta
3 EL Olivenöl
1 TL Meersalzflocken

Den Ofen auf 220 Grad vorheizen. Die Kartoffeln in kaltes Salzwasser geben und zum Kochen bringen. 10–12 Minuten weich garen. Abgießen und mit der Polenta, dem Öl und Salz zurück in den Topf geben. Die Kartoffeln im Topf schwenken und rütteln, damit sie vollständig von Polenta umhüllt werden. Dann die Kartoffeln auf ein Backblech geben und im Ofen 30 Minuten goldbraun schmoren. ERGIBT 4 PORTIONEN.

zucchini-mozzarella-salat mit zitronen-vinaigrette

je 1 grüne und 1 gelbe Zucchini, in dünne Scheiben geschnitten
je 1 Bund Minze und Basilikum
360 g frischer Büffel-Mozzarella*, zerzupft
Für die Zitronen-Vinaigrette
1 EL Zitronensaft
2 EL Olivenöl
½ TL Dijonsenf
Meersalz und schwarzer Pfeffer aus der Mühle

Für die Zitronen-Vinaigrette Zitronensaft, Öl, Senf, Salz und Pfeffer verrühren. Zucchini, Minze, Basilikum und Mozzarella vermischen. Mit der Vinaigrette beträufelt servieren. ERGIBT 4 PORTIONEN.
Tipp: Die Zucchini können auch mit dem Gemüseschäler in hauchdünne Streifen geschnitten werden.

kartoffelsalat mit korianderpesto

kartoffeln mit polentakruste

zucchini-mozzarella-salat mit zitronen-vinaigrette

SO GELINGT salsa verde

salsa verde

80 g glatte Petersilienblätter
70 g Minzeblätter
2 EL Kapern, abgespült und abgetropft
2 TL Dijonsenf
1 TL abgeriebene Zitronenschale
2 EL Zitronensaft
60 ml Olivenöl
Meersalz und schwarzer Pfeffer aus der Mühle

SCHRITT 1 Petersilie, Minze, Kapern, Senf, Zitronenschale und -saft sowie das Öl im Blitzhacker zu einer groben Paste pürieren.
SCHRITT 2 Mit Salz und Pfeffer abschmecken. ERGIBT 500 ML.

REZEPT-NOTIZ
An der Luft verflüchtigt sich das Aroma der Salsa verde recht schnell, da die gehackten Kräuter leicht oxidieren. Deshalb sollten Sie die Salsa erst kurz vor dem Servieren zubereiten. Reichen Sie sie zu Brathuhn, Steak oder gegrilltem Fisch.

salsa verde

choi sum mit schwarzer bohnensauce

gai larn mit ingwer

süßkartoffel-lauch-gratin mit salbei

süßkartoffel-lauch-gratin mit salbei

40 g Butter
4 Stangen Lauch, geputzt, in Scheiben geschnitten
2 Knoblauchzehen, gepresst
Meersalz und schwarzer Pfeffer aus der Mühle
je 800 g festkochende Kartoffeln und Süßkartoffeln geschält, in dünne Scheiben geschnitten
2 EL Olivenöl
35 g Salbeiblätter
300 g Fontina*, in Scheiben geschnitten

Den Ofen auf 200 Grad vorheizen. Die Butter in einer beschichteten Pfanne bei mittlerer Hitze schmelzen. Darin Lauch, Knoblauch, Salz und Pfeffer 5 Minuten weich schmoren. Süßkartoffeln, Kartoffeln, Öl, Salz und Pfeffer vermengen. Kartoffelmischung, Lauch, Salbei und Käse in eine mit Backpapier ausgelegte Form (ca. 26×34 cm) schichten; mit einer Schicht Käse abschließen. Locker mit Alufolie abdecken und 30 Minuten backen. Die Folie entfernen und weitere 30 Minuten goldbraun und gar backen. ERGIBT 6–8 PORTIONEN.

choi sum mit schwarzer bohnensauce

1 EL Sesamöl
2 Bund Choi Sum*, in 10 cm lange Stücke geschnitten
2 Knoblauchzehen, in Scheiben geschnitten
60 ml chinesische schwarze Bohnensauce*
125 ml Hühnerbrühe

Das Öl in einem Wok stark erhitzen. Darin das Gemüse und den Knoblauch 4–5 Minuten weich schmoren. Die schwarze Bohnensauce und die Brühe dazugeben und weitere 2–3 Minuten kochen, bis die Sauce leicht eindickt. ERGIBT 4–6 PORTIONEN.

gai larn mit ingwer

60 ml Austernsauce
½ TL Sesamöl
250 ml Wasser
5 cm frischer Ingwer (20 g), in Scheiben geschnitten
1 Bund Gai Larn* (chinesischer Brokkoli), geputzt

Austernsauce, Sesamöl, Wasser und Ingwer in einem kleinen Topf bei mittlerer Hitze aufkochen. Den Gai Larn hinzufügen und zugedeckt 1–2 Minuten mitschmoren. Abtropfen lassen, den Ingwer entfernen und das Gemüse auf einer Servierplatte anrichten. Mit der Austernsauce beträufelt servieren. ERGIBT 4 PORTIONEN.

hummus-dip mit karamellisierten zwiebeln

1 Dose Kichererbsen à 400 g, abgespült, abgetropft
1 EL Tahini*
1 Knoblauchzehe, gepresst
2 EL Zitronensaft
Meersalzflocken
80 ml Olivenöl
Olivenöl, Sumach* und geröstetes Pitabrot zum Servieren
Für die karamellisierten Zwiebeln
1½ EL Olivenöl
1 Zwiebel, in Ringe geschnitten
2 EL brauner Zucker
1½ EL Balsamicoessig

Für die karamellisierten Zwiebeln das Öl bei mittlerer Temperatur in einer beschichteten Pfanne erhitzen und darin die Zwiebeln 8 Minuten glasig dünsten. Zucker und Essig hinzufügen und 1–2 Minuten mitdünsten, bis die Zwiebeln karamellisieren. Abkühlen lassen.

Kichererbsen, Tahini, Zitronensaft, Salz und Öl in der Küchenmaschine glatt pürieren. Mit den karamellisierten Zwiebeln belegen, mit Öl beträufeln und mit Sumach bestreuen. Dazu geröstetes Pitabrot servieren. ERGIBT 625 ML.

bohnen-feta-dip mit minze

600 g frische oder tiefgekühlte Dicke Bohnen (Favabohnen)
50 g frische Minzeblätter, gehackt
200 g marinierter Feta, zerbröselt
1 Knoblauchzehe, gepresst
20 g fein geriebener Parmesan
2 EL weißer Balsamicoessig*
60 ml Olivenöl
Meersalz und schwarzer Pfeffer aus der Mühle
türkisches Fladenbrot vom Grill

Die Dicken Bohnen in kochendem Wasser 3–5 Minuten zart garen, häuten und grob hacken. Mit Minze, Feta, Knoblauch, Parmesan, Essig, Öl, Salz und Pfeffer vermengen. Dann die Bohnen leicht zerstoßen, sodass sie aufplatzen. Dazu auf dem Grill geröstetes Fladenbrot reichen. ERGIBT 500 ML.

hummus-dip mit karamellisierten zwiebeln

bohnen-feta-dip mit minze

knoblauch-joghurt-dip

700 g dicker Naturjoghurt (griechischer Joghurt)
1 TL Meersalzflocken
1 Knoblauchzehe, gepresst
¼ TL weißer Pfeffer aus der Mühle
Meersalz
Zitronen-Olivenöl zum Beträufeln

Joghurt und Salz verrühren. Ein Sieb mit feinmaschigem Musselintuch auslegen und auf eine große Schüssel setzen. Den Joghurt ins Sieb geben und zugedeckt über Nacht kalt stellen (siehe Tipp). Den abgetropften Joghurt mit Knoblauch, Pfeffer und Salz verrühren. Vor dem Servieren mit Zitronen-Olivenöl beträufeln. ERGIBT 500 ML.
Tipp: Über Nacht tropft die überschüssige Flüssigkeit aus dem Joghurt in die Schüssel; zurück bleibt eine Art Quark, den man in der Küche des Mittleren Ostens Labne nennt. Die Flüssigkeit weggießen. Musselintuch finden Sie in gut sortierten Küchenfachgeschäften und Stoffgeschäften.

maistortillas

340 g weißes Maismehl*
300 g Weizenmehl
1 EL Meersalzflocken
60 g kaltes Schweineschmalz, gewürfelt
625 ml heißes Wasser

Beide Mehlsorten und das Salz gut vermischen. Dann das Schweineschmalz mit den Fingerspitzen in die Mehlmischung reiben, sodass ein fein krümeliger Bröselteig entsteht. Das Wasser dazugeben und alles mit einem Buttermesser zu einem Teig zusammenfügen. Diesen auf einer bemehlten Fläche durchkneten, bis er geschmeidig ist. Eine beschichtete Pfanne mit dickem Boden stark erhitzen. Den Teig in 18 Portionen teilen und jede zu einem Kreis von 20 cm Durchmesser ausrollen. Diese Fladen nacheinander von jeder Seite 1–2 Minuten in der Pfanne hellbraun backen. ERGIBT 18 STÜCK.
Tipp: Maistortillas schmecken etwas anders als Weizentortillas.

weizentortillas

600 g Weizenmehl
1 EL Meersalzflocken
50 g kalte Butter, gewürfelt
625 ml heißes Wasser

Mehl und Salz gut vermischen. Dann die Butter mit den Fingerspitzen in das Mehl reiben, sodass ein fein krümeliger Bröselteig entsteht. Das Wasser dazugeben und alles mit einem Buttermesser zu einem Teig zusammenfügen. Diesen auf einer dünn bemehlten Fläche durchkneten, bis er geschmeidig ist. Eine beschichtete Pfanne stark erhitzen. Den Teig in 18 Portionen teilen und jede zu einem Kreis von 20 cm Durchmesser ausrollen. Diese Fladen nacheinander von jeder Seite 1–2 Minuten in der Pfanne hellbraun backen. ERGIBT 18 STÜCK.
Tipp: Die Tortillas bleiben länger warm, wenn man sie gleich nach dem Backen stapelt und bis zum Füllen mit einem Geschirrtuch zudeckt.

knoblauch-joghurt-dip

SÜSS

COOKIES, KEKSE, SÜSSE SCHNITTEN

Ganz gleich, ob Sie sich am liebsten von einem saftigen Brownie, einem knusprigen Schoko-Cookie vom Blech oder von einer Karamellschnitte verführen lassen – die folgende Sammlung süßer Köstlichkeiten ist einfach unwiderstehlich.

kokosschnitten mit konfitürefüllung

zitronenschnitten

kokosschnitten mit konfitürefüllung

220 g feiner Zucker
80 g Kokosraspel
300 g Mehl
200 g Butter, geschmolzen
320 g Himbeerkonfitüre
Für den Kokosbelag
225 g Kokosraspel
2 Eiweiß, leicht verklopft

Den Ofen auf 180 Grad vorheizen. Zucker, Kokosraspel, Mehl und Butter verrühren und den Teig in eine dünn gefettete, mit Backpapier ausgelegte Backform (20 × 30 cm) drücken. 20 Minuten goldbraun backen. Anschließend leicht abkühlen lassen und den Teigboden mit Himbeerkonfitüre bestreichen.

Für den Kokosbelag Kokosraspel und Eiweiße verrühren und die Mischung auf der Konfitüre verteilen. 25 Minuten goldbraun backen und den Kuchen in der Form vollständig abkühlen lassen. ERGIBT 18 STÜCKE.

PROBIEREN SIE ES MIT …
Erdbeerkonfitüre
Aprikosenkonfitüre
Pflaumenmus

zitronenschnitten

300 g Mehl, gesiebt
110 g feiner Zucker
1 TL Vanilleextrakt
125 g kalte Butter, gewürfelt
Puderzucker zum Bestäuben
Für den Zitronenbelag
4 Eier
2 Eigelb, zusätzlich
440 g feiner Zucker
50 g Mehl, gesiebt
1 EL fein abgeriebene Zitronenschale
250 ml Zitronensaft

Den Ofen auf 180 Grad vorheizen. Mehl, Zucker, Vanilleextrakt und Butter in der Küchenmaschine zu einem krümeligen Teig verarbeiten (siehe Tipp) und diesen in eine leicht gefettete und mit Backpapier ausgelegte Backform (20 × 30 cm) drücken. 20–25 Minuten goldbraun backen, dann beiseitestellen.

Die Ofentemperatur auf 160 Grad reduzieren. Für den Zitronenbelag die Eier mit den zusätzlichen Eigelben verrühren und Zucker, Mehl, Zitronenschale und -saft hinzufügen. Alles zu einer glatten Masse verrühren. Diese auf dem vorgebackenen Teigboden verteilen und im heißen Ofen 30 Minuten gerade eben fest werden lassen. 2 Stunden kalt stellen, bis der Belag richtig fest ist. Mit Puderzucker bestäubt servieren. ERGIBT 18 STÜCKE.

Tipp: Wundern Sie sich nicht, wenn der Teig trocken und krümelig wird anstatt weich und glatt; wenn man ihn in die Form drückt, verbindet er sich zu einem zusammenhängenden Teigboden.

ingwerkekse

150 g weiche Butter
1 TL Vanilleextrakt
225 g brauner Zucker
1 Ei
185 g Mehl, gesiebt
1 EL gemahlener Ingwer, gesiebt
¼ TL Backnatron, gesiebt
220 g Demerarazucker* zum Arbeiten

Den Ofen auf 180 Grad vorheizen. Butter, Vanilleextrakt und Zucker mit dem Handmixer 8–10 Minuten aufschlagen. Das Ei dazugeben und weitere 2–3 Minuten schlagen, bis eine helle, schaumige Masse entsteht. Mehl, Ingwerpulver und Backnatron hinzufügen und alles zu einem weichen Teig verarbeiten. Esslöffelgroße Teigportionen zu Kugeln formen und diese im Demerarazucker wenden. Die Kugeln auf ein mit Backpapier belegtes Blech setzen; dabei Abstand halten, weil der Teig verläuft. Im heißen Ofen 10–12 Minuten backen, bis sich die Kanten der Kekse goldbraun färben. Auf Kuchengittern abkühlen lassen. ERGIBT 24 STÜCK.

ingwerkekse

knusprige karamell-brownies

brownie-kekse mit erdnussbuttercreme

knusprige karamell-brownies

100 g Zartbitterschokolade, zerkleinert
125 g Butter
175 g brauner Zucker
2 Eier
100 g Mehl, gesiebt
1 EL Kakaopulver
Für den Karamellbelag
440 g feiner Zucker
125 ml Wasser
125 ml Rahm*
50 g Butter
70 g Puffreis
Für die Schokoladen-Ganache
300 g Zartbitterschokolade, zerkleinert
125 ml Rahm*

Den Ofen auf 180 Grad vorheizen. Schokolade und Butter in einem kleinen Topf bei schwacher Hitze unter Rühren zum Schmelzen bringen, beiseitestellen. Zucker, Eier, Mehl und Kakaopulver mit der Schokoladenmischung verrühren und den Teig in eine dünn gefettete, mit Backpapier ausgelegte quadratische Form (20×20 cm) füllen. 30–35 Minuten backen, dann in der Form abkühlen lassen.

Für den Karamellbelag Zucker und Wasser in einem kleinen Topf unter Rühren schwach erhitzen und dabei Zuckerkristalle mit einem feuchten Pinsel von der Topfwand streichen. Sobald sich der Zucker aufgelöst hat, die Temperatur erhöhen und den Sirup bei starker Hitze (nicht rühren!) 8–10 Minuten aufkochen, bis er sich goldbraun färbt und 160 Grad erreicht (mit dem Zuckerthermometer prüfen). Dann Rahm und Butter einrühren. Anschließend den Puffreis unterrühren und die Masse auf dem Brownie-Teigboden verteilen und glatt streichen. 30 Minuten beiseitestellen und auf Raumtemperatur abkühlen lassen.

Für die Schokoladen-Ganache Schokolade und Rahm in einem Topf bei schwacher Hitze unter Rühren zum Schmelzen bringen. Die Masse auf das Karamell gießen und 3 Stunden auf Raumtemperatur abkühlen lassen. Vor dem Servieren in Stücke schneiden. ERGIBT 12 STÜCKE.

Tipp: Diese Brownies sollten innerhalb von 2 Tagen verzehrt werden. Nicht im Kühlschrank aufbewahren.

brownie-kekse mit erdnussbuttercreme

350 g Zartbitterschokolade, zerkleinert
40 g Butter
2 Eier
150 g feiner Zucker
1 TL Vanilleextrakt
35 g Mehl, gesiebt
¼ TL Backpulver, gesiebt
Für die Erdnussbuttercreme
160 g Puderzucker
280 g glatte Erdnussbutter
80 g Butter
1 TL Vanilleextrakt
80 ml Rahm*

Den Ofen auf 180 Grad vorheizen. 200 g der Schokolade und die Butter in einem kleinen Topf bei schwacher Hitze unter Rühren zum Schmelzen bringen und dann leicht abkühlen lassen. Eier, Zucker und Vanilleextrakt mit dem Handmixer 15 Minuten zu einer hellen, cremigen Masse aufschlagen. Mehl, Backpulver, die Schokoladenmischung und die restlichen Schokoladenstücke unterheben und alles 10 Minuten stehen lassen. Esslöffelgroße Teigportionen auf mehrere mit Backpapier belegte Bleche setzen und 8–10 Minuten backen, bis die Kekse aufgegangen und knackig sind. Auf den Blechen vollständig abkühlen lassen.

Für die Erdnussbuttercreme Zucker, Erdnussbutter, Butter und Vanilleextrakt mit dem Handmixer 6 Minuten zu einer hellen, luftigen Creme aufschlagen. Den Rahm dazugeben und weitere 2 Minuten schlagen. Die Hälfte der Kekse mit der Creme verstreichen und die restlichen Kekse daraufsetzen. ERGIBT 12 STÜCK.

klassische brownies

400 g Zartbitterschokolade, zerkleinert
280 g Butter
350 g brauner Zucker
6 Eier
150 g Mehl

Den Ofen auf 180 Grad vorheizen. Die Hälfte der Schokolade und die Butter in einem kleinen Topf bei schwacher Hitze unter Rühren zum Schmelzen bringen und dann leicht abkühlen lassen. Zucker, Eier und Mehl mit der Schokoladenmischung verrühren. Die restlichen Schokoladenstücke unterheben und den Teig in eine dünn gefettete, mit Backpapier ausgelegte Form (20×30 cm) füllen. Im heißen Ofen 30–35 Minuten backen; die Stäbchenprobe* machen. Herausnehmen und in der Form auskühlen lassen. Dann in Quadrate schneiden. ERGIBT 8 STÜCKE.

Tipp: In einem luftdicht verschlossenen Behälter halten sich die Brownies bei Raumtemperatur 3–4 Tage.

klassische brownies

SO GELINGT shortbread

1
3

grundrezept shortbread

250 g kalte Butter, gewürfelt
160 g Puderzucker, gesiebt
225 g Mehl, gesiebt
100 g Reismehl, gesiebt
1 TL Vanilleextrakt
Puderzucker zum Bestäuben

SCHRITT 1 Den Ofen auf 180 Grad vorheizen. Butter, Puderzucker, Mehl, Reismehl und Vanilleextrakt in der Küchenmaschine zu einem krümeligen Teig verarbeiten.
SCHRITT 2 Eine runde Hebebodenform mit gewelltem Rand (24 cm Durchmesser) dünn fetten und den Krümelteig mithilfe eines Löffelrückens hineindrücken. 15 Minuten kalt stellen.
SCHRITT 3 Mit runden Ausstechern (6 cm Durchmesser) in der Mitte des Teigs ein Loch ausstechen; den kleinen Teigkreis entfernen und den Ausstecher im Loch stehen lassen. Mit einem spitzen Messer den Teig in acht Abschnitte einteilen und diese mit einem Spieß mehrfach einstechen.
SCHRITT 4 Das Shortbread 35–40 Minuten hellbraun backen, aus der Form heben und auf einem Kuchengitter abkühlen lassen. Mit Puderzucker bestäubt und in Stücke geschnitten servieren.
ERGIBT 8 STÜCKE.
Tipp: Reismehl gibt dem Shortbread seine typische mürbe Konsistenz.

REZEPT-NOTIZ
Wenn Sie den Teig mit einem Löffelrücken in die Form drücken, bekommt das Shortbread eine glatte, gleichmäßige Oberfläche. Der ausgestochene Kreis in der Mitte entspricht dem klassischen Shortbread. Dies verhindert auch, dass das fragilste Stück des Shortbreads, nämlich die Spitze, abbrechen kann.

grundrezept shortbread

konfitürenplätzchen

müsli-schnitten

haferflocken-taler

vanillecremeschnitten

karamellschnitten

karamellschnitten

150 g Mehl, gesiebt
40 g Kokosraspel
90 g brauner Zucker
125 g Butter, geschmolzen
Für den Karamellbelag
115 g heller Rübensirup
125 g Butter, gewürfelt
400 g gesüßte Kondensmilch (Dose oder Tube)
Für den Schokoladenbelag
200 g Zartbitterschokolade, zerkleinert
1 EL Pflanzenöl

Den Ofen auf 180 Grad vorheizen. Mehl, Kokosraspel, Zucker und Butter verrühren und die Masse in eine dünn gefettete, mit Backpapier ausgelegte Form (20 x 30 cm) drücken und 15–20 Minuten goldbraun backen.

Für den Karamellbelag Rübensirup, Butter und Kondensmilch in einem Topf bei schwacher Hitze unter ständigem Rühren etwa 6–7 Minuten erhitzen, bis die Butter geschmolzen und das Karamell leicht eingedickt ist. Die Masse auf dem Teigboden verteilen und alles weitere 15–20 Minuten goldbraun backen. Leicht auskühlen lassen, dann im Kühlschrank vollständig erkalten lassen.

Für den Schokoladenbelag die Schokolade und das Öl in einer hitzebeständigen Schüssel unter Rühren über dem heißen Wasserbad zum Schmelzen bringen. Die Schokomasse auf die Karamellschicht geben und unter Schwenken gleichmäßig verteilen. 30 Minuten kalt stellen. In Quadrate schneiden und bis zum Servieren kalt stellen. ERGIBT 20 STÜCK.

vanillecremeschnitten

2 Platten fertig gekaufter Blätterteig*, aufgetaut
375 ml Milch
375 ml Rahm*
60 g Butter, gewürfelt
2 TL Vanilleextrakt
150 g feiner Zucker
50 g Maisstärke
125 ml Wasser
6 Eigelb
Puderzucker zum Bestäuben

Den Ofen auf 180 Grad vorheizen. Den Blätterteig auf ein mit Backpapier belegtes Blech legen, mit einem Bogen Backpapier bedecken und ein weiteres Backblech zum Beschweren daraufsetzen. 20–25 Minuten goldbraun backen und auf Kuchengittern vollständig abkühlen lassen. Die Teigplatten in Quadrate (22×22 cm) schneiden. Beiseitestellen.

Milch, Rahm, Butter, Vanilleextrakt und Zucker in einem Topf bei mittlerer Temperatur bis kurz vor den Siedepunkt erhitzen. Den Topf vom Herd nehmen. Maisstärke und Wasser verrühren, zusammen mit den Eigelben in die heiße Rahmmischung rühren. Zurück auf den Herd stellen und die Mischung unter Rühren aufkochen. Unter Rühren 30 Sekunden bis 1 Minute kochen lassen, bis die Masse eingedickt ist. Eines der Teigblätter in eine dünn gefettete, mit Backpapier ausgelegte quadratische Form (22×22 cm) geben (siehe Tipp). Darauf die Vanillecreme verteilen und mit dem zweiten Teigblatt bedecken, behutsam andrücken. 3–4 Stunden kalt stellen, bis die Creme fest ist. Mit Puderzucker bestäubt und in Quadrate geschnitten servieren. ERGIBT 12 STÜCK.

Tipp: Achten Sie darauf, dass ausreichend Backpapier aus der Form herausschaut, sodass Sie den Kuchen nach der Kühlzeit bequem herausheben können.

SO GELINGEN **macarons**

1 2
3 4

grundrezept macarons mit vanille-buttercreme

200 g Puderzucker
120 g gemahlene Mandeln
3 Eiweiß, zimmerwarm
1 EL feiner Zucker
Für die Vanille-Buttercreme
125 g weiche Butter
1 Vanilleschote, längs aufgeschnitten, Mark ausgekratzt
160 g Puderzucker

SCHRITT 1 Den Ofen auf 150 Grad erhitzen. Puderzucker und gemahlene Mandeln in eine Schüssel sieben und vermischen, beiseitestellen. Die Eiweiße mit dem Handmixer auf höchster Stufe etwa 30 Sekunden aufschlagen. Den Zucker dazugeben und alles circa 10 Minuten zu steifem Eischnee aufschlagen.
SCHRITT 2 Die Puderzucker-Mandel-Mischung in zwei Portionen unterheben.
SCHRITT 3 Die Masse in einen Spritzbeutel mit glatter Lochtülle (1½ cm Durchmesser) füllen und auf mit Backpapier belegte Bleche Teigkreise von etwa 3 cm Durchmesser setzen. Die Bleche behutsam anstoßen (siehe Rezept-Notiz unten).
SCHRITT 4 Die Bleche 20 Minuten stehen lassen, bis sich auf den Macarons eine Haut bildet. Die Ofentemperatur auf 130 Grad reduzieren und die Macarons 17–18 Minuten backen; sie sollten außen knusprig, aber innen noch leicht feucht sein. Vollständig auf den Blechen abkühlen lassen.
SCHRITT 5 Für die Vanille-Buttercreme die Butter mit dem Vanillemark mit dem Handmixer 6–8 Minuten zu einer hellen, cremigen Masse aufschlagen. Puderzucker hinzufügen und weitere 10 Minuten schlagen, bis eine locker leichte Creme entsteht. Die Hälfte der Macarons auf der Unterseite mit der Buttercreme bestreichen und die restlichen Macarons daraufsetzen. ERGIBT 24 STÜCK.

REZEPT-NOTIZ
Klopfen Sie die Bleche behutsam auf der Arbeitsfläche auf, bevor Sie die Macarons 20 Minuten ruhen lassen. So können mögliche Luftblasen aus dem Teig entweichen – und die Macarons werden glatter.

grundrezept macarons mit vanille-buttercreme

himbeer-ingwer-cheesecake-schnitten

marmorierte brownies

himbeer-ingwer-cheesecake-schnitten

375 g fertig gekaufte Ingwerkekse
120 g Butter, geschmolzen
3 TL Gelatinepulver
60 ml Wasser
375 g Frischkäse
1 TL Vanilleextrakt
220 g feiner Zucker
250 ml Rahm*
375 g Himbeeren

Die Kekse in der Küchenmaschine zu feinen Bröseln zermahlen. Diese mit der flüssigen Butter vermengen und die Masse mit einem Löffelrücken in eine dünn gefettete, mit Backpapier ausgelegte Form (20×30 cm) drücken. 30 Minuten kalt stellen, bis der Krümelboden fest ist. Gelatinepulver und Wasser verrühren und 5 Minuten stehen lassen, bis die Gelatine das gesamte Wasser aufgesaugt hat. Frischkäse, Vanilleextrakt und Zucker mit dem Handmixer 2–3 Minuten dickcremig aufschlagen. Behutsam die Gelatinemischung unterheben und die Masse auf den Keksboden geben. Mit einer Tortenpalette glatt streichen und die Himbeeren darauf verteilen. 2 Stunden kalt stellen und vor dem Servieren aufschneiden. ERGIBT 6–8 STÜCKE.

marmorierte brownies

200 g Zartbitterschokolade, zerkleinert
250 g Butter, gewürfelt
300 g brauner Zucker
4 Eier
200 g Mehl, gesiebt
¼ TL Backpulver, gesiebt
35 g Kakaopulver, gesiebt
Für die Marmorierung
250 g weicher Frischkäse
75 g feiner Zucker
2 Eier

Den Ofen auf 180 Grad vorheizen. Schokolade und Butter in einem Topf bei schwacher Hitze unter Rühren zum Schmelzen bringen. In einer Schüssel mit dem Zucker und den Eiern verrühren. Dann das Mehl, das Backpulver und das Kakaopulver einrühren und den Teig in eine dünn gefettete, mit Backpapier ausgelegte quadratische Form (22×22 cm) füllen und beiseitestellen.

Für die Marmorierung den Frischkäse mit Zucker und Eiern in der Küchenmaschine glatt rühren. Große Kleckse der Frischkäsemasse auf den Schokoladenteig setzen und mit einem Buttermesser in geschwungener Form teilweise unterheben. Im heißen Ofen 50 Minuten backen. ERGIBT 12 STÜCK.

chocolate chip cookies

175 g brauner Zucker
165 g weißer Zucker
150 g weiche Butter
2 TL Vanilleextrakt
1 Ei
225 g Mehl, gesiebt
½ TL Salz
½ TL Backpulver, gesiebt
400 g Zartbitterschokolade, zerkleinert

Den Ofen auf 160 Grad vorheizen. Die beiden Zuckersorten, die Butter und den Vanilleextrakt mit dem Handmixer 8–10 Minuten zu einer hellen, dickcremigen Masse aufschlagen. Dann das Ei einrühren. Anschließend das Mehl, Salz und Backpulver zugeben und bei niedriger Rührgeschwindigkeit zu einem glatten Teig verarbeiten. Dann die Schokolade unterheben. Jeweils 2 EL Teig zu einer Kugel rollen und diese leicht flach drücken. Auf gefettete, mit Backpapier belegte Bleche setzen. Ausreichende Abstand halten, weil der Teig beim Backen auseinanderläuft. Dann im heißen Ofen 17–20 Minuten backen. Die Cookies auf den Blechen abkühlen lassen. ERGIBT 22 STÜCK.
Tipp: Man nimmt die Cookies aus dem Ofen, wenn sich die Ränder goldbraun färben – auch wenn sie sich auf Druck noch weich anfühlen.

VARIATIONEN
cookies mit weißer schokolade und macadamianüssen: Ersetzen Sie einfach die Zartbitterschokolade durch 250 g zerkleinerte weiße Schokolade und 150 g gehackte Macadamianüsse.
cookies mit dreierlei schokolade: Reduzieren Sie die Zartbitterschokolade auf 150 g und geben Sie außerdem 150 g zerkleinerte weiße sowie 100 g zerkleinerte Vollmilchschokolade in den Teig.

chocolate chip cookies

KLEINGEBÄCK

Klein, aber fein: Süße Cupcakes, mit Früchten gespickte Muffins, unwiderstehliche Donuts. Ob hübsch verpackt als Mitbringsel, auf dem Kaffeetisch in Szene gesetzt oder als Überraschung in der Lunchbox – lassen Sie sich einfach verführen.

kaffee-baiser-brownie

zartbitter-himbeer-brownie-tartes

schoko-whisky-cupcakes mit erdnussbuttercreme

schoko-whisky-cupcakes mit erdnussbuttercreme

2 EL Bourbon-Whisky
140 g Butter, gewürfelt
50 g Kakaopulver, gesiebt
2 Eier
80 g Sauerrahm
200 g Mehl, gesiebt
1 TL Backnatron, gesiebt
275 g feiner Zucker
Für die Whisky-Karamell-Sauce
110 g feiner Zucker
2 EL Wasser
2 EL Rahm
1 EL Bourbon-Whisky
Für die Erdnussbuttercreme
160 g Puderzucker
260 g glatte Erdnussbutter
80 g weiche Butter
1 TL Vanilleextrakt
80 ml Rahm*

Den Ofen auf 160 Grad vorheizen. Whisky und Butter in einem kleinen Topf bei mittlerer Temperatur unter Rühren erhitzen, bis die Butter geschmolzen ist. Vom Herd nehmen und das Kakaopulver einrühren. Eier und Sauerrahm in einer separaten Schüssel verrühren. Dann die Bourbonmischung, das Mehl sowie Backnatron und Zucker einrühren. Den Teig in zwölf mit Papierbackförmchen ausgelegte Cupcake-Formen (je 125 ml Inhalt) füllen und 25–30 Minuten backen; die Stäbchenprobe* machen. Auf einem Kuchengitter abkühlen lassen.

Für die Whisky-Karamell-Sauce Zucker und Wasser in einem kleinen Topf bei mittlerer Temperatur verrühren und dann, ohne zu rühren, 7–8 Minuten aufkochen, bis der Sirup leicht karamellisiert (siehe Tipp). Den Topf vom Herd nehmen und behutsam Rahm und Whisky einrühren. Den Topf wieder auf den Herd stellen und alles gut verrühren. Beiseitestellen und vollständig abkühlen lassen.

Für die Erdnussbuttercreme Zucker, Erdnussbutter, Butter und Vanilleextrakt mit dem Handmixer 6–8 Minuten zu einer hellen, luftigen Masse aufschlagen. Den Rahm dazugeben und 1 Minute weiterschlagen. Die vollständig abgekühlten Cupcakes mit der Creme bestreichen und mit Whisky-Karamell-Sauce beträufeln. ERGIBT 12 STÜCK.

Tipp: Sobald der Zuckersirup zu karamellisieren beginnt, den Topf behutsam schwenken, damit der Sirup gleichmäßig bräunt.

kaffee-baiser-brownie

200 g Zartbitterschokolade, zerkleinert
250 g Butter
150 g feiner weißer Zucker
175 g brauner Zucker
4 Eier
220 g Mehl
2 EL Kakaopulver
1 EL Kaffeelikör
Für das Kaffee-Baiser
4 Eiweiß
220 g feiner Zucker
1 EL Maisstärke
2 TL weißer Essig
1 TL Kaffeelikör, mehr zum Servieren

Den Ofen auf 160 Grad vorheizen. Die Schokolade mit der Butter in einem kleinen Topf bei schwacher Hitze unter Rühren zum Schmelzen bringen. Etwas abkühlen lassen. Beide Zuckersorten, die Eier, das Mehl, das Kakaopulver und den Likör mit der Schokoladenmasse verrühren und den Teig in eine dünn gefettete Hebeboden-Tarteform (ca. 12×34 cm) füllen. 25–30 Minuten backen, dann in der Form abkühlen lassen.

Den Backofengrill vorheizen. Für das Kaffee-Baiser die Eiweiße mit dem Handmixer aufschlagen, bis der Eischnee weiche Spitzen bildet. Nach und nach unter Schlagen den Zucker hinzufügen, bis eine dicke, glänzende Eischneemasse entsteht. Die Maisstärke, den Essig und den Likör einrühren. Die Eischneemasse auf dem Teigboden verteilen, unter dem heißen Backofengrill 1 Minute goldbraun werden lassen. Die Brownies aufschneiden und mit Likör beträufelt servieren. ERGIBT 8 STÜCKE.

Tipp: Zum Härten der Baiserschicht können Sie auch einen kleinen Flambierbrenner (erhältlich in Küchenfachgeschäften) verwenden.

PROBIEREN SIE ES MIT…
süßem Sherry
Marsala
Haselnusslikör

zartbitter-himbeer-brownie-tartes

200 g Zartbitterschokolade (70 % Kakaoanteil)
60 g Butter
90 g brauner Zucker
60 ml Rahm*
3 Eier
35 g Mehl
250 g Himbeeren
Für die Schokoladen-Ganache
300 g Zartbitterschokolade, zerkleinert
250 ml Rahm*

Den Ofen auf 150 Grad vorheizen. Schokolade, Butter, Zucker und Rahm in einem Topf bei schwacher Hitze unter Rühren zum Schmelzen bringen und zu einer glatten Masse verrühren. Die Eier und das Mehl gut verrühren; dann die Schokoladenmasse unterrühren. Den Teig in vier runde, dünn gefettete und mit Backpapier ausgelegte Springformen von je 10 cm Durchmesser füllen und mit den Himbeeren belegen. 35–40 Minuten backen, die Stäbchenprobe* machen.

Für die Schokoladen-Ganache die Schokolade und den Rahm in einem kleinen Topf schwach erhitzen und unter Rühren die Schokolade zum Schmelzen bringen. Die Tartes mit der Ganache garnieren und servieren. ERGIBT 4 STÜCK.

vanille-cupcakes mit vanille-buttercreme

185 g Mehl, gesiebt
½ TL Backpulver
110 g feiner Zucker
100 g weiche Butter
2 Eier
2 EL Milch
1½ TL Vanilleextrakt
Für die Vanille-Buttercreme
185 g weiche Butter
240 g Puderzucker, gesiebt
1½ EL Milch
1½ TL Vanilleextrakt

Den Ofen auf 160 Grad vorheizen. Mehl, Backpulver, Zucker, Butter, Eier, Milch und Vanilleextrakt mit dem Handmixer bei mittlerer Rührgeschwindigkeit etwa 2 Minuten zu einem hellen, glatten Teig aufschlagen. Diesen in zwölf mit Papierbackförmchen ausgelegte Cupcake-Formen (je 125 ml Inhalt) füllen und 20–24 Minuten backen; die Stäbchenprobe* machen. Auf einem Kuchengitter abkühlen lassen.

Für die Creme die Butter mit dem Handmixer 6–8 Minuten cremig aufschlagen. Puderzucker, Milch und Vanilleextrakt dazugeben und die Masse weitere 10–15 Minuten aufschlagen, bis sie hell und luftig ist. Die vollständig ausgekühlten Muffins mit der Creme bestreichen und servieren. ERGIBT 12 STÜCK.

VARIATION

vanille-cupcakes mit lemon curd: Mit einem runden Ausstecher einen Kreis aus den Muffins ausstechen und mit einem Löffel etwas Teig entfernen. Die so entstandene Höhlung mit Schlagrahm und fertig gekauftem Lemon curd füllen, anschließend mit dem ausgestochenen Teig verschließen. Mit Puderzucker bestäubt servieren.

schokoladen-cupcakes mit schoko-buttercreme, schoko-karamell-cupcakes
vanille-cupcakes mit vanille-buttercreme, vanille-cupcakes mit lemon curd

blaubeer-muffins, bananen-kokos-muffins
himbeer-muffins mit weißer schokolade

schokoladen-cupcakes mit schoko-buttercreme

150 g Mehl, gesiebt
½ TL Backpulver
25 g Kakaopulver, gesiebt
135 g brauner Zucker
100 g weiche Butter
2 Eier
2 EL Milch
1½ TL Vanilleextrakt
Für die Schoko-Buttercreme
185 g weiche Butter
240 g Puderzucker, gesiebt
50 g Kakaopulver, gesiebt
1½ EL Milch
1½ TL Vanilleextrakt

Den Ofen auf 160 Grad vorheizen. Alle Zutaten zu einem hellen, glatten Teig aufschlagen und in zwölf mit Papierbackförmchen ausgelegte Cupcake-Formen (je 125 ml Inhalt) füllen, 20–24 Minuten backen. Auf einem Kuchengitter abkühlen lassen.

Für die Creme die Butter mit dem Handmixer 6–8 Minuten cremig aufschlagen. Dann den Puderzucker, das Kakaopulver, die Milch und den Vanilleextrakt dazugeben und die Masse weitere 10–15 Minuten aufschlagen, bis sie hell und luftig ist. Die vollständig ausgekühlten Muffins mit der Creme bestreichen und servieren. ERGIBT 12 STÜCK.

VARIATION
schoko-karamell-cupcakes: Mit einem Ausstecher einen Kreis aus den Muffins ausstechen und mit einem Löffel etwas Teig entfernen. Die Hohlung mit fertig gekaufter Karamellsauce füllen, anschließend mit Teig verschließen. Mit Kakaopulver bestäubt servieren.

blaubeer-muffins

300 g Mehl, gesiebt
2 TL Backpulver, gesiebt
165 g feiner Zucker
240 g Sauerrahm
2 Eier
je 1 TL abgeriebene Zitronenschale und Vanilleextrakt
80 ml Pflanzenöl
150 g frische oder tiefgekühlte (nicht aufgetaute) Blaubeeren

Den Ofen auf 180 Grad vorheizen. Mehl, Backpulver und Zucker vermischen. Sauerrahm, Eier, Zitronenschale, Vanilleextrakt und Öl in einer separaten Schüssel glatt rühren. Dann die Sauerrahmmischung unter die Trockenzutaten rühren, sodass sich alles gerade eben verbindet. Die Blaubeeren unterheben und den Teig in zwölf mit Backpapier ausgelegte Förmchen (je 125 ml Inhalt) füllen. 25–30 Minuten backen; die Stäbchenprobe* machen. ERGIBT 12 STÜCK.

bananen-kokos-muffins

300 g Mehl, gesiebt
2 TL Backpulver, gesiebt
165 g feiner Zucker
240 g Sauerrahm
2 Eier
1 TL fein abgeriebene Zitronenschale
1 TL Vanilleextrakt
80 ml Pflanzenöl
110 g zerquetschte Banane
40 g Kokosraspel, mehr zum Bestreuen

Den Ofen auf 180 Grad vorheizen. Mehl, Backpulver und Zucker vermischen. Sauerrahm, Eier, Zitronenschale, Vanilleextrakt und Öl in einer separaten Schüssel glatt rühren. Dann die Sauerrahmmischung unter die Trockenzutaten rühren, sodass sich alles gerade eben verbindet. Bananenmus und Kokosraspel unterheben und den Teig in zwölf mit Backpapier ausgelegte Förmchen (je 125 ml Inhalt) füllen. 25–30 Minuten backen; die Stäbchenprobe* machen. ERGIBT 12 STÜCK.

himbeer-muffins mit weißer schokolade

300 g Mehl, gesiebt
2 TL Backpulver, gesiebt
165 g feiner Zucker
240 g Sauerrahm
2 Eier
1 TL fein abgeriebene Zitronenschale
1 TL Vanilleextrakt
80 ml Pflanzenöl
240 g tiefgekühlte Himbeeren
175 g weiße Schokolade, zerkleinert

Den Ofen auf 180 Grad vorheizen. Mehl, Backpulver und Zucker vermischen. Sauerrahm, Eier, Zitronenschale, Vanilleextrakt und Öl in einer separaten Schüssel glatt rühren. Dann die Sauerrahmmischung unter die Trockenzutaten rühren, sodass sich alles locker verbindet. Himbeeren und Schokolade unterheben und den Teig in zwölf mit Backpapier ausgelegte Förmchen (je 125 ml Inhalt) füllen. 25–30 Minuten backen; die Stäbchenprobe* machen. ERGIBT 12 STÜCK.

SO GELINGT brioche

1 2
3 4

grundrezept brioche

1 Tütchen (8 g) Trockenhefe
1 TL lauwarmes Wasser
55 g feiner Zucker
¼ TL Meersalzflocken
2 EL lauwarme Milch
250 g Mehl (Type 00)*
2 Eier, leicht verklopft
225 g weiche Butter, gewürfelt
1 Ei zusätzlich, leicht verklopft

SCHRITT 1 Trockenhefe und Wasser verrühren und an einem warmen Ort 5 Minuten stehen lassen, bis an der Oberfläche Bläschen erscheinen. Zucker, Salz und Milch in einer separaten Schüssel vermengen. Das Mehl, die Hefemischung und die Eier mit den Knethaken des Handmixers bei niedriger Geschwindigkeit 1 Minute vermengen. Dann bei höherem Tempo die Milchmischung hinzufügen und alles 10 Minuten zu einem geschmeidigen Teig kneten, der sich von den Wänden der Schüssel löst.
SCHRITT 2 Bei laufendem Motor nach und nach die Butter dazugeben und 6–7 Minuten weiter rühren, bis ein glänzender, geschmeidiger Teig entsteht.
SCHRITT 3 Den Teig in eine Schüssel geben und mit Frischhaltefolie abgedeckt an einem warmen Ort 2–3 Stunden gehen lassen, bis er sein Volumen verdoppelt hat.
SCHRITT 4 Den Ofen auf 180 Grad vorheizen. Den Teig in vier gleich große Portionen teilen und diese auf einer dünn bemehlten Fläche durchkneten. Die Kugeln in eine dünn gefettete Kastenform (22 cm Länge) setzen, mit einem sauberen, feuchten Geschirrtuch bedecken und 1 Stunde gehen lassen, bis sie ihr Volumen verdoppelt haben. Die Kugeln der Länge nach oben einritzen, mit verklopftem Ei bestreichen und etwa 35–40 Minuten goldbraun backen. 10 Minuten stehen lassen. ERGIBT 8 PORTIONEN.

REZEPT-NOTIZ
Die große Menge Butter macht diese Brioche besonders reichhaltig und fein, kann den Teig aber auch klebrig machen. Am einfachsten lässt sich der Teig auf einer kühlen, dünn bemehlten Arbeitsfläche verarbeiten.

grundrezept brioche

brioche-muffins mit orange und zitronenglasur

1 Portion Briocheteig (siehe Grundrezept Seite 320)
1 EL fein abgeriebene Orangenschale
1 Ei, leicht verklopft
Orangenzesten zum Servieren
Für die Zitronenglasur
300 g Puderzucker, gesiebt
2 EL kochendes Wasser
2 TL Zitronensaft

Für den Briocheteig nach den Schritten 1–3 des Grundrezepts verfahren; in Schritt 1 die Orangenschale zusammen mit der Milch hinzufügen. Den Teig in sechs gleich große Portionen teilen und diese auf einer dünn bemehlten Fläche durchkneten. Die Kugeln in sechs dünn gefettete Muffinformen (250 ml Inhalt) geben und mit einem sauberen, feuchten Geschirrtuch bedeckt 1 Stunde ruhen lassen.

Den Ofen auf 180 Grad vorheizen. Den Brioche-Muffins mit dem Ei bestreichen und 15–17 Minuten goldbraun backen. Danach auf einem Kuchengitter abkühlen lassen.

Für die Zitronenglasur Puderzucker. Wasser und Zitronensaft glatt rühren. Das Kuchengitter mit den Brioche-Muffins auf ein Stück Backpapier stellen und die Muffins glasieren. Die Glasur fest werden lassen und mit Orangenzesten garniert servieren. ERGIBT 6 STÜCK.

marmor-brioche-kuchen

1 Portion Briocheteig (siehe Grundrezept Seite 320)
75 g Zartbitterschokolade, zerkleinert
60 ml Rahm*
1 Ei, leicht verklopft

Für den Briocheteig nach den Schritten 1–3 des Grundrezepts verfahren. Schokolade und Rahm in einem Topf bei schwacher Hitze 2–3 Minuten verrühren, bis die Schokolade geschmolzen ist; vollständig abkühlen lassen. Den Teig auf einer dünn bemehlten Fläche zu einem Rechteck (30 x 40 cm) ausrollen und mit der Schokoladen-Rahm-Masse bestreichen. Dann das Teigrechteck, ausgehend von einer langen Seite, zusammenrollen und die Rolle in eine dünn gefettete Gugelhupfform (22 cm Durchmesser) legen. Mit einem sauberen, feuchten Geschirrtuch bedeckt 1 Stunde ruhen lassen, bis der Teig sein Volumen verdoppelt hat.

Den Ofen auf 180 Grad vorheizen. Den Teig mit dem Ei bestreichen und 35–40 Minuten goldbraun backen. ERGIBT 8–10 STÜCKE.

zimt-brioche-kuchen

1 Portion Briocheteig (siehe Grundrezept Seite 320)
55 g feiner Zucker
½ EL gemahlener Zimt
1 Ei, leicht verklopft
1½ EL Demerarazucker*

Für den Briocheteig nach den Schritten 1–3 des Grundrezepts verfahren. Zucker und Zimt vermischen. Den Teig auf einer dünn bemehlten Fläche zu einem Rechteck (ca. 45×25 cm) ausrollen und mit der Zucker-Zimt-Mischung bestreuen. Dann das Teigrechteck, ausgehend von einer langen Seite, zusammenrollen. Die beiden Enden mit einem scharfen Messer glatt abschneiden und die Rolle in 14 Stücke schneiden. Die Stücke dicht an dicht in eine dünn gefettete runde Backform (20 cm Durchmesser) legen. Mit einem sauberen, feuchten Geschirrtuch bedeckt 1 Stunde ruhen lassen, bis der Teig sein Volumen verdoppelt hat.

Den Ofen auf 180 Grad vorheizen. Den Teig mit Ei bestreichen und mit Demerarazucker bestreuen. Im heißen Ofen 15 Minuten backen. Die Form lose mit Alufolie bedecken und weitere 15–20 Minuten goldbraun backen. Den Kuchen aus der Form nehmen und auf einem Kuchengitter vollständig abkühlen lassen. ERGIBT 14 STÜCKE.

mandel-brioche-tartes mit himbeeren

1 Portion Briocheteig (siehe Grundrezept Seite 320)
50 g Butter, geschmolzen
55 g feiner Zucker
1 Ei, leicht verklopft
60 g gemahlene Mandeln
1 EL Mehl
125 g Himbeeren
1 Ei, leicht verklopft

Für den Briocheteig nach den Schritten 1–3 des Grundrezepts verfahren. Den Teig auf einer dünn bemehlten Fläche 1 cm dick ausrollen und mit einem Ausstecher von 10 cm Durchmesser sechs Kreise ausstechen. Dann einen Ausstecher von 7 cm Durchmesser behutsam mittig in die Kreise drücken, sodass ein Rand entsteht. Die Teigkreise auf ein mit Backpapier belegtes Blech setzen. Butter, Zucker, Ei, gemahlene Mandeln und Mehl vermengen. Die Beeren unterheben und die Masse in der Mitte der Teigkreise verteilen. Die Tartes mit einem sauberen, feuchten Geschirrtuch bedeckt 1 Stunde ruhen lassen, bis der Teig sein Volumen verdoppelt hat.

Den Ofen auf 180 Grad vorheizen. Die Teigränder mit dem verklopften Ei bestreichen und die Tartes etwa 18 Minuten goldbraun backen. ERGIBT 6 STÜCK.

schoko-fondant-törtchen mit flüssiger erdnussbutter

200 g Zartbitterschokolade, zerkleinert
100 Butter, gewürfelt
2 Eier
2 Eigelb, zusätzlich
110 g feiner Zucker
35 g Mehl, gesiebt
8 EL glatte Erdnussbutter
Kakaopulver zum Bestäuben

Den Ofen auf 200 Grad vorheizen. Schokolade und Butter in einem Topf bei schwacher Hitze unter Rühren erwärmen, bis die Schokolade geschmolzen ist. Eier, zusätzliche Eigelbe und Zucker gut verrühren. Die Schokoladen-Butter-Mischung sowie das Mehl einrühren und zwei Drittel des Teigs in vier gut gefettete Dariolformen (je 250 ml Inhalt) verteilen. 2 EL Erdnussbutter in die Mitte jeder Form geben und mit dem restlichen Teig auffüllen. Die Formen auf ein Backblech stellen und im heißen Ofen 16–18 Minuten backen, bis die Törtchen schön aufgegangen sind. Sofort aus den Formen stürzen und mit Kakaopulver bestäubt servieren. ERGIBT 4 STÜCK.
Tipp: Heiß servieren, damit der Erdnussbutter-Kern noch flüssig ist.

klassische konfitüre-donuts

2 TL Trockenhefe
1½ EL lauwarmes Wasser
125 ml lauwarme Milch
2 EL feiner Zucker
50 g Butter, geschmolzen
335 g Mehl
2 Eier
Pflanzenöl zum Frittieren
560 g fertig gekaufte Himbeerkonfitüre
Lavendelzucker zum Bestreuen (siehe Tipp)

Trockenhefe, Wasser, Milch und 1 EL des Zuckers in einer großen Schüssel vermengen und an einem warmen Ort 10 Minuten stehen lassen, bis an der Oberfläche der Mischung Blasen erscheinen. Butter, Mehl, Eier und den restlichen Zucker hinzufügen und alles mit einem Buttermesser zu einem klebrigen Teig zusammenfügen. Diesen auf einer dünn bemehlten Fläche durchkneten. Den Teig in eine leicht geölte Schüssel geben und an einem warmen Ort 45 Minuten gehen lassen, bis er sein Volumen verdoppelt hat.

Den Teig auf einer dünn bemehlten Fläche 5 Minuten durchkneten, bis er weich und elastisch ist. 1 cm dick ausrollen und mit einem Ausstecher von 8 cm Durchmesser zehn Kreise ausstechen. Die Teigkreise auf ein mit Backpapier belegtes Blech setzen und 30 Minuten gehen lassen.

Das Öl in einem großen, hohen Topf bei mittlerer Temperatur auf 180 Grad erhitzen und darin die Donuts portionsweise von jeder Seite 1–2 Minuten goldbraun frittieren. Auf Küchenpapier abtropfen lassen. Die Konfitüre in einen Spritzbeutel füllen, die Donuts vorsichtig mit einem spitzen Messer anritzen und mit der Konfitüre füllen. Mit Lavendelzucker bestreuen und sofort servieren. ERGIBT 10 STÜCK.
Tipp: Für Lavendelzucker mischt man frische oder auch getrocknete (ungespritzte!) Lavendelblüten in einem Glas mit feinem Zucker und lässt die Mischung 1–2 Tage durchziehen. In Feinkostgeschäften ist auch küchenfertiger Lavendelzucker erhältlich. Oder die Donuts mit Vanillezucker bestäuben (dafür in einem Glas eine Vanilleschote mit Zucker vermischen und durchziehen lassen).

schoko-fondant-törtchen mit flüssiger erdnussbutter

klassische konfitüre-donuts

mini-donuts mit vanillecreme-füllung

mini-donuts mit vanillecreme-füllung

2 TL Trockenhefe
1½ EL lauwarmes Wasser
125 ml lauwarme Milch
2 EL feiner Zucker
50 g Butter, geschmolzen
340 g Mehl
2 Eier
Pflanzenöl zum Frittieren
250 ml fertig gekaufte Vanillecreme

Trockenhefe, Wasser, Milch und 1 EL des Zuckers in einer großen Schüssel vermengen und an einem warmen Ort 10 Minuten stehen lassen, bis an der Oberfläche der Mischung Blasen erscheinen. Butter, Mehl, Eier und den restlichen Zucker hinzufügen und alles mit einem Buttermesser zu einem klebrigen Teig zusammenfügen. Diesen auf einer dünn bemehlten Fläche durchkneten. Dann den Teig in eine leicht geölte Schüssel geben und an einem warmen Ort 45 Minuten gehen lassen, bis er sein Volumen verdoppelt hat.

Den Teig auf einer dünn bemehlten Fläche 5 Minuten durchkneten, bis er weich und elastisch ist. Esslöffelgroße Teigportionen zu Kugeln rollen und auf ein mit Backpapier belegtes Blech setzen; 30 Minuten gehen lassen.

Das Öl in einem großen, hohen Topf bei mittlerer Temperatur auf 180 Grad erhitzen und darin die Donuts portionsweise etwa 1 Minute von jeder Seite goldbraun frittieren. Auf Küchenpapier abtropfen lassen. Die Vanillecreme in einen Spritzbeutel füllen, die Donuts vorsichtig mit einem spitzen Messer anritzen und dann mit der Creme füllen. Sofort servieren. **ERGIBT 30 STÜCK.**

FÜLLEN SIE DIE DONUTS MIT …
Lemon curd
Himbeerkonfitüre
Schoko-Haselnuss-Creme

italienische donuts

2 TL Trockenhefe
1½ EL lauwarmes Wasser
125 ml lauwarme Milch
2 EL feiner Zucker
50 g Butter, geschmolzen
340 g Mehl
2 Eier
80 g Sultaninen
Pflanzenöl zum Frittieren
Puderzucker zum Bestäuben
Für die Ricottafüllung
300 g Ricotta
1 TL fein abgeriebene Zitronenschale
1 EL feiner Zucker

Für die Füllung Ricotta, Zitronenschale und Zucker vermengen; kalt stellen.

Trockenhefe, Wasser, Milch und 1 EL des Zuckers in einer großen Schüssel vermengen und an einem warmen Ort 10 Minuten stehen lassen, bis an der Oberfläche der Mischung Blasen erscheinen. Butter, Mehl, Eier und den restlichen Zucker hinzufügen und alles mit einem Buttermesser zu einem klebrigen Teig zusammenfügen. Diesen auf einer dünn bemehlten Fläche durchkneten. Dann den Teig in eine leicht geölte Schüssel geben und an einem warmen Ort 45 Minuten gehen lassen, bis er sein Volumen verdoppelt hat.

Den Teig auf einer dünn bemehlten Fläche 5 Minuten durchkneten, bis er weich und elastisch ist. In zwei gleich große Portionen teilen, jede Portion 1 cm dick ausrollen. Esslöffelgroße Portionen der Ricottafüllung auf einem der beiden Teigkreise verteilen und mit dem zweiten Teigkreis bedecken. Dann mit einem runden Ausstecher (6 cm Durchmesser) die Taschen um die Füllung herum ausstechen. Die Taschen auf ein mit Backpapier belegtes Blech setzen; 30 Minuten gehen lassen.

Das Öl in einem großen, hohen Topf bei mittlerer Temperatur auf 170 Grad erhitzen (mit einem Frittierthermometer prüfen) und darin die Donuts portionsweise 3–4 Minuten von jeder Seite goldbraun frittieren. Auf Küchenpapier abtropfen und leicht abkühlen lassen. Mit Puderzucker bestäubt servieren. **ERGIBT 18 STÜCK.**

italienische donuts

KUCHEN

Diese klassischen Backwerke – von Schokoladenkuchen über Biskuitgebäck bis hin zu Obstkuchen – sollten in jeder Küche zum festen Repertoire gehören. Viele Klassiker bekommen in den folgenden Rezepten eine neue, moderne Note und werden so noch unwiderstehlicher.

schokoladen-buttermilch-torte

chocolate mud cake

schokoladen-buttermilch-torte

250 ml Wasser
125 g Butter, gewürfelt
35 g Kakaopulver, gesiebt
300 g Mehl, gesiebt
1 TL Backnatron, gesiebt
440 g feiner Zucker
2 Eier
125 ml Buttermilch
1 TL Vanilleextrakt
Für die Schoko-Frischkäse-Creme
100 g weiche Butter
500 g Frischkäse
320 g Puderzucker, gesiebt
50 g Kakaopulver, gesiebt

Den Ofen auf 160 Grad vorheizen. Wasser, Butter und Kakaopulver in einem Topf bei mittlerer Hitze unter Rühren erwärmen, bis die Butter geschmolzen ist. Mehl, Backnatron und Zucker vermischen und die Kakaomischung einrühren. Dann die Eier, die Buttermilch und den Vanilleextrakt einrühren. Den Teig in zwei dünn gefettete, mit Backpapier ausgelegte runde Backformen (18 cm Durchmesser) füllen und im heißen Ofen 40–45 Minuten backen; die Stäbchenprobe* machen. 10 Minuten in der Form auskühlen lassen; dann aus der Form nehmen und auf Kuchengittern vollständig abkühlen lassen.

Während der Kuchen bäckt, die Schokoladen-Frischkäse-Füllung zubereiten. Dazu Butter und Frischkäse mit einem Handmixer 6–8 Minuten zu einer hellen, cremigen Masse aufschlagen. Puderzucker und Kakaopulver hinzufügen und weitere 6–8 Minuten zu einer luftigen Creme aufschlagen. Dann die abgekühlten Teigböden mit einem Brotmesser mit gezackter Klinge jeweils horizontal halbieren. Eine der Tortenbodenhälften auf eine Tortenplatte setzen und mit einem Viertel der Cremefüllung bestreichen; mit den anderen Tortenböden und der restlichen Creme ebenso verfahren; mit einer Cremeschicht abschließen. ERGIBT 6–8 STÜCKE.

rum-dattel-kuchen mit karamellsauce

200 g frische entsteinte Datteln, gehackt
90 g Backpflaumen, gehackt
75 g Rosinen
180 ml kochendes Wasser
125 ml dunkler Rum
1½ TL Backnatron, gesiebt
225 g Mehl, gesiebt
1 TL Backpulver
235 g brauner Zucker
225 g Butter, geschmolzen
1½ TL Vanilleextrakt
6 Eier
Für die Karamellsauce
100 g Butter
135 g brauner Zucker
175 g heller Zuckersirup
250 ml Rahm*
60 ml dunkler Rum

Den Ofen auf 160 Grad vorheizen. Datteln, Pflaumen, Rosinen, Natron, Rum und Wasser vermengen und 10 Minuten stehen lassen. Dann die Masse mit dem Stabmixer pürieren, beiseitestellen. Mehl, Backpulver und Zucker vermischen. Die flüssige Butter, Ahornsirup, Vanilleextrakt, Eier und Dattelpüree hinzufügen und alles gründlich vermengen. Den Teig in eine gut gefettete Gugelhupfform (3½ l Inhalt) füllen und 55–60 Minuten backen; die Stäbchenprobe* machen. 10 Minuten in der Form abkühlen lassen, dann aus der Form nehmen und auf einem Kuchengitter vollständig abkühlen lassen.

Für die Karamellsauce Butter, Zucker, Sirup, Rahm und Rum in einem Topf bei mittlerer Hitze unter Rühren erwärmen, bis sich der Zucker aufgelöst hat. Aufkochen und 10–12 Minuten dick einkochen lassen. Den Sirup 10 Minuten abkühlen lassen, dann auf dem Kuchen verteilen und servieren. ERGIBT 8–10 STÜCKE.

rum-dattel-kuchen mit karamellsauce

ahornsirup-dattel-kuchen

chocolate mud cake

400 g Butter, gewürfelt
400 g Zartbitterschokolade
15 g Instant-Kaffeepulver
2 TL Vanilleextrakt
60 ml Wasser
6 Eier
440 g feiner Zucker
225 g Mehl, gesiebt
1½ TL Backpulver
25 g Kakaopulver, gesiebt
Für die Schokoladen-Ganache
250 ml Rahm*
300 g Zartbitterschokolade, zerkleinert

Den Ofen auf 160 Grad vorheizen. Butter, Schokolade, Kaffeepulver, Vanilleextrakt und Wasser in einem Topf unter Rühren schwach erhitzen, bis alle Zutaten geschmolzen sind. Auf Raumtemperatur abkühlen lassen.

Eier und Zucker mit dem Handmixer 6 Minuten zu einer hellen, cremigen Masse aufschlagen. Die abgekühlte Schokoladenmischung einrühren. Dann Mehl, Backpulver und Kakaopulver unterheben. Den Teig in eine dünn gefettete, mit Backpapier ausgelegte runde Backform (24 cm Durchmesser) füllen und 1½ Stunden backen; die Stäbchenprobe* machen. 10 Minuten in der Form abkühlen lassen, dann aus der Form nehmen und auf einem Kuchengitter vollständig abkühlen lassen.

Für die Ganache Rahm und Schokolade in einem Topf bei schwacher Hitze unter Rühren erwärmen, bis die Schokolade geschmolzen ist, auf Raumtemperatur abkühlen lassen. Dann den erkalteten Kuchen mit der Ganache bestreichen und servieren. ERGIBT 6–8 STÜCKE.

ahornsirup-dattel-kuchen

230 g frische entsteinte Datteln, gehackt
80 g Sultaninen, gehackt
1 TL Backnatron
180 ml kochendes Wasser
225 g Mehl, gesiebt
1 TL Backpulver
130 g brauner Zucker
150 g Butter, geschmolzen
2 EL Ahornsirup
1 TL Vanilleextrakt
4 Eier
500 ml Ahornsirup

Den Ofen auf 160 Grad vorheizen. Datteln, Sultaninen, Natron und Wasser vermengen und 10 Minuten stehen lassen. Die Masse mit dem Stabmixer pürieren, beiseitestellen.

Mehl, Backpulver und Zucker vermischen. Butter, Ahornsirup, Vanilleextrakt, Eier und Dattelpüree hinzufügen und alles gründlich vermengen. Den Teig in eine gefettete, mit Backpapier ausgelegte Backform (20 cm Durchmesser) füllen und 50 Minuten backen; die Stäbchenprobe* machen. 10 Minuten abkühlen lassen, dann aus der Form nehmen und auf einem Kuchengitter vollständig abkühlen lassen.

Den zusätzlichen Ahornsirup in einem Topf stark erhitzen und 10 Minuten einkochen lassen; leicht abkühlen lassen. Den warmen Sirup auf dem Kuchen verteilen und servieren. ERGIBT 8–10 STÜCKE.

zitronenrührkuchen

225 g Mehl
1 TL Backpulver
120 g weiche Butter
1 EL fein abgeriebene Zitronenschale
220 g feiner Zucker
2 Eier
125 ml Milch
Puderzucker zum Bestäuben

Den Ofen auf 160 Grad vorheizen. Mehl und Backpulver in eine Schüssel sieben, beiseitestellen. Butter und Zitronenschale 3–4 Minuten schaumig schlagen. Nach und nach den Zucker hinzufügen; zwischendurch immer wieder die Masse von den Wänden der Schüssel streichen. 5–6 Minuten zu einer hellen, cremigen Masse aufschlagen. Ein Ei nach dem anderen dazugeben. Dann bei reduzierter Rührgeschwindigkeit nach und nach Mehl und Milch hinzufügen und alles zu einem glatten Teig verrühren. Den Teig in eine dünn gefettete und mit zwei Lagen Backpapier ausgelegte Kastenform (ca. 26 cm Länge) füllen und 60–65 Minuten backen; die Stäbchenprobe* machen. 10 Minuten in der Form abkühlen lassen, dann aus der Form nehmen und auf einem Kuchengitter vollständig abkühlen lassen. Mit Puderzucker bestäubt servieren. ERGIBT 8–10 STÜCKE.

gestürzter bananen-karamell-kuchen mit palmzucker

früchtekuchen

125 ml Orangensaft
130 g getrocknete gesüßte Cranberrys
80 g Korinthen
80 g Rosinen
200 g weiche Butter
150 g feiner Zucker
1 Vanilleschote, längs aufgeschnitten, Mark ausgekratzt
1 EL fein abgeriebene Orangenschale
3 Eier
150 g Mehl, gesiebt
1 TL Backpulver, gesiebt
60 g gemahlene Mandeln
½ TL gemahlener Kardamom
Puderzucker zum Bestäuben

Den Ofen auf 160 Grad vorheizen. Den Saft in einem kleinen Topf bei mittlerer Temperatur erhitzen und zum Köcheln bringen. Cranberrys, Korinthen und Rosinen in eine Schüssel geben und mit dem heißen Saft übergießen; 15 Minuten durchziehen lassen. Butter, Zucker, Vanillemark und Orangenschale mit dem Handmixer 6–8 Minuten zu einer hellen, cremigen Masse aufschlagen. Nach und nach die Eier hinzufügen; nach jedem Ei weiterschlagen. Das Obst abtropfen lassen; den Saft in dünnem Strahl zu dem Teig laufen lassen und unterrühren. Dann Mehl, Backpulver, gemahlene Mandeln und Kardamom zugeben und kurz unterrühren. Die eingeweichten Früchte unter den Teig heben und diesen in eine dünn gefettete, mit zwei Lagen Backpapier ausgelegte Kastenform (ca. 26 cm Länge) füllen. Im heißen Ofen 70 Minuten backen; die Stäbchenprobe* machen. 10 Minuten in der Form auskühlen lassen, zum vollständigen Abkühlen auf ein Kuchengitter stürzen. Mit Puderzucker bestäubt servieren. ERGIBT 8–10 STÜCKE.

PROBIEREN SIE ES MAL MIT ...
Sultaninen
gehackten getrockneten Feigen
gehackten getrockneten Aprikosen

karottenkuchen mit frischkäse-glasur und karamellisierten pekannüssen

300 g Mehl, gesiebt
2½ TL Backpulver, gesiebt
1 TL gemahlener Zimt
1 TL gemahlener Ingwer
¼ TL gemahlene Muskatnuss
265 g dunkelbrauner Zucker
4 Eier
250 ml Sonnenblumenöl
1 TL Vanilleextrakt
360 g Karotten, geschält, gerieben
100 g Sultaninen
60 g gehackte Pekannusskerne
Für die Frischkäse-Glasur
100 g weiche Butter
500 g weicher Frischkäse
320 g Puderzucker, gesiebt
2 EL Zitronensaft
Für die karamellisierten Pekannüsse
120 g Pekannusskerne
110 g feiner Zucker
1 EL Wasser

Für die karamellisierten Nüsse Pekannüsse, Zucker und Wasser in einer beschichteten Pfanne bei mittlerer Hitze zum Kochen bringen und unter gelegentlichem Rühren etwa 6–8 Minuten karamellisieren. Die Masse auf ein mit Backpapier belegtes Blech geben und abkühlen lassen, dann grob zerkleinern.

Den Ofen auf 180 Grad vorheizen. Mehl, Backpulver, Zimt, Ingwerpulver, Muskatnuss und Zucker vermischen. Eier, Öl und Vanilleextrakt in einer separaten Schüssel verrühren, zur Mehlmischung geben und glatt rühren. Den Teig in zwei dünn gefettete, mit Backpapier ausgelegte runde Backformen (20 cm Durchmesser) verteilen. 30–35 Minuten backen; die Stäbchenprobe* machen. 5 Minuten in den Formen abkühlen, dann auf einem Kuchengitter vollständig auskühlen lassen.

Für die Frischkäse-Glasur Butter und Frischkäse mit dem Handmixer 8–10 Minuten zu einer hellen, cremigen Masse aufschlagen. Den Puderzucker hinzufügen und weitere 6–8 Minuten zu einer hellen, luftigen Creme aufschlagen. Den Zitronensaft dazugeben und weitere 2 Minuten schlagen. Einen der beiden Teigböden mit der Hälfte der Creme bestreichen, den zweiten Boden daraufsetzen. Darauf die restliche Creme verteilen; mit den karamellisierten Pekannüssen garniert servieren. ERGIBT 8–10 STÜCKE.

karottenkuchen mit frischkäse-glasur und karamellisierten pekannüssen

biskuittorte mit himbeer-rahmfüllung

gestürzter bananen-karamell-kuchen mit palmzucker

75 g weiche Butter
135 g fein geriebener heller Palmzucker
45 g brauner Zucker
2 TL Vanilleextrakt
1 Ei
115 g Mehl, gesiebt
½ TL Backpulver, gesiebt
20 g Kokosraspel
60 ml Milch
Für das Bananenkaramell
100 g Butter, gewürfelt
90 g brauner Zucker
3–4 mittelgroße Zuckerbananen, längs halbiert

Den Ofen auf 180 Grad vorheizen. Für das Bananenkaramell die Butter und den braunen Zucker in einem kleinen Topf bei mittlerer Hitze unter Rühren erwärmen, bis die Butter geschmolzen ist. Zum Kochen bringen und unter Rühren noch eine weitere Minute aufkochen, bis die Masse eingedickt ist. Dann das Karamell in ein dünn gefettetes tiefes Backblech (ca. 16×22 cm) füllen und die Bananenhälften mit der Schnittseite nach unten auf die Karamellschicht legen; beiseitestellen.

Butter, Palmzucker und braunen Zucker mit dem Handmixer 10 Minuten zu einer hellen, cremigen Masse aufschlagen. Vanilleextrakt und Ei hinzufügen und gründlich verrühren. Mehl, Backpulver und Kokosraspel dazugeben und kurz zusammenfügen. Die Milch einrühren. Anschließend den Teig vorsichtig auf den Bananen verteilen und mit einer Tortenpalette glatt verstreichen. Die Form auf ein mit Backpapier belegtes Blech setzen und im heißen Ofen 30–35 Minuten backen; die Stäbchenprobe* machen. Die Kanten mit einem Messer lösen und den Kuchen behutsam stürzen. Dazu nach Belieben Crème double oder Eiscreme reichen. ERGIBT 6–8 STÜCKE.

Tipp: Indem man den Kuchen auf ein mit Backpapier belegtes Blech stellt, wird allenfalls über den Rand der Form fließendes Karamell aufgefangen und tropft nicht in den Ofen, wo es verbrennen würde.

biskuittorte mit himbeer-rahmfüllung

100 g Mehl
¼ TL Backpulver
4 Eier
100 g feiner Zucker
50 g Butter, geschmolzen, abgekühlt
125 ml Rahm*
320 g Erdbeerkonfitüre
frische Himbeeren zum Dekorieren
Puderzucker zum Bestäuben

Den Ofen auf 180 Grad vorheizen. Mehl und Backpulver dreimal durchsieben, beiseitestellen. Eier und Zucker mit dem Handmixer auf höchster Stufe 10–12 Minuten zu einer hellen, dicken Masse ungefähr des dreifachen Volumens aufschlagen. Die Hälfte der Mehlmischung dazusieben und mit einem großen Metalllöffel unterheben. Mit dem restlichen Mehl ebenso verfahren. Nun die flüssige Butter darunterziehen. Den Teig in zwei dünn gefettete, mit Backpapier ausgelegte runde Backformen (20 cm Durchmesser) verteilen. 16–18 Minuten backen; der Teig muss auf Fingerdruck elastisch zurückfedern und sich von den Rändern der Backformen lösen. Die Teigböden aus den Formen nehmen und auf Kuchengittern vollständig abkühlen lassen. Den Rahm steif schlagen. Einen der Teigböden mit Konfitüre bestreichen, darauf den Rahm und die frischen Himbeeren verteilen und den zweiten Teigboden daraufsetzen. Mit Puderzucker bestäubt servieren. ERGIBT 6–8 STÜCKE.

SO GELINGT bananenbrot

1 2
3 4

grundrezept bananenbrot

125 g weiche Butter
175 g brauner Zucker
1 TL Vanilleextrakt
2 Eier
300 g zerdrückte Bananen
250 g Mehl, gesiebt
1 TL Backpulver, gesiebt
1 TL Backnatron
1 TL gemahlener Zimt
110 g heller Zuckersirup
Butter zum Servieren

SCHRITT 1 Den Ofen auf 160 Grad vorheizen. Butter, Zucker und Vanilleextrakt mit dem Handmixer 8–10 Minuten zu einer hellen, cremigen Masse aufschlagen.
SCHRITT 2 Die Masse von den Wänden der Rührschüssel abstreifen, die Eier hinzufügen und alles gut verrühren.
SCHRITT 3 Bananenmus, Mehl, Backpulver, Natron, Zimt und Sirup einrühren.
SCHRITT 4 Den Teig in eine dünn gefettete, mit Backpapier ausgelegte Kastenform (ca. 26 cm Länge) füllen und im heißen Ofen 60–65 Minuten backen; die Stäbchenprobe* machen. Das Bananenbrot 20 Minuten in der Form abkühlen lassen; zum vollständigen Auskühlen auf ein Kuchengitter stürzen. In Scheiben geschnitten mit Butter servieren. ERGIBT 6–8 STÜCKE.

REZEPT-NOTIZ
Es ist wichtig, reife bis überreife Bananen zu verwenden. Denn nur so bekommt das Bananenbrot sein intensives, himmlisch süßes Bananenaroma und die feuchte, saftige Konsistenz.

grundrezept bananenbrot

bananen-dattel-brot mit ahorn-frischkäse-glasur

1 Portion Bananenbrot-Teig (siehe Grundrezept Seite 344)
140 g entsteinte gehackte Datteln
80 ml Ahornsirup
Für die Ahorn-Frischkäse-Glasur
500 g weicher Frischkäse
80 g Puderzucker, gesiebt
125 ml Ahornsirup

Für die Glasur Frischkäse, Puderzucker und Ahornsirup in der Küchenmaschine glatt rühren. Bis zur Weiterverarbeitung kalt stellen.

Den Ofen auf 160 Grad vorheizen. Den Schritten 1 und 2 des Grundrezepts folgen. Bei Schritt 3 zusammen mit den Bananen die gehackten Datteln hinzufügen und den Zuckersirup durch den Ahornirup ersetzen. Dann den Teig in eine dünn gefettete, mit Backpapier ausgelegte Kastenform (ca. 26 cm Länge) füllen und im heißen Ofen 65–70 Minuten backen. Die Stäbchenprobe* machen. Das Bananen-Dattel-Brot etwa 20 Minuten in der Form abkühlen lassen; zum vollständigen Auskühlen auf ein Kuchengitter stürzen. Die Glasur mit einer Tortenpalette auftragen und vor dem Servieren 30 Minuten kalt stellen. ERGIBT 6–8 STÜCKE.

bananen-kokos-brot mit himbeeren

1 Portion Bananenbrot-Teig (siehe Grundrezept Seite 344)
160 g tiefgekühlte Himbeeren
25 g gesüßte Kokosraspel, mehr zum Bestreuen

Den Ofen auf 160 Grad vorheizen. Den Schritten 1 und 2 des Grundrezepts folgen. Bei Schritt 3 zusammen mit den Bananen die Himbeeren und die Kokosraspel hinzufügen. Den Teig in eine dünn gefettete, mit Backpapier ausgelegte Kastenform (ca. 26 cm Länge) füllen und mit Kokosraspeln bestreuen. Im heißen Ofen etwa 80–85 Minuten backen; die Stäbchenprobe* machen. Das Bananen-Kokos-Brot 20 Minuten in der Form auskühlen lassen; zum vollständigen Abkühlen auf ein Kuchengitter stürzen. ERGIBT 6–8 STÜCKE.

bananen-erdnussbutter-brot

1 Portion Bananenbrot-Teig (siehe Grundrezept Seite 344)
140 g stückige Erdnussbutter
80 ml Ahornsirup
Puderzucker zum Bestäuben

Den Ofen auf 160 Grad vorheizen. Den Schritten 1 und 2 des Grundrezepts folgen. Bei Schritt 3 zusammen mit den Bananen die Erdnussbutter hinzufügen und den Zuckersirup durch Ahornsirup ersetzen. Den Teig in eine dünn gefettete, mit Backpapier ausgelegte Kastenform (ca. 26 cm Länge) füllen. Im heißen Ofen 85–90 Minuten backen; die Stäbchenprobe* machen. Das Brot 20 Minuten in der Form auskühlen lassen; zum vollständigen Abkühlen auf ein Kuchengitter stürzen. Mit Puderzucker bestäubt servieren. ERGIBT 6–8 STÜCKE.

bananen-schokoladen-brot mit haselnüssen

1 Portion Bananenbrot-Teig (siehe Grundrezept Seite 344)
70 g geröstete Haselnüsse, gehackt
90 g Zartbitterschokolade, zerkleinert

Den Ofen auf 160 Grad vorheizen. Den Schritten 1 und 2 des Grundrezepts folgen. Bei Schritt 3 zusammen mit den Bananen die Haselnüsse und die Schokolade hinzufügen. Den Teig in eine dünn gefettete, mit Backpapier ausgelegte Kastenform (ca. 26 cm Länge) füllen. Im heißen Ofen 70–75 Minuten backen; die Stäbchenprobe* machen. Das Bananen-Schokoladen-Brot 20 Minuten in der Form auskühlen lassen; zum vollständigen Abkühlen auf ein Kuchengitter stürzen. ERGIBT 6–8 STÜCKE.

klassischer zitronen-cheesecake

150 g Mehl
55 g feiner Zucker
100 g Butter, gewürfelt
Für den Belag
330 g weicher Frischkäse
500 g Ricotta
4 Eier
295 g feiner Zucker
60 ml Zitronensaft
2 EL fein abgeriebene Zitronenschale
½ TL Vanilleextrakt
1½ EL Maisstärke
1½ L Wasser
250 ml Rahm*, steif geschlagen

Den Ofen auf 150 Grad vorheizen. Mehl, Zucker und Butter mit den Fingerspitzen verreiben, sodass ein krümeliger Teig entsteht. Diesen mit einem Löffelrücken in eine dünn gefettete, mit Backpapier ausgelegte runde Springform (20 cm Durchmesser) drücken und im heißen Ofen 30 Minuten goldbraun backen; beiseitestellen.

Für den Belag Frischkäse, Ricotta, Eier, Zucker, Zitronensaft und -schale sowie Vanilleextrakt in der Küchenmaschine glatt rühren. Maisstärke und Wasser glatt verrühren und die Mischung unter die Frischkäsemasse rühren. Die Masse auf dem gebackenen Teigboden verteilen und 70 Minuten backen, bis sie sich hellbraun färbt und gerade eben fest ist. Den Ofen ausschalten und den Kuchen bei geschlossener Tür im Ofen abkühlen lassen. Vor dem Servieren 1 Stunde kalt stellen; dazu Schlagrahm reichen. ERGIBT 8–10 STÜCKE.

blaubeer-mandel-kuchen

4 Eier
220 g feiner Zucker
1 TL Vanilleextrakt
150 g Mehl
½ TL Backpulver
150 g Butter, geschmolzen
120 g gemahlene Mandeln
250 g Blaubeeren

Den Ofen auf 160 Grad vorheizen. Eier, Zucker und Vanilleextrakt mit dem Handmixer 8–10 Minuten zu einer hellen, dicken Masse von dreifachem Volumen aufschlagen. Das Mehl in die Eiermasse sieben und unterheben. Dann die flüssige Butter sowie die gemahlenen Mandeln unterheben. Den Teig in eine mit Backpapier ausgelegte rechteckige Backform (20 × 30 cm) füllen und darauf die Blaubeeren verteilen. Im heißen Ofen 30–35 Minuten backen; die Stäbchenprobe* machen. Den Kuchen auf ein Kuchengitter heben und abkühlen lassen. ERGIBT 8 STÜCKE.

PROBIEREN SIE ES AUCH MIT ...
Himbeeren
gemahlenen Haselnüssen
gemahlenen Walnüssen

klassischer zitronen-cheesecake

blaubeer-mandel-kuchen

madeira-kuchen

mexikanischer kuchen mit dreierlei milch

madeira-kuchen

170 g weiche Butter
165 g feiner Zucker
1 TL Vanilleextrakt
3 Eier
150 g Mehl
¾ TL Backpulver
80 g gemahlene Mandeln

Den Ofen auf 170 Grad vorheizen. Butter, Zucker und Vanilleextrakt mit dem Handmixer schaumig schlagen. Nach und nach unter Rühren die Eier hinzufügen. Mehl und Backpulver dazusieben und zusammen mit den gemahlenen Mandeln gut unterheben. Den Teig in eine dünn gefettete, mit Backpapier ausgelegte Kastenform (22 cm Länge) füllen und im heißen Ofen etwa 50 Minuten backen; die Stäbchenprobe* machen. Den Kuchen 5 Minuten in der Form abkühlen lassen, dann auf ein Kuchengitter stürzen. **ERGIBT 8–10 STÜCKE.**

REICHEN SIE DAZU …
süßen Sherry
Espresso
Konfitüre und Rahm

mexikanischer kuchen mit dreierlei milch

180 g weiche Butter
220 g feiner Zucker
2 EL Vanilleextrakt
5 Eier
225 g Mehl, gesiebt
1 TL Backpulver
250 ml Milch
250 ml gesüßte Kondensmilch
250 ml Buttermilch
500 ml Rahm*
frisches Passionsfruchtmark zum Servieren

Den Ofen auf 180 Grad vorheizen. Butter und Zucker mit dem Handmixer etwa 8–10 Minuten zu einer hellen, cremigen Masse aufschlagen. 1 EL des Vanilleextrakts einrühren. Unter Rühren ein Ei nach dem anderen hinzufügen. Nach und nach das Mehl mit dem Backpulver dazugeben, sodass es sich gerade eben mit der Masse verbindet. Den Teig in eine dünn gefettete, mit Backpapier ausgelegte rechteckige Backform (20 x 30 cm) füllen und im heißen Ofen 30–35 Minuten backen; die Stäbchenprobe* machen. Mit einem Stäbchen oder Spieß die Oberfläche des Kuchens mehrfach einstechen; den Kuchen im Kühlschrank vollständig erkalten lassen. Während der Kuchen abkühlt, Milch, Kondensmilch, Buttermilch und den restlichen Vanilleextrakt gründlich verrühren. Den erkalteten Kuchen mit der Mischung übergießen und weitere 2 Stunden kalt stellen, bis der Teig die Milch aufgesaugt hat. Den Rahm steif schlagen. Den Kuchen mit dem Schlagrahm und dem Passionsfruchtmark garniert servieren. **ERGIBT 6–8 STÜCKE.**

PUDDINGS + AUFLÄUFE

Warm und tröstend wie eine mütterliche Umarmung, sind diese köstlichen Puddings wahres Seelenfutter. Ob cremiger Reispudding oder eine schokoladige Version, die Verführung ist nur einen Löffel weit entfernt.

karamell-reispudding

karamell-reispudding

karamellisierter vanille-reis-pudding

1 l Rahm*
2 TL Vanilleextrakt
2 TL geriebene Muskatnuss
8 Eigelb
165 g feiner Zucker
250 g gekochter Arborioreis* (siehe Rezept unten)

Den Ofen auf 160 Grad vorheizen. Rahm, Vanilleextrakt und Muskatnuss in einem Topf bei starker Hitze zum Kochen bringen und den Topf sofort vom Herd nehmen. Leicht abkühlen lassen.

Die Eigelbe und 110 g des Zuckers zu einer dicken, hellen Masse aufschlagen. Die warme Rahmmischung in die Eigelb-Zucker-Masse rühren, zurück in den Topf geben und die Masse bei schwacher Hitze 6–8 Minuten unter Rühren eindicken lassen. Dann den Reis unterheben. Die Masse in zwei ofenfeste Auflaufformen (je 375 ml Inhalt) füllen und diese auf ein tiefes Blech oder in eine Saftpfanne setzen. Das Blech bis zur halben Höhe der Auflaufformen mit kochendem Wasser auffüllen und die Puddings im heißen Ofen 55–60 Minuten garen. Ist die Creme fest, aus dem Ofen nehmen und 2–3 Stunden kalt stellen.

Die Puddings mit dem restlichen Zucker bestreuen, die Formen auf ein Backblech stellen und unter dem heißen Backofengrill 30 Sekunden karamellisieren. ERGIBT 4 PORTIONEN.

gekochter arborioreis

110 g Arborioreis*
180 ml Wasser

Reis und Wasser in einem Topf mit schwerem Boden bei hoher Temperatur zum Kochen bringen. Dann bei schwacher Hitze etwa 15–20 Minuten zugedeckt köcheln lassen, bis das Wasser aufgesaugt und der Reis gar ist. ERGIBT 250 G.

klassischer reispudding aus dem ofen

250 g gekochter Arborioreis (siehe Rezept links unten)
1 Vanilleschote, längs aufgeschnitten, Mark ausgekratzt
80 g Sultaninen
4 Zimtstangen
4 Streifen Zitronenschale
750 ml Milch
3 Eier, leicht verklopft
75 g feiner Zucker

Den Ofen auf 160 Grad vorheizen. Den gekochten Reis, das Vanillemark und die Sultaninen vermengen. In vier ofenfeste Auflaufformen (je 500 ml Inhalt) je eine der Zimtstangen und einen Streifen Zitronenschale legen und die Reismasse gleichmäßig in die Formen verteilen. Milch, Eier und Zucker gründlich verrühren und die Mischung gleichmäßig in die Formen verteilen. Im Ofen 35–40 Minuten backen, bis die Puddings fest sind.
ERGIBT 4 PORTIONEN.

grundrezept reispudding

200 g Arborioreis*
1 l Milch
110 g feiner Zucker
1 Vanilleschote, längs aufgeschnitten, Mark ausgekratzt

Reis, Milch, Zucker und Vanillemark in einem Topf bei starker Hitze aufkochen; dann bei schwacher Hitze unter gelegentlichem Rühren 25–30 Minuten köcheln lassen, bis der Reis gar ist.
ERGIBT 4 PORTIONEN.

karamell-reispudding

1 Portion Reispudding (siehe Grundrezept oben)
110 g feiner Zucker, zusätzlich
125 ml Crème double*

Dem Grundrezept für Reispudding folgen. Den zusätzlichen Zucker in einem kleinen Topf bei schwacher Temperatur 8–10 Minuten erhitzen; dabei den Topf gelegentlich schwenken, bis der Zucker zu einem goldbraunen Karamell geworden ist. Die Crème double einrühren und den Reispudding mit der Karamellsauce beträufeln.
ERGIBT 4 PORTIONEN.

klassischer reispudding aus dem ofen

SO GELINGT pudding

1 2
3 4

klassischer vanillepudding

500 ml Rahm*
250 ml Milch
1 Vanilleschote, längs aufgeschnitten, Mark ausgekratzt
2 Eier
3 Eigelb
100 g feiner Zucker

SCHRITT 1 Den Ofen auf 150 Grad vorheizen. Rahm, Milch, Vanilleschote und -mark in einem Topf aufkochen. Vom Herd nehmen und beiseitestellen.
SCHRITT 2 Eier, zusätzliche Eigelbe und Zucker verrühren. Nach und nach die heiße Rahmmischung zu der Eiermasse geben und gut verrühren.
SCHRITT 3 Die cremige Mischung durch ein Haarsieb in eine ofenfeste Auflaufform (1½ l Inhalt) streichen.
SCHRITT 4 Die Form in ein heißes Wasserbad stellen und 85 Minuten garen, bis die Creme gerade eben fest ist.
SCHRITT 5 Die Form aus dem Wasserbad nehmen und vor dem Servieren 15 Minuten ruhen lassen. ERGIBT 4–6 PORTIONEN.

REZEPT-NOTIZ
So garen Sie den Pudding im Wasserbad: Stellen Sie die Auflaufform in ein tiefes Backblech oder eine Saftpfanne und füllen Sie sie bis zur halben Höhe der Puddingform mit kochendem Wasser auf. So gart der Pudding gleichmäßig und wird himmlisch samtig.

klassischer vanillepudding

marmeladen-brioche-auflauf aus dem ofen

360 g Brioche*, in Scheiben geschnitten
weiche Butter zum Bestreichen
340 g Orangenmarmelade
1 l Rahm*
500 ml Milch
1 Vanilleschote, längs aufgeschnitten, Mark ausgekratzt
4 Eier
6 Eigelb, zusätzlich
220 g feiner Zucker
Demerarazucker* zum Bestreuen

Den Ofen auf 150 Grad vorheizen. Die Briochescheiben mit Butter und Marmelade bestreichen und aufrecht in eine ofenfeste Auflaufform (3 l Inhalt) setzen. Rahm, Milch und Vanilleschote in einem Topf bei starker Hitze aufkochen, vom Herd nehmen.

Die Eier, die zusätzlichen Eigelbe und den Zucker verrühren. Nach und nach die heiße Rahmmischung unter die Eiermasse rühren und die cremige Mischung durch ein Haarsieb über die Briochescheiben streichen. Alles mit Demerarazucker bestreuen. Die Auflaufform ins heiße Wasserbad stellen (siehe Rezept-Notiz Seite 360) und im Ofen 65–70 Minuten backen; die Creme soll gerade eben fest sein. Die Form aus dem Wasserbad nehmen und den Auflauf vor dem Servieren 15 Minuten ruhen lassen. ERGIBT 6–8 PORTIONEN.

gewürz-puddings aus dem ofen

500 ml Rahm*
250 ml Milch
1 Vanilleschote, längs aufgeschnitten, Mark ausgekratzt
2 Zimtstangen
2 Sternanis
¼ TL Mixed Spice*
2 Eier
3 Eigelb
220 g feiner Zucker
90 g brauner Zucker

Den Ofen auf 150 Grad vorheizen. Rahm, Milch, Vanilleschote, Zimtstangen, Sternanis und Mixed Spice in einem grpßen Topf bei starker Hitze aufkochen, vom Herd nehmen und beiseitestellen.

Die Eier, die zusätzlichen Eigelbe und den Zucker verrühren. Nach und nach die heiße Rahmmischung in die Eiermasse rühren. Dann die cremige Mischung durch ein Haarsieb in vier ofenfeste Auflaufförmchen (je 375 ml Inhalt) streichen. Die Förmchen ins heiße Wasserbad stellen (siehe Rezept-Notiz Seite 360) und 55–60 Minuten garen; die Creme soll gerade eben fest sein. Die Formen aus dem Wasserbad nehmen und vor dem Servieren 15 Minuten ruhen lassen. ERGIBT 4 PORTIONEN.

zitronen-reispudding aus dem ofen

500 ml Rahm*
250 ml Milch
1 Vanilleschote, längs aufgeschnitten, Mark ausgekratzt
1 EL fein abgeriebene Zitronenschale
2 Eier
3 Eigelb, zusätzlich
110 g feiner Zucker
170 g gekochter Arborioreis (siehe Seite 358)
40 g Korinthen
fein geriebene Muskatnuss zum Servieren

Den Ofen auf 150 Grad vorheizen. Rahm, Milch, Vanilleschote und Zitronenschale in einem Topf aufkochen, vom Herd nehmen und beiseitestellen.

Die Eier, die zusätzlichen Eigelbe und den Zucker verrühren. Nach und nach die heiße Rahmmischung in die Eiermasse rühren. Den Reis und die Korinthen gleichmäßig auf dem Boden einer ofenfesten Auflaufform (1½ l Inhalt) verteilen und die cremige Mischung durch ein Haarsieb daraufstreichen. Die Form ins heiße Wasserbad stellen (siehe Rezept-Notiz Seite 360) und 50–60 Minuten garen; die Creme soll gerade eben fest sein. Die Form aus dem Wasserbad heben; den Pudding mit Muskatnuss bestreuen und vor dem Servieren 15 Minuten ruhen lassen. ERGIBT 4–6 PORTIONEN.

schokoladen-puddings aus dem ofen

500 ml Rahm*
250 ml Milch
1 Vanilleschote, längs aufgeschnitten, Mark ausgekratzt
150 g Zartbitterschokolade, fein gehackt
2 Eier
3 Eigelb
110 g feiner Zucker

Den Ofen auf 150 Grad vorheizen. Rahm, Milch, Vanilleschote und die Schokolade in einem Topf stark erhitzen und die Schokolade unter Rühren zum Schmelzen bringen. Alles kurz aufkochen lassen, dann vom Herd nehmen und beiseitestellen.

Die Eier, die zusätzlichen Eigelbe und den Zucker verrühren. Nach und nach die heiße Schokoladen-Rahm-Mischung in die Eiermasse rühren. Die cremige Mischung durch ein Haarsieb in sechs ofenfeste Tassen (je 250 ml Inhalt) streichen. Die Tassen ins heiße Wasserbad stellen (siehe Rezept-Notiz Seite 360) und 45 Minuten garen; die Creme soll gerade eben fest sein. Die Tassen aus dem Wasserbad nehmen und den Pudding vor dem Servieren 15 Minuten ruhen lassen. ERGIBT 6 PORTIONEN.

Tipp: Dieser Pudding schmeckt auch eiskalt hervorragend. Einfach vor dem Servieren in den Kühlschrank stellen.

schoko-soufflés mit schokoladensauce

schokoladen-karamell-puddings

rhabarber-granatapfel-streuselauflauf

schoko-soufflés mit schokoladensauce

2 Eigelb
80 ml Milch
1 EL Maisstärke
1 EL Kakaopulver, zusätzlich zum Bestäuben
50 g feiner Zucker
40 g Zartbitterschokolade, fein gehackt
3 Eiweiß
¼ TL Weinstein
40 g Butter, geschmolzen, zum Fetten
1 EL feiner Zucker zum Bestreuen
Für die Schokoladensauce
75 g Zartbitterschokolade, fein gehackt
60 ml Rahm*
1 TL Vanilleextrakt

Den Ofen auf 180 Grad vorheizen. Eigelbe, Milch, Maisstärke, Kakaopulver und Zucker in einem kleinen Topf bei mittlerer Hitze zum Kochen bringen und unter Rühren 3 Minuten köcheln lassen, bis die Mischung einzudicken beginnt. Die Schokolade dazugeben und unter Rühren 1 Minute schmelzen lassen, bis die Masse richtig eingedickt ist. In eine große Schüssel geben und 5 Minuten kalt stellen. Die Eiweiße zusammen mit dem Weinstein steif schlagen. Die Schokomasse aus dem Kühlschrank nehmen und geschmeidig schlagen. Den Eischnee in drei Portionen unter die Schokomasse heben. Zwei Souffléformen (je 250 ml Inhalt) mit der geschmolzenen Butter fetten (siehe Tipp) und mit Zucker ausstreuen, dann die Schokoladenmasse in die Formen füllen. Mit dem Zeigefinger ½ cm tief am inneren Rand der Formen entlangfahren (siehe Tipp). Die Formen auf ein Blech stellen und 15–17 Minuten backen, bis die Soufflés aufgehen und sich goldbraun färben.

Inzwischen für die Schokoladensauce Schokolade, Rahm und Vanilleextrakt in einem kleinen Topf bei schwacher Hitze unter Rühren 5–6 Minuten köcheln lassen, bis eine glatte Masse entsteht. Die Soufflés mit Kakaopulver bestäuben und mit der Sauce beträufelt sofort servieren. ERGIBT 2 PORTIONEN.

Tipp: Zum Ausstreichen der Förmchen den Backpinsel mit der flüssigen Butter jeweils von unten nach oben führen; so geht das Soufflé besser auf. Auch das Entfernen des überschüssigen Zuckers vom oberen Rand dient dem besseren Aufgehen der Soufflés.

schokoladen-karamell-puddings

380 g fertig gekaufte Karamellcreme oder Dulce de leche* (siehe Seite 409)
80 ml Crème double*
200 g Zartbitterschokolade, zerkleinert
60 g Butter
3 Eier
90 g brauner Zucker
1 TL Vanilleextrakt
60 g gemahlene Mandeln
Kakaopulver zum Bestäuben

Den Ofen auf 200 Grad vorheizen. Die Karamellcreme glatt rühren. Crème double einrühren und je 80 ml dieser Mischung in vier ofenfeste Auflaufförmchen (je 375 ml Inhalt) verteilen. Schokolade und Butter in einem Topf über dem heißen Wasserbad unter Rühren zum Schmelzen bringen. Eier, Zucker und Vanilleextrakt mit dem Handmixer 8–10 Minuten zu doppeltem Volumen aufschlagen. Schokoladenmasse und gemahlene Mandeln unter die Eiermasse heben und den Teig in die vier Förmchen verteilen. Die Förmchen auf ein Blech stellen und im heißen Ofen 18–20 Minuten backen; der Kern sollte noch weich sein. Vor dem Servieren 5 Minuten ruhen lassen, dann mit Kakaopulver bestäuben. ERGIBT 4 PORTIONEN.

rhabarber-granatapfel-streuselauflauf

300 g Mehl, gesiebt
1 TL Backpulver, gesiebt
200 g Butter
110 g feiner Zucker
160 ml Buttermilch
2 TL Vanilleextrakt
Kerne von 3 Granatäpfeln
750 g Rhabarber, geputzt, in 5 cm lange Stücke geschnitten
150 g feiner Zucker, zusätzlich
2 Vanilleschoten, längs aufgeschnitten, Mark ausgekratzt
25 g gehobelte Mandeln
Puderzucker und Crème double* zum Servieren

Den Ofen auf 180 Grad vorheizen. Mehl, Backpulver, Butter und Zucker in der Küchenmaschine zu einer fein krümeligen Masse verarbeiten. Nach und nach die Buttermilch und den Vanilleextrakt einrühren und alles zu einem Streuselteig verarbeiten. Ein Drittel der Granatapfelkerne untermischen; beiseitestellen.

Rhabarber, Zucker, restliche Granatapfelkerne und Vanille vermengen. Die Mischung in vier gusseiserne Pfännchen (je 375 ml Inhalt) verteilen, mit dem Streuselteig bestreuen und darauf die Mandeln verteilen. 35–40 Minuten goldbraun backen. Mit Puderzucker bestäubt; dazu Crème double reichen. ERGIBT 4 PORTIONEN.

SO GELINGEN puddings aus dem wasserbad

1 2
3 4

grundrezept ahornsirup-pudding aus dem wasserbad

250 ml Ahornsirup
Für die Puddingmasse
150 g weiche Butter
150 g feiner Zucker
2 Eier
1 TL Vanilleextrakt
300 g Mehl
2 TL Backpulver
250 ml Milch
Vanilleeis oder Rahm* zum Servieren

SCHRITT 1 Den Ofen auf 170 Grad vorheizen. Den Ahornsirup in einem Topf bei mittlerer Hitze aufkochen und 7–9 Minuten dick einkochen lassen. Den Karamellsirup in sechs dünn gefettete Souffléförmchen (je 250 ml Inhalt) verteilen und kalt stellen.
SCHRITT 2 Butter, Zucker, Eier, Vanilleextrakt, Mehl, Backpulver und Milch mit dem Handmixer gut verrühren. Den Teig in die Förmchen verteilen.
SCHRITT 3 Die Förmchen ins Wasserbad stellen.
SCHRITT 4 Die Förmchen gut mit zwei Lagen Alufolie verschließen (siehe Tipp) und im Ofen 45–50 Minuten backen; die Puddings sollen auf Fingerdruck elastisch nachgeben. Die Förmchen aus dem Wasserbad nehmen und auf Teller stürzen. Warm servieren; dazu nach Belieben Vanilleeis oder Schlagrahm reichen. ERGIBT 6 PORTIONEN.
Tipp: Die Innenseite der Alufolie zum Verschließen der Förmchen leicht fetten – so klebt der Teig beim Backen nicht an.

REZEPT-NOTIZ
So garen Sie die Puddings im Wasserbad: Stellen Sie die Förmchen in ein tiefes Backblech oder eine Saftpfanne und füllen Sie sie bis zur halben Höhe der Förmchen mit kochendem Wasser auf. So garen die Puddings gleichmäßig.

grundrezept ahornsirup-pudding aus dem wasserbad

zitronensirup-mandel-puddings

150 g weiche Butter
150 g feiner Zucker
2 Eier
1 TL Vanilleextrakt
150 g Mehl
120 g gemahlene Mandeln
2 TL Backpulver
250 ml Milch
Für den Zitronensirup
160 ml Zitronensaft
300 ml Wasser
330 g feiner Zucker
1 kleine Zitrone, in dünne Scheiben geschnitten

Den Ofen auf 170 Grad vorheizen. Für den Sirup Zitronensaft, Wasser und Zucker in einem Topf bei schwacher Temperatur unter Rühren erhitzen, bis sich der Zucker aufgelöst hat. Aufkochen und 6–8 Minuten zu Sirup einkochen lassen. Die Hälfte des Sirups in sechs Auflaufförmchen (je 250 ml Inhalt) verteilen und kalt stellen. Die Zitronenscheiben in den restlichen Sirup geben, 4–6 Minuten köcheln lassen, bis die Zitronenscheiben glasig sind. Abkühlen lassen.

Den Schritten 2–4 des Grundrezepts (siehe Seite 368) folgen; bei Schritt 2 die gemahlenen Mandeln hinzufügen und die Puddings 45–50 Minuten backen. Die Puddings mit Zitronenscheiben garnieren und mit Sirup beträufeln. ERGIBT 6 PORTIONEN.

buttertoffee-haselnuss-puddings

150 g weiche Butter
120 g brauner Zucker
2 Eier
1 TL Vanilleextrakt
225 g Mehl
50 g gemahlene Haselnusskerne
2 TL Backpulver
250 ml Milch
Puderzucker zum Bestäuben
Für die Buttertoffee-Sauce
175 g brauner Zucker
60 g Butter
250 ml Rahm

Den Ofen auf 170 Grad vorheizen. Für die Buttertoffee-Sauce Zucker, Butter und Rahm in einem Topf bei schwacher Temperatur unter Rühren so lange erhitzen, bis sich der Zucker aufgelöst hat. Bei stärkerer Hitze aufkochen und unter gelegentlichem Rühren 5–7 Minuten dicklich einkochen lassen. Die Toffeemasse in eine Auflaufform (1¾ l Inhalt) füllen und kalt stellen.

Den Schritten 2–4 des Grundrezepts (siehe Seite 368) folgen; den feinen Zucker durch braunen Zucker ersetzen, in Schritt 2 die gemahlenen Haselnusskerne hinzufügen und die Backzeit auf 65–70 Minuten verlängern. Mit Puderzucker bestäubt servieren. ERGIBT 6 PORTIONEN.

kokos-konfitüre-puddings

240 g Erdbeerkonfitüre
1 EL warmes Wasser
150 g weiche Butter
150 g feiner Zucker
2 Eier
1 TL Vanilleextrakt
225 g Mehl
40 g Kokosraspel
2 TL Backpulver
250 ml Milch

Den Ofen auf 170 Grad vorheizen. Erdbeerkonfitüre und Wasser glatt rühren, in sechs ofenfeste Auflaufförmchen (je 250 ml Inhalt) verteilen und kalt stellen.

Den Schritten 2–4 des Grundrezepts (siehe Seite 368) folgen; in Schritt 2 die Kokosraspel hinzufügen und die Puddings etwa 45–50 Minuten backen. ERGIBT 6 PORTIONEN.

dattel-ingwer-puddings mit fudge-sauce

1 TL Backnatron
105 g gehackte Datteln
125 ml kochendes Wasser
150 g weiche Butter
2 Eier
1 TL Vanilleextrakt
300 g Mehl
2 TL Backpulver
250 ml Milch
2 TL gemahlener Ingwer
Für die Schoko-Fudge-Sauce
100 g Zartbitterschokolade, zerkleinert
60 ml Rahm*
25 g Butter

Den Ofen auf 170 Grad vorheizen. Natron, Datteln und Wasser vermengen, 5 Minuten ruhen lassen, anschließend glatt pürieren. Den Schritten 2–4 des Grundrezepts (siehe Seite 368) folgen; den feinen Zucker durch braunen Zucker ersetzen, in Schritt 2 Dattelpüree und Ingwer hinzufügen. Den Teig in vier Förmchen (je 500 ml Inhalt) füllen und 45–50 Minuten backen.

Schokolade, Rahm und Butter bei schwacher Hitze unter Rühren in 4–5 Minuten zum Schmelzen bringen und vor dem Servieren über die Puddings gießen. ERGIBT 6–8 PORTIONEN.

bread and butter pudding mit brioche und erdbeeren

pflaumen-clafoutis

bread and butter pudding mit brioche und erdbeeren

500 ml Milch
625 ml Rahm*
8 Eigelb
110 g feiner Zucker
2 TL Vanilleextrakt
200 g Brioche*, in Scheiben geschnitten
40 g Korinthen
750 g Erdbeeren, geputzt, halbiert
50 g Rohzucker

Den Ofen auf 200 Grad vorheizen. Milch und Rahm in einem Topf bei mittlerer Hitze kurz aufkochen, dann vom Herd nehmen. Eigelbe, Zucker und Vanilleextrakt verrühren. Nach und nach die warme Milchmischung einrühren. Die Briochescheiben in einer dünn gefetteten Auflaufform (2 l Inhalt) auslegen und mit der Eier-Milch-Mischung übergießen. Korinthen und die Erdbeeren darauf verteilen. Mit dem Rohzucker bestreuen und im heißen Ofen 20–25 Minuten goldbraun backen. ERGIBT 6 PORTIONEN.

pflaumen-clafoutis

Butter zum Fetten
75 g feiner Zucker, mehr zum Bestreuen
400 g Pflaumen, entsteint, halbiert
50 g Mehl
1 TL Vanilleextrakt
250 ml Rahm*
3 Eier

Den Ofen auf 180 Grad vorheizen. Eine ofenfeste Form (2 l Inhalt) mit Butter fetten und mit Zucker ausstreuen. Die Pflaumen mit der Schnittseite nach oben in der Form verteilen. Mehl, Zucker, Vanilleextrakt und Rahm verrühren. Die Eier unterrühren und die Mischung über die Pflaumen gießen und 35–40 Minuten backen, bis der Clafoutis aufgeht und sich goldbraun färbt. Warm, nach Belieben mit Vanilleeis servieren. ERGIBT 6 PORTIONEN.
Tipp: Clafoutis ist eine französische Spezialität, eine Mischung aus Kuchen und Auflauf, die traditionell mit Kirschen zubereitet wird. Sie können aber auch jedes andere Steinobst verwenden.

blaubeer-apfel-crumble mit kokos-streuseln

100 g feiner Zucker
1 Vanilleschote, längs aufgeschnitten, Mark ausgekratzt
4 grünschalige Äpfel (Granny Smith), geschält, zerkleinert
500 g Blaubeeren
Für den Kokosstreusel
75 g feiner Zucker
50 g Kokosraspel
120 g Butter, geschmolzen
150 g Mehl, gesiebt

Den Ofen auf 180 Grad vorheizen. Für den Kokosstreusel Zucker, Kokosraspel, Butter und Mehl mit den Fingerspitzen zu einer krümeligen Masse verreiben.

Zucker, Vanillemark, Apfelstücke und Blaubeeren gründlich miteinaner vermengen und in eine flache runde Backform von 26 cm Durchmesser geben. Mit dem Streusel bestreuen und 20–25 Minuten goldbraun backen. ERGIBT 6 PORTIONEN.

PROBIEREN SIE ES AUCH MIT…
Himbeeren
Pfirsichen
Birnen

blaubeer-apfel-crumble mit kokos-streuseln

PIES + TARTES

Von saftigen Tartes mit sonnenverwöhnten Sommerfrüchten bis hin zu den winterlichen Versionen mit süßen Cremes – für alle gilt: Nichts ist feiner als die perfekte Verbindung von goldbraun gebackenem Teig und köstlichen Füllungen.

apfel-rhabarber-kuchen mit zimt

tarte brûlée mit ahornsirup

pflaumen-kokos-galette

apfel-rhabarber-kuchen mit zimt

8 große grünschalige Äpfel (Granny Smith), geschält, entkernt, zerkleinert
4 Stangen Rhabarber, geputzt, zerkleinert
1 EL Zitronensaft
110 g feiner Zucker
1 TL gemahlener Zimt
1 TL Vanilleextrakt
2 EL Maisstärke
1 EL Wasser
2 Platten fertig gekaufter Blätterteig
1 Ei, leicht verklopft
2 EL Zucker und ½ TL gemahlener Zimt zum Bestreuen
fertig gekaufte Vanillecreme zum Servieren

Den Ofen auf 200 Grad vorheizen. Äpfel, Rhabarber, Zitronensaft, Zucker, Zimt und Vanilleextrakt vermengen. Nun die Mischung in zwei kleine ofenfeste Pfannen (14 cm Durchmesser) verteilen und diese mit Alufolie bedecken. Das Obst auf dem Herd bei mittlerer Temperatur 6–8 Minuten knapp weich schmoren, vom Herd nehmen. Die Maisstärke mit dem Wasser verrühren, gleichmäßig auf die beiden Pfannen verteilen und unter die Obstmischung heben. Aus dem Blätterteig zwei Teigkreise von 20 cm Durchmesser ausschneiden und jeden Kreis in der Mitte einritzen. Die Teigkreise auf die Obstmischung legen und mit dem verklopften Ei bestreichen. Zucker und Zimt vermischen und über den Teig streuen. Im heißen Ofen 25–30 Minuten goldbraun und knusprig backen. Dazu eine Vanillecreme reichen. ERGIBT 4–6 PORTIONEN.

PROBIEREN SIE ES AUCH MIT …
Birnen
Pflaumen
pochierten Quitten

pflaumen-kokos-galette

80 g Kokosraspel
50 g feiner Zucker
2 Eiweiß
500 g Pflaumen, entsteint, in feine Scheiben geschnitten
1 Eiweiß zum Bestreichen
Zucker zum Bestreuen
Für den Teig
250 g Mehl
1 EL feiner Zucker
¼ TL Backpulver
180 g Butter, gewürfelt
80 ml Eiswasser
1 TL Vanilleextrakt

Den Ofen auf 180 Grad vorheizen. Für den Teig Mehl, Zucker und Backpulver in der Küchenmaschine vermengen. Dann die Butter hinzufügen und eine fein krümelige Masse herstellen. Bei laufendem Motor nach und nach Wasser und Vanilleextrakt zugeben und alles zu einem glatten Teig verarbeiten. Diesen zu einer flachen Scheibe formen und in Frischhaltefolie gewickelt 30 Minuten kalt stellen.

Den Teig zwischen zwei Lagen Backpapier 5 mm dünn zu einem Kreis von 30 cm Durchmesser ausrollen. Diesen auf ein mit Backpapier belegtes Blech setzen. Kokosraspel, Zucker und Eiweiße verrühren und den Teig mit der Masse bestreichen; dabei rundum einen etwa 4 cm breiten Rand frei lassen. Die Pflaumen auf die Kokosmasse setzen und die Teigränder nach innen umschlagen. Mit Eiweiß bestreichen und mit Zucker bestreuen. Im heißen Ofen 25–30 Minuten backen, bis der Teig gar und goldbraun ist. ERGIBT 6–8 PORTIONEN.

tarte brûlée mit ahornsirup

250 ml Milch
250 ml Rahm*
2 Eier und 2 Eigelb zusätzlich
110 g feiner Zucker
60 ml Ahornsirup
Zucker zum Bestreuen
Für den Vanilleteig
250 g Mehl
1 EL feiner Zucker
¼ TL Backpulver
180g kalte Butter, gewürfelt
80 ml Eiswasser
1 TL Vanilleextrakt

Den Ofen auf 160 Grad vorheizen. Für den Vanilleteig Mehl, Zucker und Backpulver in der Küchenmaschine vermengen. Nun die Butter hinzufügen und eine fein krümelige Masse herstellen. Bei laufendem Motor nach und nach Wasser und Vanilleextrakt zugeben und alles zu einem glatten Teig verarbeiten. Diesen zu einer flachen Scheibe formen und in Frischhaltefolie gewickelt 30 Minuten kalt stellen.

Den Teig auf einer dünn bemehlten Fläche 3 mm dünn ausrollen und damit eine leicht gefettete Kuchenform (28 cm Durchmesser) auslegen. Den Teig mit einer Gabel mehrfach einstechen, mit Backpapier belegen und mit Blindbackgewichten* beschwert 10–15 Minuten blindbacken.

Milch und Rahm in einem kleinen Topf bei schwacher Hitze bis kurz vor den Siedepunkt erhitzen. Eier, Eigelbe, Zucker und Ahornsirup verrühren und nach und nach die Rahmmischung einrühren. Abkühlen lassen. Die Mischung auf den Teigboden gießen und 15–20 Minuten backen, bis die Füllung gerade fest ist. In der Form abkühlen lassen.

Die Tarte unmittelbar vor dem Servieren mit Zucker bestreuen und mit einem kleinen Flambierbrenner karamellisieren, sodass sich eine goldbraune Zuckerkruste bildet. ERGIBT 4 PORTIONEN.
Tipp: Handliche Flambierbrenner sind in Küchenfachgeschäften und online erhältlich. Für eine Tarte dieser Größe sind sie genau das Richtige.

blaubeer-pies

225 g Mehl, gesiebt
125 g kalte Butter, gewürfelt
80 g Puderzucker, gesiebt
3 Eigelb
2 TL Vanilleextrakt
1 EL Eiswasser
250 g Blaubeeren
1 EL Maisstärke
2 EL feiner Zucker
40 g Butter, geschmolzen
1 Eigelb, leicht verklopft
Rohzucker zum Bestreuen
Crème double* zum Servieren

Mehl, Butter und Puderzucker in der Küchenmaschine rasch zu einer fein krümeligen Masse verarbeiten. Bei laufendem Motor Eigelbe, Vanilleextrakt und das Eiswasser zugeben und alles zu einem Teig zusammenfügen. Diesen zu einer flachen Scheibe formen und in Frischhaltefolie gewickelt 1 Stunde kalt stellen.

Den Ofen auf 190 Grad vorheizen. Den Teig zwischen zwei Lagen Backpapier 3 mm dünn ausrollen. Mit einem runden Ausstecher sechs Kreise von 10 cm Durchmesser ausstechen. Mit einem kleinen, spitzen Messer die Teigkreise seitlich einritzen. Sechs dünn gefettete Muffinformen (je 125 ml Inhalt) mit den Teigkreisen auslegen.
Nun die Blaubeeren, Maisstärke, Zucker und geschmolzene Butter vermengen und in die Formen verteilen. Mit einem Ausstecher von 8 cm Durchmesser aus dem restlichen Teig sechs Kreise ausstechen. In die Mitte jedes Kreises drei kleine Löcher stechen und den Teig auf die Pies setzen; die Ränder fest zusammendrücken und überschüssigen Teig abschneiden. Die Teigdeckel mit Ei bestreichen, mit Rohzucker bestreuen und 18 Minuten backen, bis sich die Pies goldbraun färben. Dazu Crème double reichen. ERGIBT 6 PORTIONEN.

blaubeer-pies

SO GELINGT tarte tartin

grundrezept apfel-tarte-tatin

375 g Blätterteig, aufgetaut
165 g feiner Zucker
60 ml Wasser
50 g Butter, gewürfelt
4 Äpfel, geschält, entkernt, geviertelt
Schlagrahm zum Servieren

SCHRITT 1 Den Ofen auf 190 Grad vorheizen. Den Blätterteig auf einer leicht bemehlten Fläche 5 mm dünn ausrollen. Mit einem entsprechend großen Teller als Schablone einen Teigkreis von 23 cm Durchmesser ausschneiden.
SCHRITT 2 Zucker und Wasser in einer ofenfesten Pfanne (20 cm Durchmesser) schwach erhitzen und unter Rühren den Zucker auflösen. Dann bei mittlerer Hitze zum Kochen bringen und, ohne zu rühren, 7–9 Minuten kochen lassen, bis sich der Sirup hellbraun färbt. Dann die Butter einrühren.
SCHRITT 3 Die Pfanne vom Herd nehmen und die Apfelviertel dicht an dicht mit den Schnittseiten nach oben in die Karamellmasse legen.
SCHRITT 4 Den Teigdeckel auf die Äpfel legen, die Teigränder nach innen unter die Äpfel schlagen. Mit einem spitzen Messer drei kurze Ritze in die Mitte des Teigdeckels schneiden.
SCHRITT 5 Die Pfanne auf ein Blech stellen und im heißen Ofen 35–40 Minuten backen, bis der Teig aufgeht und sich goldbraun färbt. 2–3 Minuten ruhen lassen. Die Ränder mit einem Messer von der Pfanne lösen und dann die Tarte vorsichtig stürzen. Mit Schlagrahm servieren. ERGIBT 4 PORTIONEN.

REZEPT-NOTIZ
Vor dem Stürzen der Tarte sollte man die Ränder mit einer Tortenpalette von der Pfanne lösen. Dann einen großen Teller auf die Pfanne setzen und diese stürzen – falls sie noch heiß ist, nehmen Sie ein Geschirrtuch zur Hilfe.

grundrezept apfel-tarte-tatin

vanille-tarte-tatins mit feigen und honig

375 g Blätterteig, aufgetaut
110 g feiner Zucker
60 ml Wasser
1 Vanilleschote, längs aufgeschnitten, Mark ausgekratzt
90 g Honig
50 g Butter, gewürfelt
6 Feigen, halbiert

Den Ofen auf 190 Grad vorheizen. Den Blätterteig auf einer leicht bemehlten Fläche 5 mm dünn ausrollen. Mit einem Ausstecher vier Kreise (12 cm Durchmesser) ausschneiden.

Zucker, Wasser, Vanilleschote und -mark in einer beschichteten Pfanne schwach erhitzen und unter Rühren den Zucker auflösen. Dann bei mittlerer Hitze zum Kochen bringen und, ohne zu rühren, 7–9 Minuten kochen lassen, bis sich der Sirup hellbraun färbt. Die Vanilleschote herausnehmen; Honig und Butter einrühren.

Die Karamellmasse in vier runde, dünn gefettete Pie-Formen verteilen. Die Feigenhälften mit der Schnittseite nach unten in das Karamell setzen. Dann die Teigkreise auf die Feigen legen, die Teigränder nach innen unter die Feigen schlagen. Die Teigdeckel einritzen und die Formen auf ein Blech stellen. Im heißen Ofen 25–27 Minuten backen, bis der Teig aufgeht und sich goldbraun färbt. Herausnehmen, 2–3 Minuten ruhen lassen. Die Teigränder von den Formen lösen und die Tartes stürzen. ERGIBT 4 PORTIONEN.

rhabarber-tarte-tatin mit zimt

375 g Blätterteig, aufgetaut
165 g feiner Zucker
60 ml Wasser
50 g Butter, gewürfelt
2 Zimtstangen
850 g Rhabarber, geputzt, in 10 cm lange Stücke geschnitten

Den Ofen auf 190 Grad vorheizen. Den Blätterteig auf einer leicht bemehlten Fläche 5 mm dünn ausrollen und ein 22×32 cm großes Rechteck ausschneiden. Beiseitestellen.

Zucker und Wasser in einer beschichteten Pfanne schwach erhitzen und unter Rühren den Zucker auflösen. Bei mittlerer Hitze zum Kochen bringen und, ohne zu rühren, 7–9 Minuten kochen lassen, bis sich der Sirup hellbraun färbt. Butter und Zimtstangen hinzufügen und rühren, bis sich die Butter aufgelöst hat.

Die Karamellmasse in eine dünn gefettete rechteckige Backform (20 x 30 cm) geben und die Rhabarberstücke darauf platzieren. Dann den Teigdeckel daraufsetzen und die Teigränder nach innen unter den Rhabarber schlagen. Drei kurze Ritze in den Teigdeckel schneiden und die Form auf ein Blech stellen. Im heißen Ofen 30–35 Minuten backen, bis der Teig aufgeht und sich goldbraun färbt. Herausnehmen und 2–3 Minuten ruhen lassen. Die Teigränder mit einem Messer von der Form lösen und die Tarte stürzen. ERGIBT 4 PORTIONEN.

birnen-tarte-tatin mit ahornsirup und ingwer

375 g Blätterteig, aufgetaut
110 g feiner Zucker
je 60 ml Wasser und Ahornsirup
50 g Butter, gewürfelt
45 g kandierter Ingwer*, gehackt
3 feste Birnen, geschält, halbiert, entkernt

Den Ofen auf 190 Grad vorheizen. Den Blätterteig auf einer leicht bemehlten Fläche 5 mm dünn ausrollen. Mit einem Teller als Schablone einen Teigkreis von 23 cm Durchmesser ausschneiden.

Zucker und Wasser in einer ofenfesten beschichteten Pfanne (20 cm Durchmesser) schwach erhitzen, unter Rühren den Zucker auflösen. Dann bei mittlerer Hitze zum Kochen bringen, ohne zu rühren 7–9 Minuten kochen lassen, bis sich der Sirup hellbraun färbt. Dann den Ahornsirup und die Butter einrühren.

Die Pfanne vom Herd nehmen, den Ingwer hinzufügen und die Birnenhälften mit den Schnittseiten nach oben in die Karamellmasse legen. Den Teigdeckel auf die Birnen legen, die Teigränder nach innen unter die Birnen schlagen. Mit einem spitzen Messer drei kurze Ritze in die Mitte des Teigdeckels schneiden. Die Pfanne auf ein Blech stellen und im heißen Ofen 35–40 Minuten backen, bis der Teig aufgeht und sich goldbraun färbt. Herausnehmen und 2–3 Minuten ruhen lassen. Die Teigränder mit einem Messer von der Pfanne lösen und die Tarte vorsichtig stürzen. ERGIBT 4 PORTIONEN.

pflaumen-tarte-tatins mit kardamom

375 g Blätterteig, aufgetaut
165 g feiner Zucker
60 ml Wasser
2 Kardamomkapseln, mit dem Messerrücken leicht angestoßen
50 g Butter, gewürfelt
3 Pflaumen, halbiert und entsteint
Rahm* zum Servieren

Den Ofen auf 190 Grad vorheizen. Den Blätterteig 5 mm dünn ausrollen und sechs Kreise (9 cm Durchmesser) ausstechen.

Zucker, Wasser und Kardamom in einer kleinen beschichteten Pfanne schwach erhitzen und unter Rühren den Zucker auflösen. Dann bei mittlerer Hitze zum Kochen bringen und, ohne zu rühren, 7–9 Minuten kochen lassen, bis sich der Sirup hellbraun färbt. Die Kardamomkapseln herausnehmen und die Butter einrühren.

Die Karamellmasse in sechs beschichtete Muffin-Formen verteilen. Die Pflaumenhälften mit der Schnittseite nach unten in das Karamell setzen. Dann die Teigkreise auf die Pflaumen legen, die Teigränder nach innen unter die Pflaumen schlagen. Die Teigdeckel einritzen und die Formen auf ein Blech stellen. Im heißen Ofen 22–24 Minuten backen, bis der Teig aufgeht und sich goldbraun färbt. Herausnehmen und 2–3 Minuten ruhen lassen. Die Teigränder mit einem Messer von den Formen lösen und die Tartes vorsichtig stürzen. Dazu Schlagrahm reichen. ERGIBT 6 PORTIONEN.

blaubeer-zitronen-tarte mit mascarponecreme

blaubeer-zitronen-tarte mit mascarponecreme

500 g Mascarpone*
2 EL fein abgeriebene Zitronenschale
80 g Puderzucker, gesiebt
375 g Blaubeeren
Puderzucker zum Bestäuben
Für den süßen Mürbeteig
225 g Mehl, gesiebt
125 g kalte Butter, gewürfelt
80 g Puderzucker, gesiebt
3 Eigelb
2 TL Vanilleextrakt
1 EL Eiswasser

Für den süßen Mürbeteig Mehl, Butter und Puderzucker in der Küchenmaschine rasch zu einer fein krümeligen Masse verarbeiten. Bei laufendem Motor Eigelbe, Vanilleextrakt und das Eiswasser zugeben und alles zu einem Teig zusammenfügen. Diesen zu einer flachen Scheibe formen und in Frischhaltefolie gewickelt 1 Stunde kalt stellen.

Den Ofen auf 180 Grad vorheizen. Den Teig zwischen zwei Lagen Backpapier 3 mm dünn ausrollen und damit eine dünn gefettete, rechteckige Tarteform mit Hebeboden (ca. 32×10 cm) auslegen. Den überstehenden Teig abschneiden; den Boden mit einer Gabel mehrfach einstechen. 30 Minuten kalt stellen. Den Teigboden mit Backpapier bedecken und darauf Blindbackgewichte* oder Hülsenfrüchte verteilen. Im Ofen 10 Minuten backen. Papier und Gewichte entfernen und weitere 10 Minuten backen, bis sich der Teigboden goldbraun färbt. Herausnehmen und abkühlen lassen.

Für den Belag den Mascarpone mit Zitronenschale und Puderzucker verrühren und die Masse auf dem vollständig abgekühlten Tarteboden verstreichen. Mit Blaubeeren garniert und mit Puderzucker bestäubt servieren. ERGIBT 8–10 PORTIONEN.

pfirsich-tarte vom blech

60 g gemahlene Mandeln
50 g feiner Zucker
2 EL weißer Raffinadezucker, mehr zum Bestreuen
1 Vanilleschote, längs aufgeschnitten, Mark ausgekratzt
800 g große gelbe und weiße Pfirsiche, in Spalten geschnitten
1 Eiweiß, leicht verklopft
Puderzucker zum Bestäuben
Für den Teig
375 g Mehl, gesiebt
¼ TL Backpulver, gesiebt
75 g feiner Zucker
270 g kalte Butter, gewürfelt
60 ml Eiswasser
1 TL Vanilleextrakt

Den Ofen auf 180 Grad vorheizen. Für den Teig Mehl, Backpulver und Zucker in der Küchenmaschine vermengen. Die Butter dazugeben und die Zutaten zu einer fein krümeligen Masse verarbeiten. Bei laufendem Motor Eiswasser und Vanilleextrakt hinzufügen und alles zu einem glatten Teig zusammenfügen. Diesen zu einer flachen Scheibe formen und in Frischhaltefolie gewickelt 30 Minuten kalt stellen. Den Teig zwischen zwei Lagen Backpapier 5 mm dünn zu einem Rechteck von etwa 30 x 42 cm ausrollen. 10–15 Minuten kalt stellen. Den Teig auf ein Backblech legen und die obere Lage Backpapier abziehen. Die gemahlenen Mandeln mit dem feinen Zucker vermischen und damit den Teig bestreuen; dabei rundum einen 4 cm breiten Rand frei lassen. Den Raffinadezucker und das Vanillemark in einer Schüssel mit den Fingerspitzen verreiben. Die Pfirsichspalten unterheben. Mandelmischung und Pfirsichspalten abwechselnd auf den Teigboden schichten, die Teigränder hochklappen und über die Pfirsiche legen. Die Ränder mit Eiweiß bestreichen und mit Zucker bestreuen. Im heißen Ofen 40–45 Minuten backen, bis der Teig goldbraun ist. Mit Puderzucker bestäubt servieren. ERGIBT 6–8 PORTIONEN.

pfirsich-tarte vom blech

portugiesische vanilletörtchen

portugiesische vanilletörtchen

165 g feiner Zucker
180 ml Wasser
abgeriebene Schale von 1 Zitrone
1 Vanilleschote, längs aufgeschnitten, Mark ausgekratzt
35 g Maisstärke
375 ml Milch
3 Eigelb
375 g ausgerollter Butterblätterteig, halbiert

Den Ofen auf 200 Grad vorheizen. Zucker, Wasser, Zitronenschale, Vanilleschote und -mark in einem Topf bei schwacher Hitze erwärmen und unter Rühren den Zucker auflösen. Dann den Zuckersirup bei hoher Temperatur zum Kochen bringen und 4 Minuten kochen, bis er leicht eingedickt ist. Zitronenschale und Vanilleschote herausnehmen und wegwerfen.

Die Maisstärke mit 125 ml der Milch verrühren, dann die Eigelbe einrühren. Die restliche Milch und den Zuckersirup dazugeben und alles verrühren. Die Mischung in einen Topf geben und bei mittlerer Hitze zum Kochen bringen. Unter ständigem Rühren 6 Minuten kochen lassen, bis die Masse eingedickt ist. Vom Herd nehmen und vollständig abkühlen lassen.

Die halbierten Teigplatten aufeinanderlegen und an einer der Schmalseiten beginnend eng aufrollen. Die Kanten glatt abschneiden und die Rolle in zwölf Scheiben von je 1 cm Dicke schneiden. Die Scheiben auf einer dünn bemehlten Fläche flach auslegen, zu zwölf Kreisen von je 10 cm Durchmesser ausrollen und in die leicht gefetteten Mulden eines Muffinblechs drücken. Die Creme darin verteilen und glatt streichen. Im heißen Ofen 25–27 Minuten backen, bis die Cremefüllung leicht aufgegangen ist und sich goldbraun färbt. 5 Minuten in der Form auskühlen lassen, dann die Törtchen aus den Mulden heben und auf einem Kuchengitter vollends auskühlen lassen. ERGIBT 12 STÜCK.
Tipp: Verwenden Sie einen guten Butterblätterteig, denn nur so werden die Törtchen so locker und knusprig wie das portugiesische Original.

erdbeer-limetten-pie

300 g Mehl
50 g feiner Zucker
150 g kalte Butter, gewürfelt
80 ml Eiswasser
500 ml Rahm*, steif geschlagen
Für die Limettencreme
430 ml Kokosmilch
220 g feiner Zucker
50 g Maisstärke
80 g Butter, gewürfelt
125 ml Limettensaft
2 EL fein abgeriebene Limettenschale
6 Eigelb
Für die marinierten Erdbeeren
500 g Erdbeeren, geputzt
2 EL abgeriebene Limettenschale
2 EL Limettensaft
50 g feiner Zucker

Die Erdbeeren mit Limettenschale und -saft sowie Zucker vermengen und beiseitestellen.

Mehl, Zucker und Butter in der Küchenmaschine zu einer fein krümeligen Masse verarbeiten. Bei laufendem Motor nach und nach das Eiswasser dazugeben und alles zu einem glatten Teig verarbeiten. Diesen auf einer dünn bemehlten Fläche durchkneten, zu einer flachen Scheibe formen und in Frischhaltefolie gewickelt 30 Minuten kalt stellen.

Den Ofen auf 180 Grad vorheizen. Den Teig zwischen zwei Lagen Backpapier 5 mm dünn ausrollen. Eine dünn gefettete Tarteform (24 cm Durchmesser) mit dem Teig auslegen und diesen mit einer Gabel einstechen. Den Teigboden mit Backpapier bedecken und darauf Blindbackgewichte* oder Hülsenfrüchte verteilen. Im heißen Ofen 20 Minuten backen, Papier und Gewichte entfernen und weitere 10–15 Minuten backen, bis sich der Teig goldbraun färbt. Herausnehmen und abkühlen lassen.

Für die Limettencreme 250 ml der Kokosmilch zusammen mit dem Zucker in einem Topf stark erhitzen und den Zucker unter Rühren zum Auflösen bringen. Die Maisstärke und die restliche Kokosmilch verrühren und unter die Kokosmilch-Zucker-Mischung rühren. Die Herdtemperatur auf mittlere Stufe reduzieren und die Butter einrühren. Sobald die Butter geschmolzen ist, Limettensaft, Limettenschale und Eigelbe hinzufügen und unter Rühren 8–10 Minuten kochen, bis die Masse eindickt. Die Limettencreme auf die Teigböden verteilen und 2–3 Stunden kalt stellen, bis die Masse fest ist. Den Limetten-Pie mit dem Schlagrahm bestreichen und mit den marinierten Erdbeeren garniert servieren.
ERGIBT 6 PORTIONEN.

erdbeer-limetten-pie

SO GELINGT zitronentarte

1 2
3 4

grundrezept zitronentarte

Für den süßen Mürbeteig
225 g Mehl
125 g Butter, gewürfelt
80 g Puderzucker, mehr zum Bestäuben
3 Eigelb
1 EL Eiswasser
Für den Zitronenbelag
250 ml Rahm*
2 Eier
3 Eigelb, zusätzlich
110 g feiner Zucker
125 ml Zitronensaft

SCHRITT 1 Für den süßen Mürbeteig Mehl, Butter und Puderzucker in der Küchenmaschine zu einer fein krümeligen Masse verarbeiten. Bei laufendem Motor die Eigelbe hinzufügen. Das Eiswasser zugeben und alles zu einem glatten Teig verarbeiten. Diesen auf einer dünn bemehlten Fläche zu einer Kugel kneten und dann zu einer flachen Scheibe formen. In Frischhaltefolie eingewickelt 1 Stunde kalt stellen. Dann den Teig zwischen zwei Lagen Backpapier 3 mm dünn ausrollen. **SCHRITT 2** Den Ofen auf 180 Grad vorheizen. Eine dünn gefettete runde Tarteform mit Hebeboden (22 cm Durchmesser) mit dem Teig auslegen, überstehenden Teig abschneiden und den Teigboden mit einer Gabel mehrfach einstechen. 30 Minuten kalt stellen. Den Teigboden mit Backpapier bedecken und darauf Blindbackgewichte* oder Hülsenfrüchte verteilen. 15 Minuten backen, dann das Papier und die Gewichte entfernen und den Teigboden weitere 10 Minuten backen. Aus dem Ofen nehmen und beiseitestellen. **SCHRITT 3** Die Ofentemperatur auf 140 Grad reduzieren. Für den Zitronenbelag Rahm, Eier, zusätzliche Eigelbe, Zucker und Zitronensaft verrühren. Die Mischung durch ein feines Sieb streichen. **SCHRITT 4** Die Tarteform auf ein Backblech stellen und die Zitronenmasse vorsichtig auf dem Teigboden verteilen. Im heißen Ofen 30–35 Minuten backen, bis der Belag gerade fest ist. Aus dem Ofen nehmen und auf Raumtemperatur auskühlen lassen. Dann die Tarte im Kühlschrank vollständig erkalten und fest werden lassen. Mit Puderzucker bestäubt servieren. ERGIBT 4–6 PORTIONEN.

REZEPT-NOTIZ

Mürbeteig können Sie wunderbar im Voraus zubereiten. Rollen Sie ihn zwischen zwei Lagen Backpapier 3 mm dünn aus, wickeln Sie ihn zweimal in Frischhaltefolie und frieren Sie ihn flach ausgelegt ein; so hält er sich bis zu einem Monat. Im Kühlschrank auftauen lassen.

grundrezept zitronentarte

rosa-grapefruit-tartelettes

1 Portion süßer Mürbeteig (siehe Seite 394)
1 rosa Grapefruit, geschält, in dünne Scheiben geschnitten
250 ml Rahm*, kurz aufgeschlagen
Für den Grapefruitbelag
125 ml Rahm*
1 Ei
2 Eigelb, zusätzlich
50 g feiner Zucker
80 ml rosa Grapefruitsaft

Den Ofen auf 180 Grad vorheizen. Den Mürbeteig wie in Schritt 1 beschrieben zubereiten. Dann sechs gefettete, runde Tartelette-formen mit Hebeboden (je ca. 8 cm Durchmesser) mit dem Teig auslegen und wie in Schritt 2 beschrieben blindbacken. Beiseitestellen. Die Ofentemperatur auf 140 Grad reduzieren.

Für den Belag Rahm, Ei, zusätzliche Eigelbe, Zucker und den Grapefruitsaft verrühren. Die Mischung durch ein feines Sieb in eine saubere Schüssel streichen. Die Formen auf ein Backblech stellen und vorsichtig die Grapefruitmasse auf die Tartelettes verteilen. 15–20 Minuten backen, bis der Belag gerade eben fest ist. Aus dem Ofen nehmen, auf Raumtemperatur abkühlen lassen, dann im Kühlschrank vollständig erkalten und fest werden lassen. Mit den Grapefruitscheiben garniert servieren. ERGIBT 6 STÜCK.

limetten-mandel-tartes

1 Portion süßer Mürbeteig (siehe Seite 394)
30 g gemahlene Mandeln
frische Himbeeren und Puderzucker zum Servieren
Für den Limettenbelag
250 ml Rahm*
1 Ei
2 Eigelb, zusätzlich
50 g feiner Zucker
80 ml Limettensaft

Den Ofen auf 180 Grad vorheizen. Den Mürbeteig wie in Schritt 1 beschrieben zubereiten. Die gemahlenen Mandeln mit dem Mehl dazugeben. Dann acht dünn gefettete rechteckige Tarteformen mit Hebeboden (ca. 5 x 10 cm) mit dem Teig auslegen und wie in Schritt 2 beschrieben blindbacken. Aus dem Ofen nehmen und beiseitestellen. Die Ofentemperatur auf 140 Grad reduzieren.

Für den Belag Rahm, Ei, zusätzliche Eigelbe, Zucker und Limettensaft verrühren. Die Mischung durch ein feines Sieb in eine saubere Schüssel streichen. Die Formen auf ein Backblech stellen und vorsichtig die Limettenmasse auf die Tartes verteilen. 15–20 Minuten backen, bis der Belag gerade eben fest ist. Aus dem Ofen nehmen, auf Raumtemperatur abkühlen lassen, dann im Kühlschrank vollständig erkalten und fest werden lassen. Mit Blaubeeren garniert und mit Puderzucker bestäubt servieren. ERGIBT 4–6 PORTIONEN.

passionsfrucht-tarte

1 Portion süßer Mürbeteig (siehe Seite 394)
Für den Passionsfruchtbelag
250 ml Rahm*
2 Eier
3 Eigelb, zusätzlich
100 g feiner Zucker
2 EL Zitronensaft
125 ml Passionsfruchtmark (von etwa 4 Passionsfrüchten)

Den Ofen auf 180 Grad vorheizen. Den Mürbeteig wie in Schritt 1 beschrieben zubereiten. Dann eine dünn gefettete, rechteckige Tarteform mit Hebeboden (ca. 12×34 cm) mit dem Teig auslegen und wie in Schritt 2 beschrieben blindbacken. Beiseitestellen. Die Ofentemperatur auf 140 Grad reduzieren.

Für den Belag Rahm, Eier, zusätzliche Eigelbe, Zucker und Zitronensaft verrühren. Die Mischung durch ein feines Sieb in eine saubere Schüssel streichen und das Passionsfruchtmark einrühren. Die Form auf ein Backblech stellen und vorsichtig die Passionsfruchtmasse auf dem Teigboden verteilen. Im heißen Ofen 30–35 Minuten backen, bis der Belag gerade eben fest ist. Auf Raumtemperatur abkühlen lassen, dann im Kühlschrank vollständig erkalten und fest werden lassen. ERGIBT 4–6 PORTIONEN.

zitronen-kokos-himbeer-tarte

1 Portion süßer Mürbeteig (siehe Seite 394)
40 g Kokosraspel
Für den Zitronenbelag
250 ml Rahm*
2 Eier
3 Eigelb, zusätzlich
110 g feiner Zucker
125 ml Zitronensaft
250 g Himbeeren

Den Ofen auf 180 Grad vorheizen. Den Mürbeteig wie in Schritt 1 beschrieben zubereiten. Die Kokosraspel zusammen mit dem Mehl dazugeben. Eine dünn gefettete Tarteform mit Hebeboden (22 cm Durchmesser) mit dem Teig auslegen und wie in Schritt 2 beschrieben blindbacken. Aus dem Ofen nehmen und beiseitestellen. Die Ofentemperatur auf 140 Grad reduzieren.

Für den Belag Rahm, Eier, zusätzliche Eigelbe, Zucker und Zitronensaft verrühren. Die Hälfte der Himbeeren auf dem Teigboden verteilen und die Zitronen-Rahm-Mischung durch ein feines Sieb streichen. Die Form auf ein Backblech stellen und vorsichtig die Zitronenmasse auf dem Teigboden verteilen. 30–35 Minuten backen, bis der Belag gerade eben fest ist. Auf Raumtemperatur abkühlen lassen, dann im Kühlschrank vollständig erkalten lassen. Mit den restlichen Himbeeren garnieren. ERGIBT 4–6 PORTIONEN.

DESSERTS

Wenn ein köstliches Dessert lockt, sagt man auch nach einem opulenten Mahl nicht Nein. Ob samtige Schokoladencreme, feines Karamell oder etwas Fruchtiges: In diesem Kapitel findet jeder seine Lieblingsnachspeise.

karamellisierte äpfel

weiche karamellen

karamellisierte äpfel

8 Holzspieße
8 kleine rotschalige Äpfel, gewaschen, getrocknet
375 ml heller Maissirup
300 g Butter, gewürfelt
440 g feiner Zucker
2 TL Vanilleextrakt

In die Mitte jedes Apfels einen Spieß stecken. In einen Topf 250 ml des Maissirups, die Butter und den Zucker geben und alles bei mittlerer Temperatur unter Rühren erhitzen. Aufkochen und 8–10 Minuten, ohne zu rühren, kochen, bis das Zuckerthermometer eine Temperatur von 140 Grad anzeigt. Den Topf vom Herd nehmen und nun den restlichen Sirup sowie den Vanilleextrakt einrühren. Die Äpfel in die Karamellsauce tauchen und auf ein mit Backpapier belegtes Blech setzen. 30 Minuten fest werden lassen. ERGIBT 8 STÜCK.

weiche karamellen

250 ml Crème double*
180 ml gesüßte Kondensmilch
250 ml heller Maissirup
220 g feiner Zucker
60 ml Wasser
60 g Butter, gewürfelt

Rahm und Kondensmilch in einem kleinen Topf bei schwacher Hitze unter Rühren leicht erwärmen; warm halten. Maissirup, Zucker und Wasser in einem kleinen Topf stark erhitzen und dabei unter Rühren den Zucker auflösen. Aufkochen und, ohne zu rühren, kochen, bis das Zuckerthermometer eine Temperatur von 120 Grad anzeigt. Die Temperatur auf die kleinste Stufe zurückschalten, die Butter und die warme Milchmischung hinzufügen (nun fällt die Temperatur auf dem Thermometer deutlich) und die Mischung unter ständigem Rühren auf 110 Grad erhitzen. Dann den Topf sofort vom Herd nehmen und die Karamellmasse in eine dünn gefettete, mit Backpapier ausgelegte quadratische Form (20 x 20 cm) füllen und 2–3 Stunden abkühlen lassen, bis sie fest ist. Nicht kalt stellen. In Quadrate schneiden. ERGIBT 16 STÜCK.

Tipp: Beim Hinzufügen von Butter und Milch muss ständig gerührt werden, damit sich die Masse nicht an der Topfwand festsetzt, was zu einem verbrannten Geschmack führen würde.

schoko-karamell-trüffel

250 ml Rahm*
110 g feiner Zucker
60 ml Wasser
50 g weiche Butter
250 g Zartbitterschokolade, grob zerkleinert
1 EL Karamelllikör
200 g dunkle Schokolade (70 %), geschmolzen

Den Rahm in einem kleinen Topf bei mittlerer Hitze zum Kochen bringen. Vom Herd nehmen und beiseitestellen.

Zucker und Wasser in einem Topf bei schwacher Hitze unter Rühren erwärmen, bis sich der Zucker aufgelöst hat. Die Temperatur auf mittlere Stufe erhöhen und den Sirup aufkochen. 6–6½ Minuten kochen, bis er sich goldbraun färbt (siehe Tipps). Vom Herd nehmen und zügig Rahm und Butter einrühren. Den Topf zurück auf den Herd setzen und die Masse gut verrühren. Die Schokolade in einer Schüssel mit der heißen Karamellmasse übergießen und unter behutsamem Rühren zum Schmelzen bringen. Die glatte Masse in eine dünn gefettete, mit Backpapier ausgelegte quadratische Form (20×20 cm) füllen und 2–3 Stunden kalt stellen, bis sie fest ist.

Esslöffelgroße Portionen abstechen, zu Kugeln rollen (siehe Tipps) und auf ein mit Backpapier belegtes Blech setzen. 1 Stunde kalt stellen. Dann die Trüffel in die geschmolzene Schokolade tauchen, und auf ein mit Backpapier belegtes Blech setzen, wieder 1 Stunde kalt stellen. ERGIBT ETWA 22 STÜCK.

Tipps: Es ist wichtig, dass das Karamell eine goldbraune Färbung angenommen hat, denn das Hinzufügen von Rahm und Butter unterbricht den Kochprozess. Ist das Karamell noch zu hell, entwickelt es nicht das gewünschte intensive Aroma. Ist es zu dunkel, schmeckt es bitter. Zum Formen der Kugeln einen Esslöffel in heißes Wasser tauchen und trocken tupfen. Mit einem Spieß lassen sich die Trüffel leicht vom Löffel lösen.

schoko-karamell-trüffel

SO GELINGEN trüffel

1

3

grundrezept schokoladentrüffel

180 ml Rahm*
600 g Zartbitterschokolade, fein zerkleinert
Kakaopulver zum Bestäuben

SCHRITT 1 Den Rahm in einem kleinen Topf bei starker Hitze aufkochen. Die Schokolade in einer hitzebeständigen Schüssel mit dem heißen Rahm übergießen und über dem heißen Wasserbad unter Rühren mit einem Metalllöffel zum Schmelzen bringen. Die Masse glatt rühren.
SCHRITT 2 Die Masse in eine dünn gefettete, mit Backpapier ausgelegte quadratische Metallform (20 x 20 cm) füllen (siehe Tipps) und die Form schwenken oder die Masse mit einer Tortenpalette glatt streichen. 2–3 Stunden kalt stellen, bis sie fest ist.
SCHRITT 3 Die Trüffelplatte aus der Form nehmen und auf Raumtemperatur erwärmen lassen. In 36 Quadrate schneiden und nach Belieben mit Kakaopulver bestäubt servieren. ERGIBT 36 STÜCK.
Tipps: Die Schokolade in sehr kleine Stücke hacken, so schmilzt sie schnell und gleichmäßig, ohne dass man sie zu lange erhitzen muss. An den Seiten der Form etwas Backpapier überstehen lassen, sodass man die Trüffelplatte mühelos herausheben kann.

REZEPT-NOTIZ
Schokolade ist eine fragile Zutat, die schnell zu heiß werden kann; dann fällt sie aus und wird körnig. Das Erhitzen über dem Wasserbad ist eine sanfte Schmelzmethode, bei der die Schokolade keinen Schaden nimmt. Rühren Sie mit einem Metalllöffel oder Silikonspatel um; ein Holzlöffel enthält in der Regel Feuchtigkeit, von der die flüssige Schokolade körnig wird.

grundrezept schokoladentrüffel

mandel-pistazien-trüffel

180 ml Rahm*
600 g Zartbitterschokolade, fein zerkleinert
60 ml Mandellikör
140 g Pistazienkerne, geröstet und fein gehackt

Den Rahm in einem kleinen Topf bei starker Hitze aufkochen. Die Schokolade in einer hitzebeständigen Schüssel mit dem heißen Rahm übergießen und über dem heißen Wasserbad unter Rühren mit einem Metalllöffel zum Schmelzen bringen. Den Mandellikör einrühren. Dann die Masse in eine dünn gefettete, mit Backpapier ausgelegte quadratische Metallform (20 × 20 cm) füllen und die Form schwenken, um die Masse zu glätten. 2–3 Stunden kalt stellen, bis sie fest ist. Die Trüffeltafel aus der Form nehmen und Raumtemperatur annehmen lassen. In 18 gleich große Riegel schneiden und diese mit den gehackten Pistazienkernen bestreut servieren. ERGIBT 18 STÜCK.

vollmilch-espresso-trüffel

180 ml Rahm*
2 EL starkes Instant-Kaffeegranulat
600 g Vollmilchschokolade, fein zerkleinert
Kakaopulver zum Bestäuben

Den Rahm und den Kaffee in einem kleinen Topf bei starker Temperatur erhitzen, das Granulat unter Rühren auflösen, dann aufkochen. Die Schokolade in einer hitzebeständigen Schüssel mit dem heißen Rahm übergießen und über dem heißen Wasserbad unter Rühren mit einem Metalllöffel zum Schmelzen bringen. Die Masse in eine gefettete, mit Backpapier ausgelegte quadratische Metallform (20 × 20 cm) füllen und die Form schwenken, um die Masse zu glätten. 2–3 Stunden kalt stellen, bis sie fest ist. Nun die Trüffeltafel aus der Form nehmen und auf Raumtemperatur erwärmen lassen. In 25 Quadrate schneiden und diese mithilfe von zwei Gabeln im Kakaopulver wenden. ERGIBT 25 STÜCK.

schoko-karamell-trüffel mit mandelpraliné

180 ml Rahm*
600 g Zartbitterschokolade, fein zerkleinert
60 ml Karamelllikör
110 g Rohzucker
25 g gehobelte Mandeln, geröstet

Den Rahm in einem kleinen Topf bei starker Hitze aufkochen. Die Schokolade in einer hitzebeständigen Schüssel mit dem heißen Rahm übergießen und über dem heißen Wasserbad unter Rühren mit einem Metalllöffel zum Schmelzen bringen. Den Karamelllikör einrühren. Die Masse in eine dünn gefettete, mit Backpapier ausgelegte quadratische Metallform (20×20 cm) füllen und diese schwenken, um die Masse zu glätten. 2–3 Stunden kalt stellen, bis sie fest ist. Den Ofen auf 200 Grad vorheizen. Den Zucker gleichmäßig auf ein dünn gefettetes, mit Backpapier belegtes Blech streuen und 15 Minuten in den heißen Ofen schieben, bis er schmilzt und sich goldbraun färbt. Herausnehmen, die Karamellmasse mit den gehobelten Mandeln bestreuen und erkalten lassen. Die kalte Pralinémasse in der Küchenmaschine fein zerkleinern. Die Trüffeltafel aus der Form nehmen und auf Raumtemperatur erwärmen lassen. In 36 Quadrate schneiden, mit dem Praliné bestreut servieren. ERGIBT 36 STÜCK.

zartbittertrüffel mit meersalz

180 ml Rahm*
600 g Zartbitterschokolade, fein zerkleinert
Meersalzflocken zum Bestreuen

Den Rahm in einem kleinen Topf bei starker Hitze aufkochen. Die Schokolade in einer hitzebeständigen Schüssel mit dem heißen Rahm übergießen und über dem heißen Wasserbad unter Rühren mit einem Metalllöffel zum Schmelzen bringen. Die Masse glatt rühren und anschließend in eine dünn gefettete, mit Backpapier ausgelegte quadratische Metallform (20×20 cm) füllen; diese schwenken, um die Masse zu glätten. 2–3 Stunden kalt stellen. Die Trüffeltafel aus der Form nehmen und auf Raumtemperatur erwärmen lassen. In 18 gleich große Riegel schneiden und diese mit Meersalz bestreut servieren. ERGIBT 18 STÜCK.

hausgemachtes dulce de leche

hausgemachtes dulce de leche

2 Dosen (à 400 g) gesüßte Kondensmilch

Den Ofen auf 220 Grad vorheizen. Die Kondensmilch in eine ofenfeste Auflaufform geben und die Form fest mit Alufolie verschließen. Die Form in ein tiefes Backblech oder eine Saftpfanne setzen und diese bis zu zwei Drittel der Höhe der Auflaufform mit kochendem Wasser füllen. Im Ofen 1½ bis 1¾ Stunden backen, bis sich die Masse karamellbraun färbt. Das Karamell in eine Schüssel geben, glatt rühren und in sterilisierte Gläser füllen. Im Kühlschrank bis zu 1 Monat haltbar. ERGIBT 500 ML.

grundrezept crêpes mit zitrone und zucker

150 g Mehl, gesiebt
2 EL feiner Zucker
4 Eier
je 250 ml Milch und 250 ml Rahm*
Zitronenspalten und feiner Zucker zum Servieren

Mehl und Zucker in einer großen Schüssel vermischen. Eier, Milch und Rahm in einer separaten Schüssel verrühren. Nach und nach die Mehlmischung zur Eiermilch geben und glatt rühren. 20 Minuten stehen lassen. Eine dünn gefettete beschichtete Crêpepfanne schwach erhitzen, etwa 60 ml Teig in die Pfanne geben und diese schwenken, sodass der Teig gleichmäßig den Boden bedeckt. 2–3 Minuten backen, wenden und nochmals 1 Minute backen. Die Crêpes mit Backpapier dazwischen und mit einem sauberen Geschirrtuch bedeckt stapeln. Die Crêpes vor dem Servieren mit Zucker bestreuen und dazu Zitronenspalten reichen. ERGIBT 16 STÜCK.
Tipp: Je nach Pfannengröße größere oder kleinere Crêpes zubereiten.

pochierte pflaumen in vanille-moscato

1½ kg gemischte Pflaumen
1½ l Moscato (lieblicher roter Muskatellerwein)
440 g feiner Zucker
2 Vanilleschoten, längs aufgeschnitten, Mark ausgekratzt

Die Pflaumen mit einem spitzen Messer an der Basis kreuzweise einschneiden. Moscato, Zucker, Vanilleschoten und -mark in einem großen Topf mit schwerem Boden unter Rühren schwach erhitzen, bis sich der Zucker aufgelöst hat. Dann bei starker Hitze aufkochen und die Pflaumen portionsweise 1–2 Minuten in dem Weinsirup dämpfen, bis sich die Schalen lösen. Die Pflaumen mit einem Schaumlöffel herausheben und abschrecken; die Schalen entfernen und wegwerfen. Den Weinsirup weitere 10 Minuten kochen, bis er leicht eingedickt ist. Vom Herd nehmen und leicht abkühlen lassen. Die Pflaumen zurück in den Sirup geben und vor dem Servieren vollständig abkühlen lassen. ERGIBT 6–8 PORTIONEN.

cœur à la crème

1 Vanilleschote, längs aufgeschnitten, Mark ausgekratzt
125 g Mascarpone*
80 g weicher Frischkäse
165 g feiner Zucker
125 ml Crème double*
280 g weißer Naturjoghurt

Vanillemark, Mascarpone und Frischkäse in der Küchenmaschine glatt rühren. Zucker, Rahm und Joghurt einrühren. Sechs herzförmige Porzellanförmchen (je 125 ml Inhalt) mit sechs angefeuchteten Musselinstoffquadraten (25×25 cm) auslegen und die Masse in die Formen füllen. Glatt streichen und den überhängenden Stoff über der Masse zusammenschlagen. Die Formen auf ein Tablett stellen und mit Frischhaltefolie bedeckt etwa 6 Stunden kalt stellen, bis die Masse fest ist. Dann die Formen vorsichtig stürzen und das Musselin entfernen. ERGIBT 6 STÜCK.
Tipp: Cœur à la crème bedeutet so viel wie Sahneherz und ist ein traditionelles französisches Dessert. Herzformen finden Sie in Küchengeschäften. Oder geben Sie die Frischkäsemasse nur in Musselintücher und formen Sie sie von Hand zu Herzen. Das Musselin nimmt die Flüssigkeit auf und hält die Herzen zugleich in Form.

beeren-meringue vom blech

500 g Erdbeeren, geputzt
250 g Blaubeeren
250 g Himbeeren
75 g feiner Zucker
150 ml Eiweiß (von etwa 4 Eiern)
220 g feiner Zucker für den Eischnee
2 EL Maisstärke
2 EL weißer Essig
250 ml Rahm*, steif geschlagen

Den Ofen auf 150 Grad vorheizen. Die Beeren und 75 g Zucker in einer rechteckigen Backform (ca. 28 x 36 cm) vermengen. Die Eiweiße steif schlagen. Nach und nach unter Rühren die 220 g Zucker hinzufügen und alles zu einer steifen, glänzenden Eischneemasse schlagen. Maisstärke und Essig zugeben und kurz einrühren. Den Eischnee in Nocken auf den Beeren verteilen und im Ofen 45 Minuten backen. Mit Schlagrahm servieren. ERGIBT 6–8 PORTIONEN.

grundrezept crêpes mit zitrone und zucker

pochierte pflaumen in vanille-moscato

cœur à la crème

beeren-meringue vom blech

SO GELINGT marshmallow

grundrezept vanille-marshmallow

125 ml warmes Wasser
2 EL Gelatinepulver
330 g feiner Zucker
230 g flüssige Glukose*
125 ml Wasser, zusätzlich
1 Vanilleschote, längs aufgeschnitten, Mark ausgekratzt
Für die Puderzuckermischung
240 g Puderzucker, gesiebt
35 g Maisstärke, gesiebt

SCHRITT 1 Das warme Wasser in die Rührschüssel der Küchenmaschine geben und das Gelatinepulver einrühren und beiseitestellen. Zucker, Glukose und zusätzliches Wasser in einem Topf bei schwacher Hitze erwärmen und unter Rühren den Zucker auflösen. Bei starker Hitze aufkochen und ohne zu rühren 5–7 Minuten kochen lassen, bis das Zuckerthermometer 115 Grad anzeigt.
SCHRITT 2 Bei laufendem Motor in dünnem, gleichmäßigem Strahl den heißen Sirup einlaufen lassen. Dann das Vanillemark zugeben und alles 5–7 Minuten zu einer dicken, schaumigen Masse schlagen. Die Masse zügig in eine dünn gefettete und zusätzlich mit dünn gefettetem Backpapier ausgelegte Backform (20×30 cm) füllen (siehe Tipps).
SCHRITT 3 Mit einem Spatel die Masse glatt streichen, anschließend mit einem Stück gefettetem Backpapier (siehe Tipps) bedecken. 1–2 Stunden kalt stellen, bis die Masse fest ist.
SCHRITT 4 Für die Zuckermischung Puderzucker und Maisstärke vermischen. Die Marshmallow-Masse auf eine dünn mit der Puderzuckermischung bestäubte Fläche stürzen. Die Klinge eines Messers mit der Zuckermischung bestäuben und die Marshmallow-Platte in Quadrate schneiden. Diese zusätzlich bestäuben. **ERGIBT 40 STÜCK.**
Tipps: Lassen Sie das Backpapier an den Seiten der Form überstehen, sodass Sie die Marshmallow-Platte später bequem herausheben können. Ganz glatt wird die Oberfläche, wenn Sie eine kleinere rechteckige Form auf die mit einem dünn gefetteten Stück Backpapier belegte Marshmallow-Masse setzen und leicht andrücken.

REZEPT-NOTIZ
In einem luftdicht verschlossenen Behälter bleiben die mit Puderzuckermischung bestäubten Marshmallows im Kühlschrank bis zu einer Woche frisch. Nehmen Sie die Marshmallows erst unmittelbar vor dem Servieren aus dem Kühlschrank – andernfalls macht die Feuchtigkeit sie klebrig.

grundrezept vanille-marshmallow

klassische pavlova

150 ml Eiweiß, zimmerwarm (von etwa 4 Eiern)
220 g feiner Zucker
1 TL weißer Essig
250 ml Rahm*
80 ml Passionsfruchtmark
250 g Erdbeeren, geputzt, in Scheiben geschnitten
1 Banane, in Scheiben geschnitten

Den Ofen auf 150 Grad vorheizen. Die Eiweiße mit dem Handmixer bei hoher Rührgeschwindigkeit steif schlagen. Nach und nach (jeweils 1 EL) den Zucker hinzufügen und bis zum nächsten Löffel 30 Sekunden weiterschlagen. Ist der Zucker vollständig eingearbeitet, 6 Minuten weiterschlagen, bis der Eischnee steif und glänzend ist (siehe Tipps). Den Eischnee von der Schüsselwand streichen, den Essig hinzufügen und die Masse weitere 2 Minuten schlagen. Den Eischnee auf einem mit Backpapier belegten Blech in einem Kreis von 18 cm Durchmesser kuppelförmig auftürmen (siehe Tipps). Die Ofentemperatur auf 120 Grad reduzieren und die Pavlova 1½ Stunden backen. Den Ofen ausschalten und die Pavlova vollständig im Ofen abkühlen lassen. Den Rahm cremig aufschlagen und damit die Pavlova garnieren. Mit Passionsfruchtmark, Erdbeer- und Bananenscheiben verziert servieren. ERGIBT 4–6 PORTIONEN.
Tipps: Sobald eine dicke, glänzende Eischneemasse entstanden ist, sollte sich der Zucker vollständig aufgelöst haben. Reiben Sie als Test etwas Eischnee zwischen Ihren Fingerspitzen: Er sollte sich beim Weiterreiben grobkörnig anfühlen.
Zeichnen Sie einen Kreis von 18 cm Durchmesser auf das Backpapier; das Papier mit der Bleistiftkontur nach unten (sodass der Stift nicht auf die Pavlova abfärbt) aufs Blech legen.

sunset granita

Für die Mango-Granita
500 g Mango, geschält und zerkleinert
2 EL feiner Zucker
250 ml Wasser
Für die Lychee-Granita
2 Dosen à 250 g Lychees in Sirup, abgetropft
60 ml Limettensaft
110 g feiner Zucker
500 ml Wasser
Für die Wassermelonen-Granita
1 kg entkernte, zerkleinerte Wassermelone
110 g feiner Zucker
330 ml Wasser

Für die Mango-Granita das Mangofleisch in der Küchenmaschine pürieren. Zucker und Wasser in einem Topf schwach erhitzen und den Zucker unter Rühren auflösen. Das Mangopüree einrühren und die Masse in eine flache Backform (20×30 cm) füllen. 1 Stunde in den Tiefkühler stellen. Dann die Eiskristalle mit einer Gabel aufschaben und 1 weitere Stunden in den Tiefkühler stellen. Alle 3-4 Stunden wiederholen, bis die Granita fest ist.

Für die Lychee-Granita die Lychees und den Limettensaft in der Küchenmaschine pürieren. Zucker und Wasser in einem Topf schwach erhitzen und den Zucker unter Rühren auflösen. Das Lycheepüree einrühren und die Masse in eine flache Form (20×30 cm) füllen. 1 Stunde in den Tiefkühler stellen. Ebenso verfahren wie bei der Mango-Granita (siehe oben).

Für die Wassermelonen-Granita die Wassermelonenstücke in der Küchenmaschine pürieren. Zucker und Wasser in einem Topf schwach erhitzen und den Zucker unter Rühren auflösen. Das Wassermelonenpüree einrühren und die Masse in eine flache Backform (20×30 cm) füllen. 1 Stunde in den Tiefkühler stellen. Ebenso verfahren wie bei der Mango-Granita (siehe oben). Vor dem Servieren die drei Varianten schichtweise in Gläsern anrichten. ERGIBT 6 PORTIONEN.

klassische pavlova

sunset granita

sommerliches meloneneis am stiel

erdbeer-cranberry-pops

tropische kokos-ananas-pops

blaubeer-joghurt-pops

grundrezept zuckersirup

110 g feiner Zucker
180 ml Wasser

Zucker und Wasser in einem kleinen Topf schwach erhitzen und den Zucker unter Rühren auflösen. Dann die Mischung bei starker Hitze aufkochen und 1 Minute kochen lassen. Vom Herd nehmen und vollständig abkühlen lassen. ERGIBT 150 ML.

sommerliches meloneneis am stiel

1 Portion Zuckersirup (siehe Grundrezept oben)
2 EL Zitronensaft
150 g Wassermelone, entkernt, zerkleinert
150 g Cantaloupe-Melone, entkernt, zerkleinert

Zuckersirup und Zitronensaft verrühren. Die Wassermelone und die Hälfte des Zitronensirups im Mixer pürieren. Das Püree in acht Eis-am-Stiel-Formen verteilen und Holzstiele hineinstecken. 4 Stunden in den Tiefkühler geben.

Den restlichen Zitronensirup mit der Cantaloupe-Melone im Mixer pürieren. Die Masse auf dem Wassermeloneneis verteilen und weitere 4 Stunden in den Tiefkühler geben. ERGIBT 8 STÜCK.

Tipp: Wenn Sie Eis in mehreren Schichten zubereiten, achten Sie immer darauf, dass eine Schicht fest ist, bevor Sie die nächste einfüllen. Andernfalls vermischen sich die Farben und Aromen.

erdbeer-cranberry-pops

1 Portion Zuckersirup (siehe Grundrezept oben)
330 ml Cranberrysaft
8 Erdbeeren, in Scheiben geschnitten

Zuckersirup und Cranberrysaft verrühren. Die Hälfte der Mischung in acht Eis-am-Stiel-Formen verteilen; in jede Form zwei Erdbeerscheiben geben. Holzstiele hineinstecken und 4 Stunden in den Tiefkühler geben. Dann die restliche Saftmischung in die Formen füllen, die restlichen Erdbeerscheiben dazugeben und alles weitere 4 Stunden in den Tiefkühler geben. ERGIBT 8 STÜCK.

Tipp: Manche Eisformen besitzen Verschlussdeckel mit integriertem Stiel und werden mit Ständern angeboten, die die Formen im Tiefkühler aufrecht halten. Andernfalls verschließen Sie die Formen einfach mit Folie, ritzen einen Schlitz in die Folie und stecken den Holzstiel hindurch.

tropische kokos-ananas-pops

1 Portion Zuckersirup (siehe Grundrezept oben)
250 ml Kokoscreme
100 g klein gehackte Ananas
125 ml Passionsfruchtmark (von etwa 4 Früchten)

Zuckersirup, Kokoscreme und Ananas im Mixer pürieren. Das Passionsfruchtmark einrühren, das Püree in acht Eis-am-Stiel-Formen verteilen und Holzstiele hineinstecken. 4 Stunden in den Tiefkühler geben. ERGIBT 8 STÜCK.

blaubeer-joghurt-pops

375 g Blaubeeren
3 EL feiner Zucker
2 EL Zitronensaft
420 g Vanillejoghurt
80 ml Passionsfruchtmark (von etwa 3 Früchten)

Blaubeeren, Zucker und Zitronensaft in einem Topf bei starker Hitze aufkochen. 10–12 Minuten dick einkochen lassen. Vom Herd nehmen und vollständig abkühlen lassen.

Den Joghurt in eine Schüssel geben, das Passionsfruchtmark und die abgekühlte Blaubeermischung unterheben. Die Masse in acht Eis-am-Stiel-Formen verteilen und Holzstiele hineinstecken. 4 Stunden in den Tiefkühler geben. ERGIBT 8 STÜCK.

Tipp: Bevor Sie das Eis aus den Formen holen, lassen Sie es einige Minuten bei Zimmertemperatur stehen. Dann legen Sie ein heißes Geschirrtuch um die Formen – so löst sich das Eis gut. Falls nicht, lassen Sie ein Palettenmesser behutsam um die Kanten gleiten.

GLOSSAR

Die meisten der in diesem Buch verwendeten Zutaten sind im gut sortierten Supermarkt erhältlich. Zu einzelnen ausgefalleneren Produkten gibt Ihnen das folgende Glossar Aufschluss. Auf den folgenden Seiten finden Sie auch Informationen zu Küchenpraxis, Maßeinheiten und Techniken.

arborioreis
Rundkornreis, der sich für Risottogerichte eignet. Die Oberflächenstärke sorgt beim Kochen für eine cremige Konsistenz; innen bleibt der Reis bissfest, während er außen eine cremige Konsistenz entwickelt. Kann durch Carnaroli-, Roma-, Baldo-, Padano-, Vialone- oder Calrisoreis ersetzt werden.

asiatisches grüngemüse
Die folgenden grünen Blattgemüse gehören alle zur Familie der Kohlgewächse und sind mittlerweile auch bei uns fast überall zu haben. Wir lieben sie wegen ihrer Vielseitigkeit und ihrer schnellen Zubereitung. Man kann sie pochieren, dämpfen, schmoren oder auch als Zutat in Suppen oder Wokgerichten verwenden.

pak choi (auch: bok choi): Grünes Gemüse mit mildem Aroma, auch als weißer Chinakohl, Blattstielkohl oder Chinesischer Senfkohl bekannt. Jungen Pak Choi kann man nach dem Waschen im Ganzen garen. Größere Köpfe zerlegt man in einzelne Blätter und entfernt die weißen Stängel. Nur kurz blanchieren, damit das Gemüse seine grüne Farbe nicht verliert und knackig bleibt.

brokkolini: Eine Kreuzung aus Gai Larn (chinesischem Brokkoli) und Brokkoli. Dieses grüne Gemüse besitzt lange, dünne Stängel und kleine Röschen. Wird gebündelt angeboten und kann Brokkoli ersetzen.

choi sum: Blattgemüse mit kleinen gelben Blüten, auch Chinesischer Blumenkohl genannt. Die grünen Blätter und die schlanken Stängel werden gedämpft oder in Wokgerichten kurz gegart.

bonito-flocken
Getrocknete, fermentierte und geräucherte Bonito-(Thunfisch-)Filets, die fein gehobelt als »Flocken« angeboten werden. Eine der Hauptzutaten von Dashi, einer japanischen Brühe, die die Basis unterschiedlicher Suppen wie Miso ist. Getrocknete Bonito-Flocken kann man auch über Gerichte wie Agedashi-Tofu streuen.

brühe
Stellen Sie Ihre eigene Brühe her oder kaufen Sie im Supermarkt ein hochwertiges Produkt.

rinderbrühe

1½ kg Rinderknochen, zerkleinert
2 Zwiebeln, geheckt
2 Karotten, gehackt
2 Stangen Sellerie, gehackt
frische Kräuter nach Wahl
2 Lorbeerblätter
10 Pfefferkörner
2½ l Wasser (ausreichend zum Bedecken der Zutaten)

Die Knochen bei 220 Grad 30 Minuten im Ofen rösten. Zwiebeln und Karotten dazugeben und weitere 20 Minuten rösten. Dann alles in einen großen Suppentopf geben und die restlichen Zutaten hinzufügen. Zum Kochen bringen und 4 bis 5 Stunden köcheln lassen; dabei immer wieder den Schaum abschöpfen. Hält sich im Kühlschrank bis zu 3 Tage, tiefgefroren bis zu 3 Monate. Ergibt 1½ bis 2 Liter.

hühnerbrühe

1½ kg Huhn
1 Zwiebel, gehackt
2 Knoblauchzehen, gehackt
2 Stangen Sellerie, gehackt
1 Karotte, gehackt
4 Lorbeerblätter
1 TL schwarze Pfefferkörner
2½ l Wasser (ausreichend zum Bedecken der Zutaten)

Alle Zutaten in einen großen Suppentopf geben und zum Kochen bringen. Bei reduzierter Hitze 1 Stunde kochen, bis das Huhn gar ist. Dabei immer wieder den Schaum abschöpfen; so wird die Brühe klarer und hat ein süßeres Aroma. Das Huhn herausnehmen, die Brühe abseihen und das Gemüse wegwerfen. Die Brühe hält sich im Kühlschrank bis zu 3 Tage, tiefgefroren bis zu 3 Monate. Ergibt 1½ bis 2 Liter. Das Hühnerfleisch kann man mit einer Gabel auslösen und in Salaten oder als Sandwichbelag weiterverarbeiten.

gemüsebrühe

2½ l Wasser
1 Pastinake
2 Zwiebeln, gehackt
1 Knoblauchzehe, gehackt
2 Karotten, gehackt
300 g Kohl, grob gehackt
3 Stangen Sellerie, gehackt
frische Kräuter nach Wahl
2 Lorbeerblätter
1 EL Pfefferkörner

Alle Zutaten in einen großen Suppentopf geben und 2 Stunden köcheln lassen; dabei immer wieder den Schaum abschöpfen. Die fertige Brühe abseihen. Hält sich im Kühlschrank bis zu 4 Tage, tiefgefroren bis zu 8 Monate.
Tipp: Um ein intensiveres Aroma zu erhalten, schmort man das Gemüse an und gießt dann erst das Wasser dazu.

char siu sauce
Eine in der kantonesischen Küche insbesondere zum Würzen von Schweinefleisch häufig verwendete Sauce. Char Siu Sauce enthält Zucker oder Honig, chinesisches Fünf-Gewürze-Pulver, rote Speisefarbe, Sojasauce und Sherry. Erhältlich in gut sortierten Lebensmittelgeschäften und asiatischen Feinkostläden.

chili
Weltweit sind mehr als 200 Chilisorten bekannt. Als allgemeine Faustregel gilt: lange rote und grüne Chilis sind milder, fruchtiger und süßer, während kleine Chilis schärfer sind. In den Rezepten unterscheiden wir zwischen milden und scharfen Chilis. Trennwände und Kerne entfernen – so schmecken sie milder.

ancho: Getrocknete mexikanische Poblano-Chili mit süßem, fruchtigem Aroma; mittelscharf. Erhältlich in Gemüse- und Gewürzläden oder online.

jalapeño: Mittelgroße Chili, die grün geerntet und oft aufgeschnitten oder in Salzlake eingelegt angeboten wird; verbreitet in mexikanischen und Tex-Mex-Gerichten.

chili-bohnen-paste
Wird aus gesalzenen Schwarzen Bohnen hergestellt, die man mit Chili, Knoblauch und Sternanis vermischt. Ein pikantes Gewürz der asiatischen Küche.

chili-marmelade
Thailändisches Gewürz, das aus Ingwer, Chili, Knoblauch und Garnelenpaste hergestellt und in Suppen und Wokgerichten verwendet wird. Passt auch gut zu gebratenem oder geschmortem Fleisch, zu Eierspeisen und Käse. Erhältlich in gut sortierten Supermärkten und Asialäden.

chinesisches fünf-gewürze-pulver
Würzmischung aus Zimt, Szechuan-Pfeffer, Sternanis, Nelken und Fenchelsamen. Erhältlich in Asialäden und Supermärkten.

chinesischer kochwein
Dieser aus einer Mischung von Klebreis, Hirse, einer speziellen Hefe und Quellwasser hergestellte Reiswein stammt aus der nordchinesischen Region Shao Hsing (daher auch unter der Bezeichnung Shao Hsing angeboten) ähnelt im Geschmack trockenem Sherry. Erhältlich in Asialäden und gut sortierten Supermärkten.

chorizo
Pikante, mit Pfeffer, Paprika und Chili gewürzte, grobe spanische Wurst aus Schweinefleisch; wird frisch oder getrocknet angeboten. Bei spezialisierten Metzgern und in Feinkostgeschäften erhältlich.

currykraut
Wird frisch oder getrocknet angeboten und ähnlich wie Lorbeer- oder Kaffirlimettenblätter verwendet, also mitgekocht und vor dem Servieren aus dem Gericht entfernt. Das leicht pikante, zitrusähnliche Aroma passt gut zu Currys und Chutneys.

edamame
So nennt man in Japan junge Sojabohnen, die normalerweise tiefgekühlt in ihren Hülsen angeboten werden. Sie werden in der Regel kurz gedämpft oder blanchiert und als Snack mit etwas Salz gereicht. Oder aber man löst sie aus den Schoten und verarbeitet sie in Salaten und Beilagen. Erhältlich tiefgekühlt in Asialäden.

essig
Bezeichnung für eine schwach dosierte Säure. Essig lässt sich aus Wein, Apfelwein, Reiswein und Branntwein destillieren.

apfelessig: Die bernsteinfarbene Essigvariante wird aus fermentiertem Apfelsaft hergestellt, harmoniert mit ihrer milden Säure gut mit Schweine- und Hühnerfleisch und bricht die Süße karamellisierter Äpfel.

balsamico: Die dunkle Farbe und das milde, süßliche, fast karamellige Aroma unterscheiden Balsamico oder Balsamicoessig von anderen Essigsorten. Er wird aus der Trebbianotraube in der italienischen Region um Modena hergestellt und reift zwischen 5 und 30 Jahren oder mehr. Je älter der Balsamicoessig, desto besser (und teurer) ist er, und desto sparsamer kann man ihn einsetzen. Preisgünstige Produkte muss man unter Umständen mit Zucker nachsüßen. Balsamicoessig lässt sich anstelle von gewöhnlichem Essig verwenden. Weißer Balsamicoessig ist milder und wird eingesetzt, wenn eine dunkle Verfärbung des Gerichts nicht erwünscht ist.

malzessig: Wird aus Malzbier hergestellt und besitzt eine hellbraune Färbung. Man verarbeitet ihn in Pickles und Fish and Chips.

reisessig: Wird durch die Fermentierung von Reis bzw. aus Reiswein hergestellt und ist milder und süßlicher als aus destilliertem Alkohol oder Trauben gewonnene Essige. Reisessig ist in Asialäden erhältlich.

sherryessig: Muss aus Sherry aus der spanischen Provinz Cádiz hergestellt und mindestens sechs Monate in Eichenfässern gereift sein – die Bezeichnung ist vom EU-Gesetz geschützt.

weinessig: Sowohl aus Rot- wie aus Weißwein lässt sich Essig herstellen, den man in Dressings, Glasuren, Saucen und zum Einlegen von Pickles verwenden kann. Aus Weinessig bereitet man die klassische französische Vinaigrette zu.

weißer balsamico: Wird zwar aus derselben Traube wie der dunkle Balsamicoessig, der Trebbianotraube, hergestellt, ist aber heller, dünner und weniger süß als die dunkle Variante. Man verwendet ihn, wenn sich die anderen Zutaten des Gerichts nicht dunkel verfärben sollen.

fischsauce
Dunkelbraune Flüssigkeit, die aus gesalzenem, fermentiertem Fisch gewonnen und zum Würzen thailändischer und vietnamesischer Gerichte verwendet wird. Mit Fischsauce schmeckt man Currys und Suppen wie pho (Rindfleisch-Nudelsuppe) ab. Erhältlich in Supermärkten, Asialäden und Feinkostgeschäften. In Asialäden findet man Fischsauce unter der Bezeichnung »nam pla«.

frühlingszwiebeln
Sowohl der weiße als auch der hell- und der dunkelgrüne Teil des langen, schlanken Zwiebelgewächses wird in Salaten, als Garnierung und in der asiatischen Küche verwendet. In kleinen Bündeln angeboten, geben Frühlingszwiebeln vielen Gerichten einen knackigen Frischekick.

galgant
Wurzelrhizom mit hellrosafarbener Schale und knorriger Form; ist mit Ingwer verwandt, aber milder im Aroma. Sehr beliebt in der Thai-Küche, insbesondere für Suppen und Würzpasten. Erhältlich beim Gemüsehändler oder in Asialäden.

gai larn
Auch als chinesischer Brokkoli oder chinesischer Meerkohl bekannt, besitzt dieses Gemüse dunkelgrüne Blätter, kleine weiße Röschen und dicke Stängel.

garnelenpaste
Die streng riechende, intensive, rötlich bis dunkelbraune Paste wird aus gesalzenen, fermentierten Garnelen hergestellt und ist in Südostasien eine sehr bekannte und beliebte Zutat, auch als Shrimpspaste bekannt. Wird normalerweise separat in der Pfanne angebraten, bevor die anderen Zutaten dazukommen. Erhältlich in Asialäden oder im gut sortierten Feinkost-Handel.

ghee
Indische Version des Butterschmalzes, die hergestellt wird, indem man Butter erhitzt und die klare Flüssigkeit von den festen Milchbestandteilen trennt. Ghee kann man bei hohen Temperaturen erhitzen.

gow-gee-hüllen
Die runden, ursprünglich aus China stammenden Teighüllen sind frisch oder tiefgekühlt erhältlich. Sie lassen sich dämpfen oder frittieren. Mit Fleisch oder Gemüse gefüllt, ergeben sie Dumplings; außerdem sind sie Grundlage für kleine knusprige Snacks.

grüne papaya
Ähnlich wie grüne Mangos spielen unreife grüne Papayas in der thailändischen Küche eine große Rolle. Für Salate werden sie fein gehackt oder in Scheiben geschnitten und mit einem Dressing aus Limettensaft, Fischsauce, Palmzucker und Chili serviert. Dieser Salat heißt som tam.

harissa
Nordafrikanische rote Würzpaste, die aus Chili, Knoblauch und Gewürzen wie Koriander, Kümmel und Kreuzkümmel hergestellt wird. Manchmal sind auch Tomaten darin enthalten. Harissa wird im Glas oder in der Tube angeboten und ist in Supermärkten und spezialisierten Lebensmittel- und Feinkostgeschäften erhältlich. Harissa gibt Tajine- und Couscousgerichten eine pikante Note und verleiht auch Dressings und Saucen das gewisse Etwas.

hoisin-sauce
Die dickliche chinesische Sauce besteht aus fermentierten Sojabohnen, Zucker, Salz, Knoblauch und rotem Reis. Sie wird als Marinade, aber auch als Dip verwendet. Bei der traditionellen Peking-Ente darf sie als Sauce nicht fehlen. Erhältlich in Asialäden oder in gut sortierten Supermärkten.

hummus
Ein im Mittleren Osten beliebter Dip, der aus gekochten und pürierten Kichererbsen, Tahini, Knoblauch und Zitronensaft hergestellt wird. Wird zu allen Sorten vom gegrilltem und gebratenem Fleisch, zu Fladenbrot und Salaten gereicht. Erhältlich in gut sortierten Supermärkten.

käse
blauschimmelkäse: Die typische Äderung sowie der kräftige Geschmack werden durch die Beigabe bestimmter Schimmelkulturen erreicht. Die meisten Blauschimmelkäse besitzen eine krümelige Konsistenz und ein leicht säuerliches Aroma, das mit zunehmendem Alter milder und runder wird.

fontina: Italienischer Kuhmilchkäse aus dem Piemont, der an weichen Gruyère mit kleineren Bläschen erinnert, jedoch ein pikanteres, cremigeres, nussähnliches Aroma besitzt.

ziegenkäse: Ziegenkäse, auch Chèvre genannt, hat ebenso wie die Ziegenmilch, aus der er hergestellt wird, ein säuerlich-herbes Aroma. Junger Ziegenkäse ist milder und cremiger als reifer Ziegenkäse.

gouda: Holländischer Kuhmilchkäse mit mildem, süßlichem, fruchtigem Aroma; wird von einer roten Wachsschicht geschützt.

gruyère: Harter Kuhmilchkäse aus der Alpenregion der an Schweizer Emmentaler erinnert, jedoch kleinere Bläschen besitzt (die bei der Bildung von Gas während des Fermentierungsprozesses entstehen) und fester im Biss ist.

haloumi: Haloumi ist ein fester Käse, der aus Schafsmilch hergestellt wird und aus Zypern stammt. Er besitzt eine faserige Konsistenz und wird normalerweise in Salzlake eingelegt. Haloumi behält auch beim Grillen und Braten seine Form und eignet sich deshalb gut für Kebabs. Haloumi ist in gut sortierten Supermärkten erhältlich.

manchego: Fester, elfenbeinfarbener Käse spanischen Ursprungs, aus Schafsmilch. Besitzt ein feines, nussiges Aroma.

mascarpone: Cremig-weicher italienischer Frischkäse, der eine ähnliche Konsistenz wie Crème double besitzt und auch ähnlich verwendet wird. Mascarpone ist in Supermärkten und Feinkostgeschäften erhältlich. Mascarpone wird zur Verfeinerung von Saucen und bei der Zubereitung von Desserts wie Tiramisu verwendet.

mozzarella: Milder, aus Italien stammender Käse, der bei der Zubereitung von Pizza, Lasagne und Tomatensalat verwendet wird. Bei der Herstellung wird die geronnene Milch mehrfach geschnitten und gezogen, wodurch der Käse seine geschmeidige, elastische Konsistenz erhält. Die ursprüngliche, sehr aromatische Mozzarella-Variante wird aus Büffelmilch hergestellt.

parmesan: Beliebter italienischer Hartkäse, der aus Kuhmilch hergestellt wird. Parmiggiano reggiano ist der »Rolls Royce« unter den verschiedenen Parmesan-Sorten. Er wird nach strengen Vorgaben in der Region Emilia-Romagna hergestellt und reift im Durchschnitt zwei Jahre. Grana padano kommt aus der Lombardei und hat eine Reifezeit von 15 Monaten hinter sich.

ricotta: Cremiger, sehr feinkörniger, quarkähnlicher Weichkäse. Ricotta bedeutet im Italienischen so viel wie »noch einmal gekocht«, was sich auf den Herstellungsprozess bezieht. Dabei wird die bei der Herstellung anderer Käsesorten übrig gebliebene Molke nochmals erhitzt. Ricotta salata ist gesalzen, von der Konsistenz fester als der gewöhnliche Ricotta und daher reibfähig. In italienischen Delikatessenläden und Käse-Fachgeschäften erhältlich.

taleggio: Weichkäse aus Kuhmilch mit heller Rinde und weichem Kern. Besitzt ein stark hefeartiges, pikantes Aroma.

kaffirlimettenblätter
Aromatische Blätter mit auffälliger zweigeteilter Blattstruktur, die zerdrückt oder gehackt in vielen Thai-Gerichten, vor allem in Currys, Verwendung finden. Frisch oder getrocknet erhältlich in Asialäden oder beim Gemüsehändler.

kandierter ingwer
Frischer Ingwer, der entweder in Zucker oder in Zuckersirup eingelegt ist. Wird meist als Backzutat verwendet und ist gut sortierten Supermärkten erhältlich.

kecap manis
Aus Indonesien stammende Sojasauce, die mit Palmzucker gesüßt und dadurch dicker und süßer als gewöhnliche Sojasauce ist. Wird in Wok- und Nudelgerichten verwendet.

kokosmilch
Süße, milchige Flüssigkeit, die aus dem Fruchtfleisch der Kokosnuss gepresst wird. Erhältlich in Dosen im Supermarkt, in Asialäden und Feinkostgeschäften. Nicht zu verwechseln mit dem klaren Kokoswasser, der sich im Innern junger Kokosnüsse befindet und in Asien oft als Erfrischungsgetränk gereicht wird.

laksa
Die pikante, curryähnliche Suppe aus Kokosmilch, Vermicelli-Nudeln, Sojaquark und Garnelen stammt aus Malaysia und wurde durch chinesische und indonesische Einflüsse geprägt. Die Laksa-Grundlage wird aus Chilis, Gewürzen, gemahlenen Garnelen, Zitronengras und Ingwer hergestellt und in Pastenform angeboten. Erhältlich in gut sortierten Supermärkten und Asialäden.

maismehl
Wird aus Mais gemahlen und ähnelt Polenta: man verwendet Maismehl unter anderem zum Backen von Brot und Tortillas sowie zur Zubereitung von Maisbrei.

meerrettich
Wurzelgemüse mit scharfem Aroma, das beim Schneiden oder Reiben Senföle freigibt. Meerrettich oxidiert sehr schnell – also gleich nach dem Schneiden oder Reiben mit Wasser oder Essig bedecken. Frisch geriebener Meerrettich passt ausgezeichnet zu Rindfleisch oder Schweinebraten. Erhältlich frisch beim Gemüsehändler oder bereits gerieben in Gläsern im Supermarkt.

mehl
Mehl wird aus gemahlenen Getreidekörnern hergestellt und ist Grundzutat von Brot, Kuchen und vielen anderen Backwaren einschließlich Keksen, Pizzateig und Pie-Hüllen.

kartoffelmehl (kartoffelstärke): Wird aus Kartoffeln gewonnen; es wird zur Zubereitung von Dumplings und Asia-Nudeln verwendet.

klebreismehl: Wird aus rundkörnigem Klebreis hergestellt und hat eine leicht zähe, elastische Konsistenz. Erhältlich in Asialäden.
maismehl (maisstärke): Maismehl ist eine glutenfreie Mehlsorte, die aus gemahlenem Mais besteht. Wird oft mit Wasser angerührt und dann als Binde- und Verdickungsmittel eingesetzt. Nicht zu verwechseln mit Maisgrieß, aus dem Tortillas hergestellt werden.

haushaltsübliches mehl: Weißes Mehl, das in der Regel aus gemahlenem Weizen hergestellt wird.

tapiokamehl: Wird aus der Maniokwurzel gewonnen und bei der Zubereitung von Pies und Suppen als Verdickungsmittel eingesetzt und oft auch für Dumplingteig verwendet. Erhältlich in gut sortierten Supermärkten und Asialäden.

type 00: Sehr feines Mehl, das für feine, weiche, elastische Teige verwendet wird. Da es weniger Gluten als übliches Weizenmehl enthält, werden auch die Backwaren weicher. Wird typischerweise zur Herstellung von Nudel- und Kuchenteig verwendet.

reismehl: Feinpudriges Mehl, das aus gemahlenem weißem Reis hergestellt wird und zum Backen sowie in der asiatischen Küche eingesetzt wird. Gibt Frittiertem eine knusprige Kruste.

misopaste
Traditionell japanische Würzpaste, die aus fermentiertem Reis, fermentierter Gerste oder fermentierten Sojabohnen, Salz und Pilzen hergestellt wird. Sie wird zum Abschmecken von Saucen und Aufstrichen, mariniertem Gemüse oder Fleisch verwendet. Indem man sie in Dashi-Brühe (Fischsud) rührt, erhält man Misosuppe. Rote Misopaste besitzt einen kräftigeren und weiße Misopaste einen feineren Geschmack. Erhältlich in gut sortierten Supermärkten und Asialäden.

mixed spice
Gewürzmischung aus gemahlenem Koriander, Zimt, Piment, Muskatnuss, Ingwer und Nelken in unterschiedlichen Anteilen. Im spezialisierten Gewürzhandel auch bei uns fertig zubereitet erhältlich.

nori
Hauchdünne, sehr vitaminreiche Blätter aus getrocknetem Seegras, die in vielen japanischen Gerichten und insbesondere bei der Zubereitung von Sushi verwendet werden. Erhältlich in gut sortierten Supermärkten und Asialäden.

pancetta
Geräucherter und luftgetrockneter Bauchspeck vom Schwein, der dem Parmaschinken ähnelt, aber weniger salzig und zarter ist. Wird am Stück oder dünn aufgeschnitten angeboten. Gibt Pastasaucen und Risottos ein würziges Aroma, kann aber auch roh gegessen werden.

paprikapulver
Gewürz aus getrockneten, gemahlenen Paprikaschoten. Im Gegensatz zum milden ungarischen Paprikapulver (edelsüß) ist die geräucherte spanische Version (pimenton) sehr aromaintensiv und pikant. Gibt Fleisch- und Reisgerichten eine leuchtende Farbe und ein pikantes Aroma.

passierte tomaten
Wird hergestellt, indem man frische Tomaten häutet, die Kerne entfernt und das Fruchtfleisch püriert. So entsteht eine fruchtige Sauce. Passata ist der italienische Begriff für gehäutete, entkernte Tomaten, die durch ein Sieb gestrichen werden. Sugo nennt man indes zerquetschte Tomaten; er besitzt mehr Konsistenz als Passata.

pilze
austernpilze: Muschelförmige Pilzart mit delikatem Aroma und zartem Biss. Die Farben variieren von Perlweiß bis hin zu Rosa-Apricot. Sie werden nicht geschnitten, sondern zerzupft und bei mittlerer Temperatur gegart. Sie eignen sich gut für Suppen, Pfannen- und Wokgerichte oder zum Grillen. Roh verzehrt, können sie allergische Reaktionen auslösen.

champignons: Die kleinen zartfleischigen Pilze, deren Hut bei jungen Exemplaren dicht am Stiel sitzt, lassen sich dank ihres milden Aromas roh in Salaten, aber auch in Eintöpfen, Schmorgerichten, Wokgerichten und in Pastasaucen verwenden. Die braune Sorte (Egerlinge) ist etwas kräftiger im Geschmack und wird für Pastasaucen, Risotto und Schmorgerichte verwendet.

enokipilze: Stammen aus Japan und besitzen einen langen Stiel sowie einen sehr kleinen weißen Hut. Sie eignen sich gut für Suppen, Salate und Wokgerichte und sollten erst am Ende der Kochzeit hinzugefügt werden.

riesenchampignons: Auf Englisch »Portobello« genannte Sorte mit großem, flachem braunem, manchmal leicht geschupptem Hut und intensivem, nussigem Aroma. Dank ihrer fleischigen Konsistenz eignen sie sich auch für robustere Zubereitungsmethoden, zum Beispiel zum Grillen.

shiitakepilze: Hell- bis dunkelbraun, besitzen eine fleischige Konsistenz und einen erdigen Geschmack, der an Wildpilze erinnert. Am häufigsten findet man sie in Asialäden in getrockneter Form.

steinpilze: Während der Pilzsaison frisch erhältlich, ansonsten rund ums Jahr getrocknet. Steinpilze haben eine fast fleischähnliche Konsistenz und einen aromatisch-erdigen Geschmack. Getrocknete Steinpilze werden vor der Verarbeitung eingeweicht; das Wasser kann man für einen intensiveren Pilzgeschmack, allenfalls durchgesiebt, auch in den Gerichten weiterverarbeiten.

puy-linsen
Kleine, schiefergraue Linsen, die aus der französischen Region Le Puy stammen und beim Kochen ihre Form behalten. Sie besitzen ein nussiges, leicht pfeffriges Aroma.

quittenpaste
Auch als membrillo bezeichnete, sehr aromatische Paste. Quitten werden mit Zitronensaft und Zucker zu einem dicken Mus verkocht, das man zu Blauschimmelkäse und Cheddar, aber auch zu Braten reicht. Erhältlich in Feinkostgeschäften.

rahm (sahne)
Die Bezeichnung der verschiedenen Varianten und ihre Verwendungen richten sich nach dem jeweiligen Fettgehalt.

schlagrahm/-sahne: Hat einen Fettgehalt von rund 30 Prozent (Schlagrahm/-sahne 28 bis 36 Prozent, Halbrahm 25 Prozent, Vollrahm mindestens 35 Prozent). Diese Sorte wird zum Beispiel zur Zubereitung von Eis, Panna cotta und Dessertcremes verwendet oder zu locker-schaumigen Massen aufgeschlagen.

crème double (Doppelrahm): hat einen Fettgehalt von mindestens 45 Prozent und wird gerne als Beigabe zu Kuchen und Desserts gereicht.

crème fraîche: Fermentierter Rahm mit einem Fettgehalt von mindestens 35 Prozent und einem säuerlichen Aroma.

clotted cream: ist auch unter der Bezeichnung Devonshire cream bekannt und in der englischen Küche ein beliebter Begleiter von Scones und Erdbeermarmelade. Clotted cream wird durch Erhitzen nicht-pasteurisierter Milch hergestellt, die dabei leicht eindickt. Kann auch durch Crème double ersetzt werden.

rosenwasser
Eine aus den Blütenblättern der Rose gewonnene Essenz; wird in der indischen, türkischen und in der Küche des Mittleren Ostens häufig eingesetzt. Rosenwasser gibt türkischen Desserts und Süßspeisen das unverwechselbare Aroma (lokum).

safran
Das teuerste Gewürz der Welt wird aus den getrockneten Blütennarben einer violetten Krokus-Art hergestellt. Um 1 Kilogramm Safran zu gewinnen, müssen 250 000 Blüten per Hand geerntet werden. Glücklicherweise setzt man Safran sehr sparsam ein; so reicht eine Prise schon aus, um ein für sechs Personen berechnetes Gericht zu würzen und ihm die typische safrangelbe Färbung zu geben. Safranfäden weicht man am besten in heißem Wasser, Milch oder Brühe ein, um eine maximale Färbung sowie eine optimale Entfaltung des honigartigen Aromas zu erreichen, bevor man das Gericht damit würzt.

sardellen
Filetiert und in Essig und Olivenöl (das ergibt ein milderes Aroma) eingelegt, kennt man Sardellen als spanische Spezialität unter dem Namen boquerones. Bekannt als Tapasgericht oder in Salaten.

sashimi-qualität (fisch)
Qualitätsgrad, der den frischest möglichen Fisch ausweist. Diese Fische werden mit der Angel gefangen und sind daher unverletzt. Am besten sind Filetmittelstücke, die weder Venen, Haut noch Blutlinien aufweisen. Kaufen Sie den Fisch am Zubereitungstag. 20 Minuten in den Tiefkühler legen, dann hauchdünn aufschneiden.

schalotten
Als Mitglied der Zwiebelgewächse sind Schalotten kleiner und besitzen ein milderes Aroma als gelbe, rote oder weiße Zwiebeln. Die europäische Variante sieht wie kleine, längliche Gemüsezwiebeln aus und besitzt eine violett-gräulich überhauchte Schale. Asiatische Schalotten sind noch kleiner, besitzen eine rosa Schale und wachsen in kleinen Büscheln. Sie finden in Currypasten Verwendung.

shiso
Auch unter der Bezeichnung Perilla bekannt, kann dieses Würzkraut grüne oder purpurne Blätter besitzen. Es besitzt einen leicht pfeffrigen Geschmack und wird oft zum Umwickeln anderer Zutaten verwendet. Als junges Kraut verwendet man es zum garnieren von Gerichten. Erhältlich beim Gemüsehändler oder im Asialaden.

süß-sauer eingelegter ingwer
Die aus Japan stammende Würzbeilage ist auch als Sushi-Ingwer oder gari bekannt und wird zur Reinigung der Geschmacksknospen zu Sushi und Sashimi gereicht. Sie wird gewöhnlich aus jungen Ingwerwurzeln zubereitet, die man in einer Zucker-Essig-Marinade einlegt. Erhältlich in Asialäden.

sumach

Die getrockneten Beeren des Sumachstrauchs werden zu einem im Mittleren Osten sehr beliebten säuerlichen, purpurnen Würzpulver gemahlen. Mit seinem zitrusartigen Aroma harmoniert Sumach gut mit Salaten, Dips und Huhn. Erhältlich in gut sortierten Supermärkten und Gewürzläden.

szechuanpfeffer

Die getrockneten Pfefferkörner mit pikantem Aroma werden im Ganzen angeboten. Vor dem Mahlen oder Zerstoßen röstet man sie in einer heißen, trockenen Pfanne an, bis sie duften.

tahini

Dickliche Paste, die aus gemahlenen Sesamkörnern hergestellt wird und in der Küche des Mittleren Ostens sehr verbreitet ist, vor allem als Hauptzutat von Hummus. Tahini ist in gut sortierten Supermärkten küchenfertig im Glas erhältlich.

thai-aubergine, grüne

Kleine, grünschalige Auberginen-Sorte die einem Granny-Smith-Apfel ähnelt, aber auch mit weißer oder violetter Schale erhältlich ist. Grüne Thai Auberginen werden typischerweise in grünen und roten Currys verarbeitet. Sie besitzen eine dünnere Schale und einen milderen Geschmack als ihre violetten Verwandten.

tofu

Tofu, wörtlich »Bohnenquark«, ist ein sehr eiweißhaltiges aus Asien stammendes Lebensmittel. Er wird aus weißem Sojabohnenteig hergestellt, der bei der Koagulation von Sojamilch entsteht, und zu Blöcken gepresst. Je nachdem, wie viel Flüssigkeit der Tofu noch enthält, unterscheidet man verschiedene Tofu-Varianten. Seidentofu ist der weichste, geschmeidigste und besitzt eine quarkähnliche Konsistenz. Weichtofu ist etwas fester (etwa so wie rohes Fleisch), während fester oder getrockneter Tofu die Beschaffenheit von mittelfestem Käse hat und sich gut schneiden lässt.

vanilleextrakt

Kaufen Sie hochwertigen Vanilleextrakt, weder Vanilleessenz noch Aromaimitat. Sie können auch das aus Vanilleschoten ausgekratzte Mark verwenden.

wasabi

Auch »japanischer Meerrettich« genannte, sehr scharfe, traditionell japanische Würzpaste, die allerdings nicht mit Meerrettich verwandt ist, sondern aus einer Pflanze aus der Familie der Kohlgewächse gewonnen wird. Bei der Zubereitung von Sushi und anderen japanischen Gerichten unverzichtbar. Erhältlich in Asialäden und gut sortierten Supermärkten.

weizengrieß

Aus Weizen gemahlener Grieß, der auch unter der Bezeichnung semolina bekannt ist und die Grundlage für Nudeln, Frühstückscerealien, süße Puddings und orientalische Nudeln darstellt.

wonton-teighüllen

Die runden oder quadratischen, ursprünglich aus China stammenden Teighüllen sind frisch oder tiefgekühlt erhältlich. Mit Fleisch oder Gemüse gefüllt, ergeben sie Dumplings; sie können gedämpft oder frittiert werden. Sie sind auch Grundlage für kleine knusprige Snacks und schnelle Ravioli.

zitronengras

Grasartiger, dicker Stängel mit intensivem Zitronenaroma, der in der asiatischen, vor allem der thailändischen Küche verwendet wird. Die harten äußeren Hüllblätter werden entfernt und das weiche Innere fein gehackt. In manchen Gerichten kocht man auch den ganzen Stängel mit und entfernt ihn vor dem Servieren. Erhältlich in gut sortierten Supermärkten oder Asialäden.

zucker

Aus dem Saft der Zuckerrübe oder des Zuckerrohrs gewonnene Kristalle. Zucker fungiert als Süßungsmittel, Geschmacksverstärker und Konservierungsstoff.

brauner zucker: Mit Melasse versetzt. Je nach Melasseanteil variiert der braune Farbton, aber auch der Geschmack des Zuckers, was sich auf das Endprodukt auswirkt. Brauner Zucker wird auch mit dem Begriff »heller brauner Zucker« bezeichnet; wenn Sie den Speisen ein intensiveres Aroma geben wollen, können Sie ihn durch dunklen braunen Zucker ersetzen.

feiner zucker: Auch unter der Bezeichnung »extrafeiner« oder »Backzucker« im Handel, gibt er Gebäck eine leichte Note, was für die meisten Torten und schaumigen Desserts wichtig ist. Feiner Zucker ist unverzichtbar, wenn sich die Zuckerkristalle in Eischnee auflösen sollen, beispielsweise bei Meringuen.

demerara: Mit seinen großen, bernsteinfarbenen Kristallen und dem milden Karamellaroma ist er die erste Wahl, wenn Gebäck eine schöne Kruste haben soll. Gibt Kaffee ein raffiniertes Aroma. Lässt sich durch eine Mischung aus weißem Zucker (3 Teile) und braunem Zucker (1 Teil) ersetzen.

palmzucker: Aus dem Saft unterschiedlicher Palmen-Arten hergestellter, fester Zucker, der in Blöcken oder Stücken angeboten wird und dessen Farbe von hell- bis dunkelbraun variiert. Je dunkler, desto intensiver das Aroma. Ist in den süß-sauren Gerichten und Desserts der Küchen Südostasiens weit verbreitet.

puderzucker: Haushaltsüblicher Raffinadezucker, der zu Staubzucker gemahlen wurde. Puderzucker klumpt schnell und wird vor der Verarbeitung am besten durch ein feines Sieb gestrichen. Verwenden Sie reinen Puderzucker, keine Mischungen mit Maisstärke, die mehr Flüssigkeit erfordern.

rohzucker: Hellbraune Variante mit honigähnlichem Aroma, die weniger Raffinierungsprozesse durchlaufen hat als gewöhnlicher weißer Zucker. Wird hauptsächlich zum Backen verwendet und gibt dem Gebäck eine ausgeprägtere Färbung.

zuckersirup

Sirup, der im Zuge der Zuckerraffinierung entsteht; die Farbe kann von transparent über bernsteinfarben bis hin zu dunkelbraun mit herb-bitterem Geschmack variieren. Zuckersirup wird in Puddings und Gebäck, so in dem bekannten englischen Dessert »Treacle tart« verarbeitet.

KÜCHENAUSSTATTUNG

Bräter, Auflaufformen, Bleche und Gitter

backformen: Gerichte, die eine mildere Hitze benötigen (wie Lasagne und Gemüseaufläufe) gart man in Keramik- oder Glasformen. Metallformen eignen sich für Fleischgerichte.

souffléförmchen: Kleine ofenfeste Keramikformen, die sich nicht nur für Soufflés eignen, sondern auch für Pies und andere Backwaren. Die Förmchen werden auf ein Backblech gestellt und dann in den Ofen geschoben – so lassen sie sich leichter wieder aus dem Ofen nehmen.

saftpfanne aus metall: Sie sind in unterschiedlichen Qualitäten von dünnem Aluminium bis hin zu dickem, schwerem Edelstahl erhältlich. Wenn möglich wählen Sie eine hohe Edelstahl-Saftpfanne, die ein Leben lang hält und eine hochwertige, ebene Kochfläche bietet.

metallbackbleche: Flache Bleche sind echte Multitalente und eignen sich zum Backen von Plätzchen, Biskuitteigen und Galettes; man kann sie unter den Backofengrill schieben oder als Unterlage zum Zubereiten verschiedenster Gerichte verwenden.

kuchengitter: Sie dienen zum Abkühlenlassen von Kuchen, Tartes, Pies und Plätzchen, aber auch zum Einlegen in Bleche – gart man Fleisch auf einem Gitter, kann die Hitze rundum zirkulieren.

Backformen

Einfache Aluminiumformen sind zwar ausreichend, doch Edelstahlformen sind im Zweifel zu bevorzugen, da sie eine längere Lebensdauer besitzen, nicht beulen und sich nicht verziehen. Die Größe der Form wird stets am Boden gemessen.

gugelhupfform: Dekorative runde Form mit gewellten Seitenwänden und mittigem Rohr, in der man dichte, schwere Teige bäckt. Das Rohr sorgt dafür, dass die Hitze auch in die Mitte des Teigs gelangt und der Kuchen schnell und gleichmäßig gart.

muffinformen: Ein Muffinblech besitzt normalerweise 12 bzw. 6 Vertiefungen, die jeweils 125 ml bzw. 250 ml Inhalt fassen. Miniformen fassen 1½ EL Teig. Beschichtete Formen erleichtern das Herausnehmen des fertigen Gebäcks. Man kann auch Papierbackförmchen in die Vertiefungen stellen.

runde formen: Die Standarddurchmesser runder Backformen sind 18, 20, 22, 24 und 26 Zentimeter. Eine 20er-, eine 24er- und eine 26er-Form gehören in jede Küche.

springformen: Die Standarddurchmesser von Springformen sind 18, 20, 22, 24 und 26 Zentimeter. Eine 20er-, eine 24er- und eine 26er-Form gehören in jede Küche.

quadratische formen: Sie sind standardmäßig mit Kantenlängen von 18, 20, 22 und 24 cm erhältlich. Wenn das Rezept eine runde Form vorgibt, Sie aber eine quadratische Form verwenden möchten, ziehen Sie einfach 2 cm vom Durchmesser der angegebenen runden Form ab, um die richtige Kantenlänge der quadratischen Form zu erhalten.

Pfannen und Woks

hochwandige pfanne: Ideal zum Zubereiten pfannengerührter Gemüsegerichte und Pastasaucen – heben Sie die Nudeln gleich in der Pfanne unter.

flache pfanne: Perfekt zum Braten von Eiern und Pfannkuchen, zum Einkochen von Saucen und Anbraten von Steaks. Am besten sind Pfanne mit dickem Boden und isoliertem Griff, der sich auf der Herdplatte nicht erhitzt. Eine Antihaft-Beschichtung minimiert die benötigte Ölmenge.

wok: Je nach Koch-Stil nicht unverzichtbar. Am besten funktionieren Woks auf Gasflammen, die sowohl den Boden als auch die Seitenwand erhitzen. Auf elektrischen Herdplatten ist man womöglich mit einer hochwandigen Pfanne besser beraten. Im Wok kann man auch frittieren. Wählen Sie einen Wok aus Edelstahl mit Holzgriff.

Messer, Schäler, Reiben

messer: Drei Messer sind auch für Hobbyköche unverzichtbar: ein kleines spitzes Gemüsemesser (Schälmesser), ein mittelgroßes Allzweckmesser (Kochmesser) und ein Brotmesser mit gezackter Klinge. Diese drei erfüllen einen Großteil der Aufgaben. Achten Sie beim Kauf darauf, dass das Messer gut in Ihrer Hand liegt.

gemüseschäler: Mit einem Gemüseschäler kann man Gemüse perfekt vorbereiten; wichtig ist eine scharfe Klinge. Mit einem breiten Schäler verarbeitet man großflächige Gemüse wie Kürbis und schneidet Gemüse in hauchdünne Streifen auf. Auch praktisch ist ein Julienne-Schneider, mit dem man feine Stifte herstellt – ideal für asiatische Salate und Krautsalat.

zestenreißer: Mein Lieblingswerkzeug. Üben Sie beim Abziehen der Schale von Zitronen, Limetten und Orangen nur sehr wenig Druck aus, sodass Sie nur die äußerste, aromatische Schicht der Obstschale entfernen, nicht die darunterliegende bittere weiße Haut.

reibe: Ich empfehle eine robuste Vierkantreibe mit unterschiedlichen Lochungen für unterschiedliche Reibeergebnisse anstatt mehrere Reiben für verschiedene Zwecke. Wählen Sie eine Reibe aus Edelstahl und reinigen Sie sie (besonders die feinen Lochungen) mit einer kleinen Bürste.

Messwerkzeuge

abmessen mit tasse und löffel: Tassen- und Löffelmaße können von Land zu Land und von Koch zu Köchin leicht abweichen; die Unterschiede sind in der Regel jedoch nicht so erheblich, dass sie sich auf das Gelingen eines Rezepts auswirken würden.

messbecher: Beim Abmessen trockener Zutaten füllen Sie den Messbecher lose randvoll und streichen die Oberfläche mit einem Messer glatt. Vermeiden Sie es, die Zutat in den Messbecher zu pressen, und klopfen Sie den Messbecher auch nicht auf der Arbeitsfläche auf, denn dadurch würde sich das Wiegegut unerwünschterweise verdichten und die abgemessene Menge würde zu groß ausfallen. Beim akuraten Abmessen flüssiger Zutaten muss der Messbecher auf einer ebenen Fläche stehen, und Sie sollten mit der Messskala auf Augenhöhe sein.

küchenwaage: Unverzichtbarer Helfer zum schnellen, genauen Abmessen von Zutaten. Ob mit Skalen- oder Digitalanzeige – ein einfaches Gerät reicht in jedem Fall aus.

Power-Helfer

mixer: Praktischer Helfer zum Pürieren von Suppen und zur raschen Herstellung von Pesto und Salsa verde. Ein Standmixer sollte einen dickwandigen, robusten Glasbehälter besitzen. Ein Pürierstab ist für alle Suppen-Fans ideal – und auch weniger aufwändig als das Pürieren im Standmixer.

küchenmaschine: Unverzichtbar für die Zubereitung von Teigen aller Art, zum Vermengen verschiedener Zutaten, zur Herstellung frischer Semmelbrösel, zum Schlagen von Butter und Zucker, zum Schneiden, Raspeln, Reiben ... Ein Multitalent für alle Köche, die nur Platz oder Budget für einen Küchenhelfer haben.

Töpfe und Schüsseln

töpfe: Kaufen Sie Edelstahltöpfe mit dickem Boden (so verteilt sich die Hitze gleichmäßig) und fest schließendem Deckel. Investieren Sie lieber in wenige hochwertige Töpfe als in ein Sammelsurium von geringerer Qualität. Zur Hand haben sollten Sie einen kleinen Topf für Saucen, einen mittleren für Currys und Gemüse sowie einen großen für Nudeln.

rührschüsseln: Ein Satz Rührschüsseln ist unverzichtbar. Manche schwören auf Glas- und Keramikschüsseln, da man in ihnen bedenkenlos auch säurehaltige Zutaten wie Zitronensaft, Essig und Tomaten verarbeiten kann. In Metallschüsseln können diese einen metallischen Beigeschmack annehmen.

Sonstige Utensilien

kochlöffel: Holzlöffel, Metalllöffel, Schaumlöffel – für jeden Zweck braucht man den passenden Löffel. Halten Sie jeweils Holzlöffel für Süßes und für Pikantes bereit, da Holz die Aromen annimmt. Fürs Unterheben und Servieren verwendet man einen großen Metalllöffel.

zange: Unverzichtbar zum Unterheben von Nudeln, zum Wenden von Steaks oder Hühnerfleisch, zum Unterheben und Servieren von Salat.

schneebesen: Für die Zubereitung leichter Soufflés, cremiger Saucen oder zum Aufschlagen von Eiern ist ein mittelgroßer Schneebesen mit robusten Drähten unverzichtbar.

spatel, palette: Zum Wenden, Heben und Servieren von Stücken und Schnitten ist eine langstielige, breite Palette (Spatel) ideal.

maßeinheiten

Zum Abmessen flüssiger und fester Zutaten sind Messbecher, Messlöffel und eine Waage unverzichtbare Küchenhelfer. Einige Köchinnen und Köche verwenden als Maßeinheit auch gerne eine Tasse, was mit etwas Erfahrung und Routine auch problemlos machbar ist; in den Rezepten dieses Buches sind jedoch stets genaue Gewichts- und Flüssigkeitsmengen angegeben.
Die Tassen- und Löffelmaße können von Land zu Land und von Koch zu Köchin leicht abweichen; die Unterschiede sind in der Regel jedoch nicht so erheblich, dass sie sich auf das Gelingen eines Rezepts auswirken würden.
Beim Abmessen trockener Zutaten füllen Sie den Messbecher lose randvoll und streichen die Oberfläche mit einem Messer glatt. Vermeiden Sie es, die Zutat in den Messbecher zu pressen, und klopfen Sie den Messbecher auch nicht auf der Arbeitsfläche auf, denn dadurch würde sich das Wiegegut unerwünschterweise verdichten und die abgemessene Menge wurde zu groß ausfallen.
In meinen Rezepten gelten die folgenden Tassen- und Löffelmaße; sie beziehen sich jeweils auf eine gestrichene Menge:

1 Tasse entspricht 250 ml
1 Teelöffel (TL) entspricht 5 ml
1 Esslöffel (EL) entspricht 20 ml
(also 4 Teelöffel)

ofentemperaturen

Die richtige Ofentemperatur kann eine entscheidende Rolle für das Gelingen eines Gerichts spielen.

Umrechnung Elektroherd in Gas

Grad Celsius	Gas Stufe
110 °C	¼
130 °C	½
140 °C	1
150 °C	2
170 °C	3
180 °C	4
190 °C	5
200 °C	6
220 °C	7
230 °C	8
240 °C	9
250 °C	10

butter und eier

Je frischer, desto besser – das ist das Motto, insbesondere wenn es um Eier und Milchprodukte geht.

butter

Oft wird die Frage nach Süß- oder Sauerrahmbutter gestellt. Sauerrahmbutter besitzt einen etwas höheren Säureanteil, der Saucen möglicherweise leichter scheiden lassen könnte, was in der Praxis jedoch zu vernachlässigen ist. Prinzipiell gilt, dass die Butter – egal, ob Süß- oder Sauerrahm – sehr frisch sein sollte . Alles andere ist Geschmacksache. Manche Köchinnen und Köche verwenden für Pikantes Sauerrahm- und für Süßes Süßrahmbutter; auch regionale Präferenzen können eine Rolle spielen.

eier

Sofern nicht anders angegeben, verwenden wir Hühnereier, die 60 Gramm wiegen. Dies entspricht der Gewichtsklasse M. Es ist wichtig, Eier der entsprechenden Größe zu verarbeiten, denn auch davon hängt der Erfolg eines Rezeptes ab. Besonders für das Gelingen von Meringue spielt die Größe der Eier eine Rolle. Zum Backen sollten die Eier Raumtemperatur haben; nehmen Sie sie etwa 30 Minuten vor der Zubereitung des Teigs aus dem Kühlschrank.
Länger frisch bleiben Eier, wenn man sie im Kühlschrank in dem Karton aufbewahrt, in dem man sie gekauft hat. Verarbeiten Sie nur ganz frische Eier für Rezepte, die rohe oder nur leicht überbrühte Eier verlangen (wie etwa in Mayonnaisen und Dressings). Eier können mit Salmonellen verunreinigt sein, die besonders für Kinder, ältere Menschen und Schwangere gefährlich sein können.

küchenpraxis

blanchieren

Gartechnik, die dazu dient, Lebensmittel weicher zu machen, ihr Aroma zu verstärken oder ihre Farbe zu erhalten. Dazu wird beispielsweise Gemüse kurz (je nach Sorte einige Sekunden bis wenige Minuten) in kochendes, ungesalzenes Wasser gegeben, dann abgegossen und sofort unter eiskaltem Wasser abgeschreckt. Vor der Weiterverarbeitung zu Salaten oder Beilagen gut abtropfen lassen.

blindbacken, blindbackgewichte

Der rohe Teigboden wird in der Form mit Backpapier belegt und dieses mit Blindbackgewichten (kleine Kugeln aus Edelstahl oder Keramik, evtl. auf eine Kette aufgezogen), getrockneten Hülsenfrüchten oder Reis beschwert. 15 Minuten backen, die Gewichte und das Papier entfernen und weitere 10 Minuten backen, bis der Teig knusprig und goldbraun ist.

chilischoten entkernen

Um die Schärfe zu mildern, werden die Samen, die am meisten Schärfe enthalten, und eventuell auch die weißen Scheidewände vor der Verwendung entfernt. Dazu die gewaschenen, vom Stiel befreiten Schoten längs aufschlitzen und die Samen sowie die weißen Scheidewände mit einem spitzen Messer oder einem Kugelausstecher entfernen. Getrocknete Chilischoten dazu zuvor kurz in warmem Wasser einweichen.

parieren

Das Befreien von Fleisch, Geflügel und Fisch von allen unterwünschten bzw. nicht essbaren Teilen wie Sehnen, Haut und Fett. Dazu verwendet man ein möglichst scharfes Messer mit glattem Schliff.

stäbchenprobe

Nach der angegebenen Backzeit mit einem Holz- oder Metallstäbchen in den Teig stechen. Wenn der Teig in kleinen Krümeln am Stäbchen hängen bleibt, ist das Gebäck durchgebacken. Ist der Teig noch flüssig, kurz weiterbacken und erneut prüfen.

trocken rösten

Ganze Gewürze, Kerne (Pinien-, Sonnenblumen-, Pistazienkerne) und Ähnliches kann man vor der Verwendung rösten, um Geschmack und Aroma zu verstärken. Dazu eine Pfanne ohne Fett- oder Wasserzugabe bei mittlerer Temperatur leer erhitzen. Die zu röstenden Zutaten hineingeben und unter ständigem Bewegen (Schwenken, Wenden oder Rühren) rösten, bis sie leicht Farbe annehmen und fein duften. Herausnehmen, abkühlen lassen und nach Rezept weiterverarbeiten.

wasserbad

Zum sanften Aufschlagen von Zutaten oder zum Schmelzen von Schokolade. Man setzt eine hitzebeständige Schüssel über einen Topf mit kochendem Wasser, gibt die Zutaten (z.B. Eigelbe und Zucker) hinein und schlägt sie zu einer dicken, cremigen Masse auf.

zesten abziehen

Mit einem Zestenmesser oder Zestenreißer lassen sich ganz feine Streifchen der äußeren aromatischen Schale von Zitrusfrüchten abziehen. Dafür nur unbehandelte Früchte verwenden, diese gründlich unter heißem Wasser waschen und gut trocken reiben. Dann die Schale mit einem Zestenreißer abziehen; dabei nur wenig Druck ausüben, um die darunter liegende, bitter schmeckende weiße Schalenschicht nicht mit abzulösen.

zuckerthermometer

Kochthermometer, das zum Messen der Temperatur von Zuckersirup, Marmeladen und Gelees während des Kochens verwendet wird. Da manche Zutaten ihre Konsistenz und Struktur ab einer bestimmten, meist höheren Temperatur unerwünschterweise verändern, überwacht man die Temperatur auf diese Weise.

REZEPT-
VERZEICHNIS

Im Folgenden finden Sie alle Rezepte dieses Buches alphabetisch aufgelistet, sowie auch nach Zutaten oder Themenbereichen wie Dressings und Saucen, Fisch und Meeresfrüchte usw. sortiert.

DANKE

Diese Rezeptsammlung ist ein Zeugnis der unglaublich engagierten Arbeit, die das Team des *donna hay magazine* im Lauf der Jahre mit der Produktion unzähliger optisch atemberaubender, inspirierender und appetitanregender Seiten geleistet hat. Es ist eine Hommage an das, was wir am besten beherrschen: Wir wählen echte, bewährte Klassiker und Familienrezepte aus und bringen sie mit modernen Aromen, Texturen und Zutaten »up to date«.

Ich kann den aktuellen und früheren Mitarbeitern unseres Food Teams – Steve, Justine, Siobhan, Jess, Kirsten und Jane – für die Produktion der Rezepte in diesem Buch gar nicht genug danken. Ein besonderer Dank geht an Steve und Justine, deren exzellentes Styling die Gerichte zum Leben erweckt hat – danke dafür, dass die Gerichte auf den Fotos so köstlich aussehen, wie sie tatsächlich auch schmecken!

Dem aktuellen, aus Mia, Drina, Evelin, Anthony, Abby und Dolores bestehenden Team danke ich dafür, dass das Rad nie still steht und sie Tag für Tag, jeder in seiner individuellen Rolle, Außerordentliches produzieren. Der verantwortlichen Verlagsredakteurin Mel danke ich für ihre akkurate Arbeit, dafür, dass die Rezepte perfekt funktionieren und in die genau richtigen Worte gekleidet wurden.

Und nicht zuletzt geht ein großer Dank an den so talentierten Chi Lam, einen außergewöhnlichen Art Director, dessen waches Auge und Kreativität dieses Buch auch zu einem Augenschmaus gemacht haben. Chi, du bist einfach toll!

Als achtjähriges Mädchen schlüpfte Donna Hay in die Küche, griff sich eine Schüssel – und dabei blieb es. Sie eroberte die Welt der Testküchen und Verlage. Bald etablierte sich ihr Markenzeichen: einfache, clevere, saisonale Rezepte, die sowohl Augenweide wie Gaumenschmaus sind. Ihre Gerichte begeistern Hobbyköchinnen und Liebhaber guten Essens – Tag für Tag und zu jedem Anlass.

Ihr einzigartiger, unverwechselbarer Stil machte sie weltweit berühmt. Donna Hay brachte bisher 22 Kochbücher auf den Markt; sie ist Herausgeberin der sehr erfolgreichen, zweimonatlich erscheinenden Kochzeitschrift *donna hay magazine* und einer in Australien sehr populären iPad-App; sie verfasst Kolumnen für verschiedene Zeitungen, hat eine eigene Produktlinie für Haushaltswaren sowie Zutaten entwickelt und betreibt einen Online-Shop. Sie ist Mutter von zwei Söhnen.

Im australischen Fernsehsender The LifeStyle Channel sowie weltweit für Zuschauer in 32 Ländern wird unter dem Titel *Donna Hay – fast, fresh, simple* ihre erste 13-teilige Kochsendung ausgestrahlt.

Zahlreiche ihrer Kochbücher wurden zu Bestsellern, so etwa »Jahreszeiten«, »Keine Zeit zum Kochen«, »Schnelle Küche mit Stil«, »Meine spontane Küche«, »Schnelle Küche für Gäste«, »simple dinners«, »Frisch und Leicht«.

Mehr erfahren Sie unter donnahay.com

donnahay.com

Kochbücher, Rezepte und Haushaltswaren
von Donna Hay finden Sie unter donnahay.com